PROTECCIÓN JURÍDICA DE LAS PERSONAS Y LOS GRUPOS EN SITUACIÓN DE VULNERABILIDAD (PARTE GENERAL)

PROTECCIÓN JURÍDICA DE LAS PERSONAS Y LOS GRUPOS EN SITUACIÓN DE VULNERABILIDAD (PARTE GENERAL)

Miguel Ángel Presno Linera (Coordinador)

2024

Ediciones de la Universidad de Oviedo
ISNI:0000 0004 8513 7929
Servicio de Publicaciones de la Universidad de Oviedo
Campus de Humanidades. Edificio de Servicios. 33011 Oviedo (Asturias)
Tel. 985 10 95 03
http: www.publicaciones.uniovi.es
servipub@uniovi.es

Esta obra ha sido avalada por la Facultad de Derecho de acuerdo con lo establecido en el artículo 8f, del Reglamento del Servicio de Publicaciones de la Universidad de Oviedo.

Esta editorial es miembro de la UNE, lo que garantiza la difusión y comercialización de sus publicaciones a nivel nacional e internacional.

I.S.B.N.: 978-84-18324-88-8
DL AS 1490-2024

Imprime: Servicio de Publicaciones. Universidad de Oviedo

ÍNDICE

Presentación
Miguel Ángel Presno Linera

Hace once años se publicó el libro *Protección jurídica de las personas y los grupos vulnerables* merced a la colaboración entre la Universidad de Oviedo y la Procuradora General del Principado de Asturias. Entonces, como ahora, tuve el honor de coordinar un texto elaborado de manera conjunta por varias de las personas que impartimos docencia en el Máster en protección jurídica de las personas y grupos vulnerables que ofrece la Universidad de Oviedo desde el año 2011. En este tiempo el Máster ha contado con la coordinación, primero, del profesor Benito Aláez Corral; después la coordinación conjunta del profesor Ángel Espiniella Menéndez y quien firma estas líneas; las profesoras María Valvidares Suárez y Leonor Suárez Llanos tomaron el relevo y, en la actualidad, desempeñan esa tarea la profesora Dolores Palacios González y el profesor Antonio Franco Pérez. El trabajo continuado y el esfuerzo compartido entre todo el profesorado del Máster han hecho posible la consolidación de este título, que cuenta cada curso académico con un estudiantado muy participativo, interesado y plural, tanto en su procedencia académica como geográfica.

A ese estudiantado se dirigió la primera edición del libro que versaba sobre la "parte general" de la protección jurídica de las personas y los grupos en situación de vulnerabilidad, aunando el enfoque docente con una perspectiva investigadora, y el empeño tuvo pronto continuidad con la publicación, ya en el Servicio de Publicaciones de la Universidad de Oviedo, del texto *Derechos y garantías frente a las situaciones de vulnerabilidad*, una suerte de "parte especial" de la protección jurídica de las personas y grupos vulnerables coordinada, en el año 2016, por la profesora María Valvidares Suárez, y que contará también con una segunda edición.

El tiempo transcurrido desde la publicación en 2013 de la primera versión de esta obra pero, sobre todo, los cambios normativos, sociales, políticos e institucionales en el ámbito de las personas y los grupos en situación de vulnerabilidad nos han convencido de la necesidad de ofrecer un nuevo texto que pueda servir como apoyo al estudio y, al tiempo, a la reflexión académica y práctica, y a esa tarea nos pusimos buena parte de quienes elaboramos el libro en 2013: Francisco Bastida Freijedo, Leonor Suárez Llanos, Octavio Salazar Benitez, Mónica Álvarez Fernández, José Pedreira Menéndez, José María Roca Martínez, Javier García Luengo y yo mismo. En esta nueva edición nos acompaña, además, la profesora Marta Friera Álvarez y están ausentes, por diversas razones no imputables a ellos, la profesora Ángeles Ceínos Suárez y Ana María Fernández Miguélez y Antonio Rodríguez Cuenca, entonces colaboradores de la Procuradora General del Principado de Asturias.

Quiero agradecer a todas las personas que han colaborado en este trabajo y, en general, a las muchas más que lo han hecho en el Máster, su generosidad, dedicación y entrega, agradecimiento extensivo al estudiantado, a la Facultad de Derecho y al Servicio de Publicaciones de la Universidad de Oviedo.

En Oviedo, a 15 de mayo de 2024.

Tema 1. Los que no eran persona: la protección jurídica de las mujeres y los niños en la cultura preconstitucional

Marta Friera Álvarez

> "Otrosí de mejor condición es el varón que la mujer en muchas cosas e en muchas maneras, así como se demuestra abiertamente en las leyes"; "Segunt el leal fuero de España, seyendo el padre cercado en algúnt castiello que toviese de señor, si fuese tal coitado de fambre que non hobiese al qué comer, podríe comer al fijo sin malestanza" (*Partidas*, 4, 23, 2; 4, 17, 8).

1.1. Personas, sujetos de derechos y protección jurídica en la cultura del Derecho Comun.

Cuando se aborda como objeto de trabajo y consideración la protección jurídica de las personas y los grupos vulnerables, desde las más amplias y diferentes perspectivas, se trata de ponen de relieve las fortalezas y debilidades de dicha protección en el marco de un Estado de Derecho democrático y social, que se entiende está en constante cambio. Se analiza el presente y también se considera el futuro, para proponer mejoras, soluciones a problemas, superar déficits y llenar carencias. También es frecuente comparar la protección de los ordenamientos jurídicos nacionales y analizar el contexto europeo e internacional. En menos ocasiones se echa la visa, sin embargo, al pasado y otras culturas jurídicas históricas, quizás porque se considera que no encontraremos ninguna protección jurídica de personas y grupos vulnerables. Esto es cierto si pretendemos encontrar lo que para nuestra cultura son las personas, los grupos, la vulnerabilidad, los derechos y la protección jurídica. Desde luego, en ese caso es muy buena idea no acudir a los manidos antecedentes históricos porque evitaremos la tentación de encaja nuestros conceptos y categorías jurídica en cualquier tiempo y espacio y evitaremos los anacronismos.

Nuestra propuesta es adentrarnos en una parte de nuestra historia jurídica para comprender la historicidad, precisamente, de los conceptos y categorías jurídicas que utilizamos cuando estudiamos los derechos, su titularidad y ejercicio, y la protección jurídica, las personas, los grupos y la vulnerabilidad. Lo haremos a través del análisis de algunos aspectos de la cultura jurídica occidental con la que rompen -o pretenden romper- las revoluciones liberales entre los siglos XVIII y XIX. Nos interesa adentrarnos en algunos de los principios, conceptos y categorías jurídicas frente a las que se construyeron otros, de los que, al menos en parte, somos herederos, como son la personalidad y la capacidad jurídica y de obrar, la titularidad y el ejercicio de derechos individuales y el poder público monopolizado por el Estado.

El Derecho, de manera privilegiada, ha definido y categorizado a las personas, las condiciones en las que están y los derechos-facultades-libertades que tienen (o no tienen). Vamos a analizar cómo lo hizo para mujeres y niños la cultura jurídica propia de Occidente, de la República Cristiana, entre los siglos XIII a XVIII (abarca la Baja Edad Media y la Edad Moderna), marcada por la recepción del Derecho Común, que integra el Derecho romano-justinianeo y el Derecho canónica clásico, y la formación de los Derechos regnícolas, capaces de adaptar aquel a la variedad de costumbres. En nuestro caso, el espacio elegido será la Corona de Castillanida dentro de la Monarquía Hispánica. No encontraremos derechos ni de individuos ni de grupos de individuos ni protección jurídica para el pleno ejercicio de los mismos en igualdad de condiciones. Se trata de otros conceptos de derechos, personas, vulnerabilidad y protección. No se trata de que el Derecho actúe porque hay personas en situaciones que impiden o dificultan el ejercicio de derechos de los que son titulares con igualdad a otros, sino de que el Derecho, en este contexto histórico, establezca instrumentos de protección jurídica para aquellos que no son sujetos de derechos.

Para tratar de abarcar nuestro objeto del modo más preciso posible, nos fijaremos en la construcción de algunos conceptos y categorías por la jurisprudencia (que para esta cultura no son las sentencias de los jueces y tribunales sino la opinión de los juristas, de los sabios en Derecho, de lo que hoy denominamos doctrina y no es fuente, para nosotros, de Derecho vigente). Esta es la fuente principal del Derecho común; no obstante, también nos referiremos a las concreciones en la legislación real que se abre camino desde el siglo XIII y comienza a desplazar a aquella a fines del Antiguo Régimen, claramente en el siglo XVIII.

En esta cultura jurídica, persona no se identificaba con individuo, ni siquiera con ser humano, porque había esclavos, que, en general, se regían por el régimen jurídico de las cosas. Además, para el Derecho la persona era siempre colectiva, como colectivos eran, por tanto, los derechos de los que era titular aquella (Clavero, 1990 y 2010). Por su parte, la persona se entendía no solo como titular de derechos, sino como titular de potestad o jurisdicción, ni siempre contenciosa ni legislativa, pero sí gubernativa o doméstica. Es decir, no había un ámbito privado de las personas-individuos titulares de derechos capaces de limitar el ámbito público propio de un Estado monopolizador del poder público. Y había personas que eran sujetos de derechos, porque carecían de alguno o varios de los tres estados jurídicos requeridos para, al menos ejercerlos en su plenitud: ser libre, ciudadano y padre de familia. Estos eran los únicos capaces de ejercer derechos-libertades y, además de gobernar personas-corporaciones, de las que eran cabezas y los demás miembros que quedaban bajo la misma.

Debemos situar a las mujeres y los niños en el contexto de personas colectivas, al frente de las cuales se sitúa siempre un sujeto que la representa y gobierna, solo este es sujeto pleno de los derechos de aquella, y ejerce dominio, que es potestad y jurisdicción gubernativa, sobre los otros que dependen de él. Uno es la cabeza y otros los demás miembros del cuerpo jurídico, en la visión medieval antropomórfica de la comunidad y sus corporaciones, que se reitera hasta el fin del Antiguo Régimen.

1.2. Una propuesta de clasificación de las mujeres y los niños.

Los seres humanos ("hombres", como sinónimo, en la legislación histórica), se dividen, en primer lugar, en libres y esclavos; en segundo, en nacidos o por nacer. Los nacidos libres forman persona que, a su vez, se encuentran en distintos estados, corporaciones y condiciones. Entre las distintas personas y estados rige un principio de desigualdad jurídica, por el que se rige esta comunidad socio-política, y es tenido por justo y equitativo, conforme a Derecho, tanto como para nuestra cultura la igualdad jurídica entre los individuos titulares de derechos. Esa desigualdad jurídica implica, entre otras cosas, que unas condiciones son de peores que otras. No solo el varón sobre la mujer, sino también el libre respecto del siervo, el hidalgo del pechero, el clérigo del lego, el hijo legítimo del natural y por supuesto el resto de ilegítimos en su variedad de formas, y el cristiano del moro y del judío (*Partidas*, 4, 23, 1 y 2).

Para el Derecho común, la mujer era o, mejor, estaba, en general, en un estado natural inmutable (*status mulieris*). En cuanto a los niños, al Derecho le interesaban fundamentalmente los niños que llegarían a ser padres de familia, es decir, los varones hijos legítimos que, cuando muriese el cabeza de su familia, le sustituirían como tal, de modo que sucedían en sangre y patrimonio y lograban la perpetuidad de los padres. Sin embargo, los niños que nunca podrían serlo (mujeres y siervos, e hijos ilegítimos a no ser que fundasen la propia) permanecían, en cierto modo, en ese mismo estado toda su vida, que no es el de niñez, que no existía, sino el de debilidad jurídica, bajo la protección necesariamente de un padre o bajo algún otro tipo de protección que supliese a este.

Como la condición peor de la mujer derivaba de la naturaleza y la voluntad divina, no había mucho que justificar. Los juristas que lo hicieron, acudieron a argumentos de mayor prudencia o sabiduría del varón y capacidad. Sobre la mujer pesaba, además, una presunción jurídica de maldad, porque el pecado original era su responsabilidad (Gacto, 2013, 58). En palabras del procurador general del Principado de Asturias, Nicolás de Ribera Argüelles, pronunciadas en la Diputación, en 1789 (18 de agosto), las mujeres "se hallan en el contagio de la culpa original", "inclinadas y como forzadas al vicio", lo que las aproximaba más a lo animal y natural que a lo civilizado y culto, y las alejaba del Derecho, inclinado a seguir la naturaleza de las cosas, pero no tanto. Tras el pecado original, llegaría, además, la sumisión al gobierno del varón, de modo que quedaba privada de cualquier tipo de jurisdicción o potestad, incluido el gobierno de los pueblos y de su familia. Precisamente, uno de los primeros argumentos empleados por las mujeres ilustradas para superar la desigualdad natural y, con ella, la jurídica, sería que el pecado había sido cometido por ambos sexos (Inés Joyes Blake, *Apología de las mujeres*, Madrid, 1798).

La condición inferior de la mujer respecto del hombre tenía importantes y diversas consecuencias jurídicas elaboradas por el Derecho común y repetidas por los Derechos de los reinos. Destacan la primogenitura del varón, la presunción de nacimiento posterior de la mujer y de muerte previa en caso de simultaneidad, la incapacidad de alcanzar oficios de justicia, representación y gobierno, para ser fiadora, testigo en testamentos, ejercitar el derecho de acusación penal salvo que la mujer fuese sujeto pasivo del crimen o que se persiguiese uno de gravedad o infamante, las limitaciones para dar testimonio en los procesos penales y, en general, cuando no se tratase de asuntos propios del ámbito femenino (Gacto, 2013: 39-40).

Las mujeres, salvo situaciones extraordinarias, no podían gobernarse a sí mismas -ni su persona, ni sus bienes ni sus acciones- y formaban parte de alguna persona-corporación gobernada por un varón padre de familia. De su dependencia derivaba su debilidad y desamparo jurídicos. La respuesta del Derecho a la mujer era necesariamente su protección jurídica, en un contexto que desde nuestro presente veríamos, al contrario, como desprotección y como elemento histórico para determinar la vulnerabilidad de las mujeres como grupo socio-jurídico.

Es importante destacar que, donde no había derechos propios, no se concebía que pudiese haber una limitación o una imposibilidad de ejercer lo que no existía. El padre de familia era la primera y mejor protección jurídica para las mujeres-esposas, los niños-hijos legítimos y los siervos domésticos, tanto como para nuestra cultura el Estado de Derecho democrático y social para sus ciudadanos. Los padres de familia respondían ante Dios por su deber natural, que era también jurídico, de protección y tenían reconocida una potestad, en buena medida infranqueable para cualquier otra autoridad, por supuesto de otros padres, pero también incluso de otra potestad pública, no solo para la cultura del Antiguo Régimen sostenida por la pluralidad jurisdiccional, sino también en el tránsito de esta al Liberalismo, que fue capaz de crear un Estado monopolizador del poder público que englobaba a todos sus nuevos ciudadanos, pero que consideró inviolable el espacio doméstico sometido a autoridad marital y paterna, de modo que los nuevos derechos civiles (y por supuesto los políticos) no serían tampoco de las mujeres sino de los padres de familia, conforme se regulan en el Código Civil de 1889. A principios del siglo XX, la primera legislación sobre la protección a la infancia partía de la definición de la patria potestad como "infranqueable muralla" (Manuel Tolosa Latour, en "El problema infantil y la legislación", *Revista General de Legislación y Jurisprudencia*, 48, 96, 1900, p. 159).

El Derecho nacional que sustituyó al Derecho Común, constitucional y codificado del Liberalismo, significó la identificación de las mujeres con otros sujetos calificados de incapaces. Es decir, son personas jurídicas, pero con una capacidad de obrar limitada dentro de un estado ahora llamado civil porque ya no es público ningún estado ni persona salvo el Estado. De persona colectiva titular de derechos y potestad, se pasó a individuo titular de derechos, con personalidad jurídica desde el nacimiento pero con distintas capacidades y estados, y derechos, y sin poder público ni jurisdicción. Las mujeres quedaron como eternos niños o en una situación jurídica equiparable a aquella en que se encontraban los enfermos, sobre todo, psíquicos, y otros incapaces, sin capacidad de obrar o muchas limitaciones. El racionalismo ya había utilizado en el siglo XVIII, como argumento, la ausencia de voluntad libre y, por tanto, para prestar un consentimiento necesario para concebir a un sujeto como pleno titular de derechos. Lo mismo hará el primer Liberalismo para la negación, no solo de derechos civiles a las mujeres casadas, sino también a todas las mujeres la condición de ciudadanas, con ello, de los derechos políticos, por supuesto, el de sufragio. Los ilustrados lo explicaban así: a diferencia de la creación divina, la procreación creaba seres humanos imperfectos por irracionales; sin razón no habría libertad ni, en este contexto, derechos que precisan de la misma. Los niños varones no esclavos, con el tiempo, podrían adquirir esa razón y con ella su libertad y derecho. No la mujer, en perpetuo estado de niñez, siempre imperfecta, irracional y dependiente de un sujeto de derecho libre, un padre de familia, bajo cuyo derecho y gobierno, que eran dominio y poder, la mujer quedaría protegida, lo mismo que el hijo (Locke, *Segundo tratado sobre el gobierno civil*, capítulos 2.4, 6.54, 56 y 57, 7.77, 78, 79, 80 y 82).

Los estados en los que podía estarse podían superponerse unas a otras. Es decir, el estado de mujer se englobaba, por ejemplo, en un estado familiar, en el estado noble o pechero o eclesiástico, en una determinada corporación local, provincial, regional... Cada estado y corporación tenía su derecho y su jurisdicción, aunque fuese gubernativa o doméstica. Derechos-privilegios-libertades y jurisdicciones-potestades eran plurales y se coordinaban necesariamente entre sí. La consideración jurídica de las personas y sus estados dependían de la función que cumpliesen para la comunidad socio-política organizada en Monarquía, y los comportamientos debían ajustarse a tales estados y condiciones. En palabras del profesor Clavero, había tantas personas como estados de pertenencia y tantos estados como personas. Algunas condiciones eran naturales e inmutables, como se concebía el estado de mujer, pero otras podían ir cambiando, como el del hijo legítimo varón a padre de familia.

Los cambios de estado y condición podían ser conforme a las normas que los regían y disciplinaban los comportamientos dentro de los mismos o de forma desviada respecto de su estado original. Es muy claro en el caso de la mujer que de hija pasaba a esposa, madre, viuda, tuteada, religiosa...; pero también podía pasar de soltera virgen honrada a violada deshonrada, de esposa a adúltera, a viuda deshonesta... La disciplina de los comportamientos se ejercía, repetimos, por distintas y plurales potestades públicas y privadas, y las normas eran también de variedad procedencia y naturaleza, especialmente consuetudinarias y en un ámbito local, y no eran principalmente jurídicas en determinados ámbitos como el doméstico, propio de las mujeres y los niños, sino también y sobre todo religiosas, morales y sociales.

En la historia, para el Derecho, no hubo un único concepto ni categoría de mujer ni de niño, ni todas las mujeres y niños estuvieron sometidas del mismo modo a alguna autoridad masculina, ni se las protegió jurídicamente de un mismo modo como mujeres y niños. Dicha protección, en esta cultura, iba desde la ignorancia o incluso el ejercicio de la violencia sobre marginados y mujeres no honradas, hasta la protección más elevada en consideración al derecho vulnerado, que era siempre la honra, no tanto de la mujer o del niño sino de la persona a la que pertenecían, que las representaba y gobernaba: un padre de familia. La honra era el bien jurídico de más elevada protección, como hoy lo es la vida y la integridad física y moral. Las penas más duras, en este sentido, serán las previstas, por ejemplo, para violadores de hijas solteras (y por tanto vírgenes) en edad de contraer matrimonio, que eran los 12 años (*Partidas*, 7, 20, 3).

Nuestra propuesta es analizar algunos aspectos relativos a la protección jurídica de las mujeres y niños en la cultura del Derecho Común, a partir de una clasificación que se ajuste a su contexto histórico-jurídico. Vamos a diferenciar tres grandes grupos de personas-estados en las que se pueden encontrar las mujeres y niños, aunque podría servir para otros grupos. En principio, si la mujer o el niño-hijo legítimo pertenecían a una de las corporaciones que componían la comunidad socio-política, en esa corporación tenían su inmediato marco y mejor protección jurídica; repetimos, no se trataba de hacer posible el ejercicio de unos derechos que no existían, sino de amparar jurídicamente bajo un derecho-dominio y un gobierno-potestad. El primer cuerpo de protección concebido como natural era la persona-familia, no solo para las esposas sino también para los hijos legítimos y siervos domésticos. Las mujeres y niños familiares, domésticos o privados estaban sometidas, dentro de una casa, en el que se desarrollaba prácticamente toda su vida, a la potestad marital (sobre la mujer débil), paternal (sobre los hijos sin experiencia) o señorial (sobre los inferiores siervos). Un padre de familia no tenía potestad pública, de modo que no podía, por ejemplo, legislar para su esposa e hijos, porque la potestad para hacer leyes era de los emperadores, papas y reyes, ni juzgar, es decir, abrir un procedimiento formal con audiencia de las partes encontradas y determinar qué derecho correspondía a cada una, porque la familia tenía un solo derecho, el del padre. Pero sí tenía potestad privada sobre los habitantes de su casa, un espacio que actuaba como frontera de su reino familiar. Es lo que se llama gobierno doméstico, económico, administrativo u economía (Frigo, 1985). Las personas-familias quedaban, en este sentido, bajo el derecho y jurisdicción de los padres y el conjunto de estas y otras corporaciones o cuerpos jurídicos formaban la comunidad socio-política, la universidad o república cristiana, un conjunto de familias gobernadas por padres, que encabezada, a su vez, un rey, que también era padre de todos aquellos padres y sus familias. Ese era, además, el gobierno público de los reyes, aparte de su jurisdicción contenciosa y su potestad legislativa.

Fuera de la familia, había mujeres y niños que quedaban, por algún motivo, de nacimiento o causa sobrevenida, sin persona-corporación y sin un padre de familia. Así, desprotegidos, quedarían a merced de su suerte, expuestos a los abusos de los más fuertes, sometidos a la violencia de cualquier otra persona privada o pública. Para evitar esta situación, se elaboraron instrumentos jurídicos de protección subsidiarios capaces de suplir el gobierno marital, paternal o señorial para dar amparo a estas mujeres no familiares en algún otro cuerpo de la comunidad, dirigido por otro padre de familia. En primer lugar, si era posible, se trataría de incorporarlos a otra familia, una vez que la ausencia de un padre suponía la desaparición de su familia. En el caso de los hijos legítimos estaba la tutela ejercida preferentemente por otro padre y decidida, en todo caso, por uno: las madres y abuelas no es que tuviesen derecho a ser tutoras de sus hijos menores, sino que podían serlo por decisión de un padre o un juez en caso necesario; para las viudas, lo preferible y deseable era un nuevo matrimonio. Mientras no entraban en una nueva familia -y había siempre un plazo en el que no podía contraer matrimonio en favor de la presunción de legitimidad de los hijos matrimoniales- las viudas quedaban en una situación de indefensión jurídica, lo mismo que las solteras de cierta edad que ya no se esperaba contrajesen matrimonio y los hijos ilegítimos, que eran los verdaderos huérfanos en este sentido. Para estas condiciones se configuró el concepto jurídico de personas miserables, dignas de misericordia por todos y cada uno de los miembros de la comunidad cristiana a la que pertenecían, cuyo deber de caridad, téngase en cuenta, era más importante que las obligaciones jurídicas. En ese ámbito de la caridad como virtud cristiana, se explica mejor el mundo en general de las mujeres y los niños en esta cultura jurídica.

Por último, a pesar de las precauciones tomadas para la protección de las mujeres y niños que estaban al margen de la familia, estas situaciones llevaban fácilmente a la marginalidad y ninguna atención prestaba el Derecho a los que quedaban fuera de la comunidad, sin cumplir ninguna función, sino al contrario, portadoras de males para la misma. Esta ignorancia, justificada por la incapacidad de estas mujeres y niños para contribuir a la paz pública, posibilitaría la violencia -la falta de derecho- sobre vagabundos, ladrones, extranjeros sin protección, prostitutas clandestinas y otras condiciones de marginalidad, en las que abundaban las mujeres (prostitutas exclusivamente) y niños.

1.3. Mujeres y niños domésticos.

El Derecho entendía que solo la mujer casada -o la que tenía una relación estable no matrimonial antes del Concilio de Trento- podía saber quién era el padre de sus hijos, porque los hijos legítimos eran los concebidos dentro del matrimonio. Dentro del matrimonio, la mujer, por un lado, adquiría significado para el Derecho por su participación necesaria en la procreación y la supervivencia de los padres de familia a través de su descendencia, y en el patrimonio familiar de los mismos. Por otro lado, el matrimonio como entrada en una familia, en cuanto que la mujer pasaba de un padre a otro (su marido) y la familia se entendía como la mejor, sino la única, protección para las mujeres, como esposas, hijas o siervas. El estado de mujer casada era, además, superior a otras condiciones en las que podían estar las mujeres; era inferior al celibato y la virginidad.

Las mujeres familiares, domésticas o privadas se definían siempre en relación al padre que representaba y gobernaba su familia, cuyo ámbito de protección podía extenderse a nietas, otras descendientes y parientes por afinidad sin otros padres (suegra, cuñadas, tías, sobrinas...). Como formaban parte del padre de familia, estas mujeres ni siquiera se mencionaban en los recuentos de población, donde sí que constaban los hijos y criados varones.

El padre gobernaba la persona, bienes y acciones de la familia, y protegía con sus derechos-libertades a los que habitaban su casa, sobre los que, además, tenía potestad para gobernar y disciplinar su comportamiento. Las normas que regulaban el orden familiar eran, ya lo hemos dicho, sociales, morales y religiosas, pero es difícil diferenciarlas claramente de las jurídicas en esta cultura; eran normas derivadas básicamente del amor doméstico, conceptualizado y clasificado también en el contexto histórico-jurídico propio, en el que el amor era concebido como público, a Dios y al prójimo, y se dividía en clases (Cardim, 2000).

Bajo la potestad del padre, la mujer, débil por naturaleza, nunca libre e incapaz de gobernarse a sí misma ni a nadie, se entendía debidamente protegida. La unión del esposo y esposa como conjunta persona implicaba una protección jurídica del fuerte respecto del débil, con todas las consecuencias jurídicas. En algunos fueros medievales se establece incluso la posibilidad de que el marido sustituya a la mujer para determinar su culpabilidad: en vez de aplicarle la prueba de la ordalía a ella, él se batiría en lid). Este amparo de los débiles jurídicamente por los fuertes en un mundo en el que no existía un Estado monopolizador del poder público, mucho menos social, generaba obligaciones de obediencia y servicio de aquellos respeto de estos, lo que encaja perfectamente en el contexto que le es propio, como es el de las relaciones feudo-vasalláticas de dependencia personal, protección, beneficio, clientela, fidelidad y vasallaje; y de pluralidad jurisdiccional, de modo que en el gobierno de la familia no entraban otros padres ni otras potestades, salvo excepciones y por causas justificadas, establecidas por el Derecho canónico, en materia matrimonial y familiar, sobre todo, y conforme avanza la Edad Moderna, por el Derecho real, capaz de extender su jurisdicción no solo como padre de familia de todos los padres de familia, sino también contenciosa, como juez, sobre todo cuando el padre no fuese capaz de disciplinar los comportamientos de su mujer o hijos por sí mismo -o no quisiese hacerlo-. Eran casos en los que las desviaciones del orden familiar trascendían al exterior y quedaba alterado el orden social, que se desarrollaba en un entorno local. Los pecados se convertían en crímenes o delitos públicos y no solo podían, sino que debían ser castigados por la comunidad para el restablecimiento de su orden en peligro.

La mujer casada requería siempre el consentimiento expreso y licencia de su marido para obligarse y contratar, porque era el único capacitado para disponer plenamente de los bienes, que eran de los padres y de sus familias (Leyes de Toro, 55). Incluso se requería dicho consentimiento para la disposición de bienes propios de las mujeres casadas, como eran las dotes, hereditarios y afines, establecidos precisamente para casos extraordinarios en que la mujer quedase sin la protección de un padre. Las mujeres que, por alguna causa, contrataban o se obligaban directamente renunciaban expresamente a las normas de Derecho común y real que les reconociesen algún privilegio.

Las mujeres casadas podían, por su parte y al contrario que otras, ejercer determinados oficios o prestar determinados servicios, vedados a las solteras y viudas jóvenes, actividades artesanas y comerciales, agrícolas y ganaderas, en los ámbitos urbano y rural respectivamente, y otras actividades propias del mundo femenino en el marco de los cuidados debidos a otros, ejercidas por maestras, médicas, parteras, amas-nodrizas... Siempre se entendía que las mujeres realizaban tales actividades como auxilio económico a sus maridos y familias, y que estaban protegidas por los mismos; de ahí la libertad. Pero, como estas ocupaciones implicaban falta de recogimiento en la casa familiar, que era el espacio de las mujeres familiares, se exigía que la mujer estuviese casada -y la correspondiente licencia del padre- o fuese viuda o asimiliada, es decir, soltera mayor de cuarenta años, mientras que las solteras jóvenes familiares no podían ejercerlos bajo pena de encarcelamiento, que era el espacio alternativo a la casa si se producía un comportamiento no adecuado al orden familiar. Estas actividades no se enmarcaban en el mundo del trabajo, sino en el de la familia y la servidumbre. La libertad de actividad y de movimiento se consiente porque están acompañadas por sus protectores.

En definitiva, las mujeres privadas bajo la protección de un padre o jefe de familia (marido, padre o amo, pero en otras ocasiones un hijo u otro pariente) podían ser esposas, hijas, siervas, nietas, madres y parientes solteras célibes (hermanas, primas, tías, sobrinas...). La protección que les debía un padre de familia era un deber cuyo incumplimiento tenía consecuencias jurídicas. La falta extraordinaria de padre, en casos, por ejemplo, de ausencia, o cuando la mujer actuase contra dicho padre, su protección era cubierta por otro varón: un juez local o real (licencias y resolución de conflictos), un pariente o un eclesiástico (acciones judiciales y testimonios), dependiendo del acto jurídico que precisase protección. No obstante, siempre se entendía que la mujer seguía formando una persona con su marido, porque, como sucedía con la patria potestad, era inconcebible la supresión de la potestad marital.

La condición de mujer casada podía unirse a otras que le eran más favorables en cuanto a capacidad de actuación jurídica, por lo menos en determinadas circunstancias. Era el caso del estado de nobleza, ámbito en el que nos encontramos con "señoras de la casa", que poseían mayorazgos, se obligaban, contrataban, expresaban voluntades y acudían a los tribunales para la defensa de los bienes familiares. Son estas las mujeres que encontramos en los documentos jurídicos con sus propios nombres e incluso firmas. En estos casos siempre se advertía expresamente que la mujer actuaba libremente, sin ser forzada ni atemorizada, precisamente porque se trataba de una mujer expuesta a los más fuertes jurídicamente. Se trataba de situaciones extraordinarias en las que una familia se había quedado sin padre-varón y temporalmente una mujer debía garantizar la continuidad de la persona y patrimonio familiar, que era dominio colectivo, nunca privado, precisamente de esa persona-familia, que era la que, en realidad, tenía capacidad jurídica, era persona y tenía derechos. También puede pensarse en el peculiar estatuto jurídico de una reina que, en ocasiones es puesto como ejemplo de una supuesta titularidad de derechos de la mujer en la historia, cuando, en realidad, esa capacidad era excepcional y derivaba del estado de reina, no del de mujer, lo que le permitía extraordinariamente gobernar pueblos. En todo caso, se entendía que eran costumbres que desplazaban al Derecho Común, cuya jurisprudencia insistió siempre en la incapacidad de la mujer para suceder en bienes con dignidad (Hespanha, 2001, 74-75).

1.4. Mujeres y niños miserables.

La muerte de un padre de familia implicaba la desaparición jurídica de esta, la disolución de la persona familiar, cuyos miembros débiles debían acogerse a otros padres: volver al de sangre al que habían dejado para someterse a otro padre, integrarse en una nueva familia o quedarse en una situación transitoria hasta que el padre reviviese en su hijo si era menor. La esposa pasaba a viuda, los hijos legítimos eran tutelados y los demás miembros (por ejemplo, los siervos) debían acogerse a otros padres. Las madres -y las abuelas- podían convertirse en tutoras de sus hijos menores, pero no por tener derecho a ser tutoras, sino por el derecho del padre a nombrarlas o, en ausencia de su autorización, a través de un juez. Si los niños eran lactantes y los amamantaban por ellas mismas, las madres podían solicitar derechos económicos al tutor en cuyo poder quedasen sus hijos (*Partidas,* 5, 12, 36 y 6, 16, 4 y 19). Por su parte, eran habituales las disposiciones testamentarias y contractuales en las que los maridos disponían los medios necesarios para la subsistencia de las mujeres que enviudasen. De nuevo, volvemos a la caridad para entender mejor la concepción jurídica de la mujer en la cultura del Derecho Común, que extrañaba cuando no rechazaba las contraprestaciones patrimoniales que podían favorecerla. Los deberes de una madre se entendían naturales, de modo que, en principio, no sería propio reconocerle una contraprestación patrimonial. Las Partidas castellanas excluían a la madre de la titularidad de la acción de gestión de negocios de los que se hacía cargo un tercero en ausencia del padre de familia, de modo altruista y espontáneamente, sin mandato, que precisamente el Derecho romano otorgaba a aquellas madres que realizaban gastos de alimentación sin "liberalidad maternal" sino con ánimo de recobrarlos (*Código* 2, 18, 11; *Partidas*, 4, 20, 3). Otra cosa era, como decíamos, que si la madre los criaba se le reconociesen derechos patrimoniales porque, por la lactancia, podía cobrar de los bienes que el hijo tuviera, aparte de heredarlo como pariente de sangre (*Partidas,* 5, 12, 35 y 36; y 6, 16, 19). Distinta era también la situación de los hijos ilegítimos, a los que ahora nos referiremos, sin patria potestad capaz de protegerlos, de modo que requerían instrumentos jurídicos de amparo inmediatamente, entre ellos, el deber de cuidado de la madre y los ascendientes de esta, bajo castigo si los hijos morían por no alimentarlos (*Partidas,* 4, 19, 3, 4 y 5). No el Derecho, pero sí la equidad canónica obligaría también al padre a alimentar a sus hijos ilegítimos.

En cierto modo, la muerte del padre permitía la aparición jurídica de la mujer: lo hemos visto, en ausencia de varón sucesor, con las reinas y señoras de la casa nobles. Las viudas podían convertirse en cabezas de familia, como también las casadas con marido ausente y las solteras de cierta edad sin cabeza alguna, ni marido, padre, hijo u otro pariente que pudiera suplir a estos. Las viudas figuraban en los padrones, al contrario que las mujeres familiares, que se escondían tras los padres de familia; no obstante, no aparecían junto a los padres sino junto a otros varones en situación semejante -viejos e impedidos- o, a lo sumo, al lado de maridos ausentes, marineros y otros que no tenían la consideración de vecinos, de modo que, entre otras cosas, no contaban a efectos tributarios ni militares. Pese a la mayor libertad jurídica y económica de las viudas, el Derecho las consideraba sin persona familiar y, por tanto, desprotegidas. Incluso aunque volviesen al seno familiar de sangre que habían abandonado por matrimonio o estuviesen amparadas por sus hijos varones, convertidos en nuevos padres de familia con la muerte del propio, o por algún otro pariente, lo preferible era que contrajesen nuevo matrimonio, dejasen de ser viudas y pasasen al estado de casadas y a la persona familiar.

No obstante esta desprotección, las viudas y asimiladas pertenecían a la comunidad y esta debía integrarlas en alguna persona distinta a la familiar, por lo menos hasta que se produjese su reintegración en otra. La comunidad socio-política debía protegerlas porque formaban parte de la misma y cumplían funciones para el orden de la misma. Esta protección jurídica se debía independientemente de la situación económica de la mujer, de modo que incluía a viudas enriquecidas, por ejemplo, comerciantes y pequeñas propietarias rentistas urbanas, en las que se ha fijado la historiografía.

Parecida consideración jurídica se daba a los expósitos y los huérfanos ilegítimos, ya que, como hemos visto, para los hijos legítimas la situación era distinta y se ponían en marcha otros mecanismos jurídicos de protección dentro del ámbito familiar, de manera temporal hasta que el hijo varón y mayor se convirtiese en nuevo padre de familia y se hiciese cargo del resto mientras que, si eran varones formasen sus propias familias, en su caso, y si eran mujeres se integrasen en otras con otro padre.

Las mujeres viudas, solteras de cierta edad, expósitas y huérfanas ilegítimas, sin persona-familia desde el nacimiento o por causa sobrevenida, fueron categorizadas como personas miserables, por su situación de desprotección. Eran miserables en cuanto dignas de misericordia por todos y cada uno de los miembros de la comunidad/república cristiana a la que pertenecían, con obligaciones de cuidado y protección más importantes que las jurídicas, derivadas de la principal virtud: la caridad, superior a la justicia. La Biblia era clara: no dañarás ni a la viuda ni al huérfano. Si lo haces, ellos clamarán a mí y yo oiré sus clamores, se encenderá mi cólera y os destruiré con la espada (*Éxodo* 22 y *Deuteronomio* 27). El castigo a los padres de familia era su muerte y la generación de sus propias viudas y huérfanos. El Derecho común (Constitución de Constantino, recogida en el *Código* 3, 14) y los Derechos reales bajomedievales y modernos, entre ellos el castellano (*Partidas,* 3, 3, 5; 3, 18, 41; 3, 23, 20) recogieron tal mandato de Dios y encomendaron la protección directamente al Emperador y al Rey, ampliando, además, el listado de personas miserables.

Las personas-corporaciones de amparo de viudas, huérfanas y demás personas miserables eran variadas. Por supuesto, la Iglesia, además de su extensa actividad caritativa, con especial relevancia en la atención de viudas y huérfanas, podía acogerlas en su fuero eclesiástico. Por su parte, el Rey, como padre de familia superior a todos los padres, las amparaba directamente en ausencia de estos, entre otras formas, procesalmente, a través del otorgamiento de un fuero privilegiado como demandantes y como demandadas. En el siglo ilustrado, la Monarquía administrativa capaz de adentrarse en ámbitos jurisdiccionales hasta entonces ajenos, pondrá en marcha su conglomerado de medidas policiales, penales, educativas y sanitarias, y las acogerá en hospicios y otros establecimientos de beneficencia, sanidad y educación, ya no tanto por ejercicio de la virtud de la caridad por la comunidad cristina y sus miembros, sino por caridad pública no tanto para la salvación de almas –de quien ejerce la caridad y de quien la recibe- sino por la utilidad del incipiente Estado, que precisaba súbditos, pronto ciudadanos a su servicio y bajo su protección.

También las corporaciones territoriales y las potestades regionales, provinciales y locales costeaban casas y el cuidado de expósitos y otros fondos específicos para viudas y huérfanos, con instituciones como los padres de huérfanos, corredores y acomodadores de mozas y otras instituciones de amparo bajo un padre de familia (un amo), aunque fuese temporalmente hasta su integración en otra. Por su parte, para los expósitos y huérfanos destacaba el aun poco conocido marco de amparo en familias extrañas, que prohijaban o acogían, no tanto para adoptar, que era una institución tenida por artificial para la cultura del Derecho Común y porque la patria potestad nunca desaparecía por ser natural e indisponible. Lo habitual era que una nodriza o ama mercenaria recogiese a la expósita (o expósito) para su lactancia y crianza, a cambio de un salario pagado por el municipio; pasado el tiempo de lactancia, normalmente tres años, los niños quedaban incorporados a su familia campesina de acogida, que los alimentaba y educaba, como hijos o siervos, que, este contexto, eran lo mismo. El acogimiento solía ser definitivo de modo que se lograba la integración en una persona familia. No obstante, la patria potestad nunca desaparecía por ser natural e indisponible.

No debemos olvidar que el sustento de la pobreza en el Antiguo Régimen iba de la mano de la caridad de los particulares, sobre todo a través de donaciones, testamentos, fundaciones y demás obras piadosas, capaces de sostener a los sectores sociales necesitados, los pobres económicamente y los débiles jurídicamente (los miserables). Las mujeres eran sobre todo beneficiarias de tales obras de caridad. En el otro lado, también fueron las mujeres capaces, con sus limitaciones en cuanto a su capacidad jurídica, de activar dichas obras de caridad, principalmente en sus testamentos, y excepcionalmente como fundadoras. Especial significado e importancia tenían las dotaciones de huérfanas y doncellas, de parientes de los fundadores e también de viudas pobres. Se buscaba la pronta incorporación de estas mujeres en el ámbito de protección jurídica ideal: una corporación familiar, preferiblemente a través del matrimonio, de modo que la cuestión era dotarlas, o también a través del servicio doméstico o incluso de algún servicio de artesanía, producción textil u otros admisible para las mujeres. Estos últimos no eran oficios, sino servicios, como manifiesta la habitual acumulación de los salarios debidos al final de la prestación. Era otra forma de integración y protección, en este contexto, familiar.

También jugaban un su papel de amparo los gremios, cofradías, obras pías, hospitales, casas de acogida, malaterías y demás instituciones de protección y beneficencia, que incluía entonces el ramo sanitario, sobre todo para el refugio y cuidado de mujeres ancianas y pobres y niñas huérfanas.

Volvamos a las viudas, que gozaban de una libertad jurídica desconocida para las mujeres casadas e hijas. Para empezar, porque podían disponer, al fin, de su dote, arras y otros bienes parafernales. Sin marido, sin necesidad de su consentimiento ni licencia, podían contratar y obligarse. También podían ejercer oficios por sí mismas, aunque, en estos casos, la licencia municipal supliría a la del marido propio de las mujeres casadas. Pero no siempre estas viudas figuraban solas en los documentos jurídicos en los que expresamente se afirmaba su "libre voluntad". En ocasiones, no se citaba ni el nombre de la viuda, sino el de su hijo o incluso el del marido muerto, es decir, el padre de familia. También podían y solían dar ellas mismas poder a un varón, normalmente un pariente o incluso alguna autoridad religiosa o municipal. Los varones frecuentemente aparecían como testigos en los actos realizados por estas mujeres, como en los testamentos. En parecido sentido, como acabamos de decir, las mujeres sin padre precisaban licencia de las autoridades municipales para ejercer oficios.

Es interesante advertir que las viudas debían acreditar su honestidad, que se presumía en las mujeres casadas porque la obtenían de su marido. Por su parte, como mujeres que eran, solían renunciar a las normas de Derecho común y real castellano que les favorecían. No es que estas viudas no pudiesen actuar por sí mismas o en interés de sus hijos, sino que se entendía que estaban mejor amparadas por un varón y, en todo caso, estaba el rey como padre superior para su protección como personas miserables, por su consustancial debilidad jurídica pese a su posible independencia jurídica e incluso económica. Respecto a la mayor libertad de las viudas, que también se manifestaba en la posibilidad que tenían de vivir solas, no faltaba nunca la intervención local y provincial para poner límites y control, bajo la sumisión a un "pariente mayor". Reiteramos, en este ámbito, la obligación de los hijos-varones de amparar a sus madres viudas, lo que a veces incluía el pago de soldadas por estas.

Los protocolos notariales del espacio urbano testimonian que era frecuente que las viudas arrendasen los bajos de las casas en las que vivían, como tiendas o locales de artesanía y otros negocios y servicios. También, al contrario, aparecen como arrendatarias de habitaciones de artesanos y comerciantes. En las villas modernas era general la presencia de viudas convertidas en pequeñas propietarias rentistas y mujeres de negocios; lo cual, insistimos, no impide la consideración de su debilidad jurídica. Además, estas no eran ni todas ni la mayoría de las viudas, cuya realidad se enmarca también en el ejercicio de oficios marginales (lavanderas, posaderas, vendedoras ambulantes...) con graves necesidades económicas, sobre todo las ancianas.

Por su parte, como ya hemos dicho, las huérfanas sin amparo familiar –de patria potestad o tutela- también eran concebidas como personas miserables. En el contexto histórico-jurídico que estamos describiendo, en el que el matrimonio era concebido como la mejor forma de protección de las mujeres y la única para determinar la filiación legítima, la ilegitimidad era una situación frecuente y generadora de más ilegitimidad, salvo que se buscasen instrumentos jurídicos adecuados para la protección de esas personas no familiares, a través de su amparo en algún cuerpo jurídico gobernado por un padre. Esta realidad se pone de manifiesto, por ejemplo cuando se repara en las reclamaciones de huérfanas ante la justicia local -o, en su caso, real y eclesiástica- por embarazos fuera del matrimonio, en las que pedían, preferiblemente, el matrimonio con el causante -suele alegarse que había mediado promesa- o, en su caso, su dotación para lograr otro matrimonio.

En el siglo ilustrado, la fortalecida jurisdicción real consideró la utilidad de estas huérfanas no solo para la comunidad y su bien común, sino también como futuras madres de los súbditos, y, entonces, comenzó a tejerse su red de hospicios para ellas -entre otros- con la idea de que ya no dependiesen tanto de jurisdicciones ajenas y de la caridad debida por todo particular cristiano y las corporaciones puestas a disposición, sino de una nueva beneficencia pública, capaz de proporcionarles la formación necesaria para la vida doméstica.

1.5. Las mujeres y niños marginales: la deshonestidad.

A pesar de los instrumentos creados para la protección jurídica de las personas miserables, para su integración en una familia o en una corporación sustituta de amparo, tales situaciones llevaban fácilmente a la marginalidad, y poca o ninguna atención prestaba el Derecho a quienes quedaban fuera de la comunidad, de cualquiera de sus personas, sin cumplir ninguna función para la misma, sin contribuir a su orden y paz pública; al contrario, poniéndola en peligro. Los marginales, fuera de la comunidad y sus normas, al no tener persona-corporación de ningún tipo, ni familiar ni sustituto, no se concebían como tales personas, sino más bien como animales –bestias se decía- que quedaban a merced de la violencia -lo contrario al Derecho- de cualquiera, fuese potestad privada o pública, que podían ejercer su coacción sobre estos sectores, lo que no cabía en los ámbitos privados capaces de proteger y también de corregir y castigar, en su caso, por sí mismos, si era preciso, los comportamientos desviados. Estamos hablando de mendigos, vagabundos, ladrones, delincuentes, extranjeros sin protección y otras situaciones de marginalidad, sectores entre los que abundaban las mujeres y los niños; y también de condiciones exclusivamente femeninas, como era el caso de las prostitutas y también de las adúlteras no perdonadas por sus padres de familia. El varón no podía ser nunca prostituta ni tampoco podía ser sujeto activo de adulterio (Minnucci: 2011).

En estos ámbitos marginales, la no pertenencia a la comunidad, ni a su derecho ni a su potestad y jurisdicción, y su exclusión, por tanto, de la protección jurídica de esta, se manifestaban incluso espacialmente, porque los marginados solían vivir fuera del propio vecindario.

Al abordar la conceptualización y clasificación de las mujeres y niños en la cultura del Derecho Común, no debemos olvidar referirnos a una dualidad con mucha relevancia histórico-jurídico: la que distinguía entre honestidad y deshonestidad. La marginalidad estaba estrechamente unida a esta última. La honra era el bien jurídico más preciados en la cultura jurídica del Antiguo Régimen, más que la vida y, por supuesto, cualquier tipo de integridad física y sexual, que no existían (Clavero, 1991). Así, en el adulterio, que solo podían cometer las mujeres, se pecaba contra la honra del padre de familia. Por su parte, en la prostitución, el castigo o pena a los alcahuetes dependía de si se deshonraba o no a un padre, y se graduaba desde la muerte para los que prostituyesen a vírgenes honradas si no accedían a casarlas o dotarlas, hasta el destierro, considerado suficiente en el caso de las mujeres ya deshonestas (*Partidas,* 7, 22, 2). Parecido sentido tenía el castigo previsto para las violaciones, que era más grave, por ejemplo, en el caso de las niñas capaces para el matrimonio -a partir de doce años- porque su virginidad era exigible, de modo que la violación de una menor de esa edad podría penarse más levemente (Gregorio López, que sigue a Baldo, en su glosa a *Partidas,* 7, 31, 2).

Como la honra era del padre, la mujer, en principio, por sí misma, carecía de ella y se presumía deshonesta, salvo que tuviese un padre que la acogiese en su honra y la proyectase en ella, es decir, las mujeres casadas y las hijas legítimas. En este sentido, el confinamiento de la mujer en el ámbito doméstico, en el que insistió siempre la jurisprudencia, se convertía en garantía de honestidad (Hespanha, 2001: 85). No obstante, las mujeres domésticas podían perder esa honra si se comportaban de forma no adecuada a su estado: por ejemplo, la casada adúltera y la hija o la sierva deshonradas. Lo mismo podemos decir de las mujeres miserables protegidas: así, la huérfana soltera no virgen y la viuda que mantuviese relaciones sexuales en un tiempo determinado tras la muerte de su marido, que se calificaba de infame (*Partidas,* 7, 6, 3). Por su parte, la deshonra podía llegar no solo de la mano de estos o similares comportamientos sino incluso del modo inadecuado de vestirse respecto de la condición que fuese propia (*Partidas,* 7, 9, 18).

En las mujeres familiares la honestidad se refería, sobre todo, al comportamiento sexual y era un factor fundamental, por ejemplo, en la determinación de la legitimidad o ilegitimidad de la violencia sobre las mismas, que podía concebirse como castigo de los comportamientos desviados, dentro de las potestades de gobierno del padre. Solo la honestidad daría derecho a la acción contra los actos de violencia y debía probarse. Así, no habría abuso en el uso de la violencia sobre la mujer adúltera. Este era un pecado-delito contra la propiedad del marido y una desviación del orden exclusivamente femenino porque la mujer era la única que podía poner en peligro la legitimidad de los hijos y ese era el mal causado. El adulterio era sexo ilícito y generaba violencia porque el marido no solo tenía el derecho sino la obligación de castigar a su mujer para corregir su comportamiento y recuperar su honra. El castigo con la muerte, al contrario de lo que en ocasiones se afirma, no era lícito -el marido se excedía de su potestad gubernativa- pero constituía una especie de atenuante o incluso eximente. No olvidemos que el padre también podía perdonar a la adúltera, que era la representación de la mujer pecadora a la que Jesucristo perdonó (Juan, 8, 3-11). En una cultura de pluralidad jurisdiccional, de potestades y dominios, la violencia contra la mujer doméstica era un asunto privado, salvo en casos extremos o que afectasen al vecindario, o ante un marido ausente. En este contexto de protección de la mujer por su marido, además, poco podría reclamar una mujer que ya estaba casada y que, además, podría levantar dudas sobre su honestidad sexual, que solo, recuérdese, obtenía a través del marido. En cuanto a los hijos, estaban en una situación muy parecida, bajo la potestad de un padre tan extensa que incluso las Partidas castellanas llevaron al extremo de permitir que el padre se comiese al hijo, en situación extrema de hambre y en el ámbito de unas relaciones señoriales que siguieron rigiendo la relación familiar hasta el fin del Antiguo Régimen (*Partidas,* 4, 17, 8). Para que la comunidad local, el rey u otra potestad y jurisdicción interviniese en la del padre, el desorden o la desviación de los comportamientos debían trascender del orden privado al público, de modo que la comunidad conociese el mal, porque entonces no solo podía, sino que debía castigarlo. La mujer que, de forma natural, desde el pecado original, era mala, debía parecerlo, ser mal ejemplo para la comunidad, para que el pecado se convirtiese en público. Por esto, el amancebamiento, hasta el Concilio de Trento, e incluso el adulterio con varios hombres no solía presentar mayores problemas si no causaba otros desórdenes o males para la comunidad. Por su parte, en el caso de las prostitutas, no importaba tanto el mal que se provocasen a sí mismas, porque, como pecadoras, podían salvar su alma, y, además, no causaban deshonra a ningún padre de familia y no impedían la procreación legítima; sus hijos siempre eran ilegítimos, llamados mánceres o mancillados, o espurios, que ni siquiera heredarían a su madre (*Partidas,* 4, 15, 1). Por supuesto, todas las prostitutas eran siempre deshonestas y ser mujer pública implicaba el acceso de cualquier hombre, de modo que el Derecho no protegía la violencia sobre ellas. No obstante, sí podían merecer protección si se entendía que cumplían funciones para la comunidad, como eran evitar pecados de lujuria más graves o satisfacer las necesidades sexuales de los vecinos-padres de familia, que no acudirían a mujeres ajenas pertenecientes a otros padres. Casi como miserables, pese a su deshonestidad, se concibieron enmarcadas en la red de mancebías municipales bajomedievales (Friera Álvarez, 2020).

En fin, las mujeres familiares y las mujeres miserables podían perder su honra, que la recibían del padre. Por su parte, las mujeres que no tenían estado, ni familiar ni otro alternativo propio de las personas miserables, directamente no tenían honra. En todo caso, se trataba de situaciones muy relacionadas entre sí, que se superponían, porque la deshonestidad, como hemos dicho, solía llevar a la marginalidad. Así, el destino de las huérfanas violadas solía ser la prostitución, y de ahí la puesta en marcha de múltiples instituciones de acogimiento de estas en el seno familiar, a través de su dotación, como ya hemos precisado, porque la clave de la diferencia entre mujer honesta y deshonesta estaba, de nuevo, en el matrimonio, capaz de legitimar la sexualidad y la filiación.

También el ejercicio de ciertos oficios, o más bien servicios, solía llevar a la marginación: es el caso de las vendedoras ambulantes, taberneras y posaderas, tejedoras, nodrizas en hospicios... Son servicios que prestaban mujeres pobres, frecuentemente huérfanas ilegítimas, que derivaban fácilmente en delincuentes, mendigas y demás, sin ninguna protección, ni privada ni pública, ni de un padre (marido, padre o amo) ni de otra institución de amparo. En tal situación, como mujeres sin posibilidad de formar parte de una persona y de su estado, gobierno, jurisdicción y derecho, sin ser parte de la comunidad, no eran concebidas como personas, sino más bien como animales a merced de otros animales.

Las marginales y marginadas (vagabundas, delincuentes, prostitutas...) no eran ni mujeres familiares ni miserables. La diferencia respecto de estas últimas era relevante porque conllevaba una actitud muy distinta por parte de la comunidad frente a las mismas: para las miserables, caridad; para las marginadas, represión. La pobreza, por su parte, podía y solía estar tanto en miserables como en marginales -también, claro está, en las mujeres familiares, pero jurídicamente era irrelevante-; la protección o asistencia se debía solo a las primeras.

En el siglo ilustrado, esta clasificación comenzó a sustituirse por otra. Los pobres falsos, los concebidos como vagos, fuesen miserables o marginados, podían convertirse en ciudadanos útiles. Esa utilidad se entendía para una nueva Monarquía, capaz de adentrarse en ámbitos de gobierno hasta entonces ajenos, propios de otras jurisdicciones. Por su parte, los pobres verdaderos o incapaces serían los nuevos miserables que recibirían asistencia por parte de esa Monarquía administrativa, que sustituyó a la jurisdiccional. La pobreza pasaba a ser asunto público, administrativo, de policía y de economía política; y la beneficencia comenzaba, así, a separarse de otros ramos de gobierno, como la sanidad y la educación. Era un cambio fundamental que propiciaría el lento y complejo tránsito de la caridad a la nueva beneficencia, de la asistencia a los pobres en el ejercicio de la virtud de la caridad a la asistencia administrativa, benéfica y sanitaria de los incapaces y a la utilización política y económica de los súbditos-ciudadanos capaces. La idea era acogerlos en hospicios -si pudiese ser, desde la infancia- para alimentarlos, educarlos y prepararlos, básicamente para un oficio-servicio, y en el caso de las mujeres, preferiblemente para el matrimonio o para el servicio doméstico. De paso, también en las casas de recogidas y cárceles-galeras, para corregir su conducta desviada del orden, con el fin de integrarlos en la comunidad a través del cumplimiento de una función social. La última alternativa era reprimir a los indisciplinados y delincuentes, incapaces de integrarse. Se abría, así, un largo proceso de sustitución de las jurisdicciones gubernativas y domésticas que se hacían cargo de los necesitados de amparo que se entendía cumplían funciones para la comunidad, con lo que no necesitaban ninguna otra protección de ninguna otra jurisdicción superior, por un Estado encargado de la beneficencia pública; pero esta es otra historia, dentro de la cultura jurídica implantada por el Liberalismo.

Bibliografía básica

-BOUZADA GIL, María Teresa, "El privilegio de las viudas en el Derecho castellano", *Cuadernos de Historia del Derecho*, 4, 1997, páginas. 203-242.

-CARDIM, Pedro, *O poder dos afectos. Ordem amorosa e dinâmica política no Portugal de Antigo Regime*, Universidad Nova de Lisboa, Lisboa, 2000.

-CLAVERO, Bartolomé, *Tantas personas como estados: por una antropología política de la historia europea*, Tecnos, Madrid, 1986.

- "Almas y cuerpos: sujetos del derecho en la Edad Moderna", en *Studi in memoria di Giovanni Tarello, 1. Saggi storici*, Giuffrè, Milano, 1990, páginas. 153-17.

- "Delito y pecado. Noción y escala de transgresiones", en *Sexo barroco y otras transgresiones premodernas*, Alianza, Madrid, 1991, pp. 57-89.

- "La máscara de Boecio: antropologías del sujeto entre persona e individuo, Teología y Derecho", *Quaderni fiorentini per la storia del pensiero giuridico moderno*, 39, 2010, páginas 7-40.

- *Sujeto de derecho, entre estado, género y cultura*, Olejnik, Santiago de Chile, 2017.

-FRIERA ÁLVAREZ, Marta, "La configuración histórica del concepto de prostituta", en SUÁREZ LLANOS, Leonor y VALVIDARES SUÁREZ, María (coordinadoras), *Libres, dignas e iguales. Las claves jurídico críticas de la prostitución y el trabajo sexual*, Valencia, Tirant lo Blanch, 2020, páginas 153-171.

- ¿Qué era el niño para el derecho en el Antiguo Régimen? Notas para la historia de los que no eran persona, en VÁZQUEZ RODRÍGUEZ, Beatriz (coordinadora), 30 aniversario de la Convención sobre los derechos del niño: logros y retos desde una perspectiva multidisciplinar, Dykinson, Madrid, 2020, páginas 65-83.

-FRIGO, Daniela, *Il padre de familia. Governo della casa e governo civile nella tradizione dell'Economica tra cinque e seicento*, Bulzoni, Roma, 1985.

-GACTO, Enrique, *La filiación no legítima en la historia del Derecho español*. Sevilla: Universidad de Sevilla, 1969.

"Imbecillitas sexus", *Cuadernos de Historia del Derecho*, 20, 2013, páginas 27-66.

- HESPANHA, António Manuel, "El estatuto jurídico de la mujer en el Derecho Común clásico", Revista Jurídica de la Universidad Autónoma de Madrid, 4, 2001, páginas 71-87.

- MERCHÁN ÁLVAREZ, Antonio. *La tutela de los menores en Castilla hasta fines del siglo XV*. Universidad de Sevilla: 1976.

- METZ, René. *La femme et l'enfant dans le Droit canonique médiéval*, Variorum Reprints, London, 1985.

-MINNUCCI, Giovanni, "La condizione giuridica della donna tra Medio Evo ed Età Moderna: quelche riflessione", *Anuario de Historia del Derecho Español*, 81, 2011, páginas 997-1007.

Tema 2. Caracterización de las personas y grupos vulnerables
María Leonor Suárez Llanos

2.1. Los sujetos jurídicamente vulnerables. La relevancia jurídica de la vulnerabilidad como justificación de la protección de las personas y los grupos.

Hay “conceptos blandos” que pueden abarcar casi todo, justo por eso se arriesgan a perder utilidad al no identificar o justificar nada en concreto. Pues bien, en los ámbitos político, jurídico y económico, el concepto de vulnerabilidad, a pesar de su trascendencia, corre el riesgo de ser uno de ellos. Un problema que aumenta en la medida que la vaguedad, ambigüedad e indeterminación del concepto suele servir a planteamientos que, queriéndolo o sin querer, acaban convirtiendo la vulnerabilidad en una clave de la fragilidad, de la debilidad.

Enseguida se comprobará que aquí se indaga en una línea distinta: De un lado, porque trato de construir y concretar de el concepto de “vulnerabilidad jurídica” a fin de abrir los espacios reales desde los que los sucesivos temas concreten los instrumentos de protección de los derechos de las personas y los grupos vulnerables. De otro lado, porque invierto la clave de definición de la vulnerabilidad: la causa de la vulnerabilidad jurídicamente relevante no está en la persona que tiene ciertas características (origen, color de la piel, sexo, orientación, identidad, etc.), sino en los terceros que establecen positivamente las condiciones de vulneración efectiva de los derechos de esas personas o del grupo al que pertenece. Y, además, vinculo la vulnerabilidad a otro concepto jurídico central, el de “discriminación” y, por tanto, al del Derecho antidiscriminatorio. Concretaré estas propuestas en los tres siguientes apartados.

2.1.1. “Vulnerabilidad jurídicamente relevante”.

Por eso aquí pretendo abordar el concepto de vulnerabilidad jurídica y políticamente relevante, para saber qué cae dentro de sus contornos y qué fuera, qué justifica y para qué la lucha contra la vulnerabilidad, y en favor de quien y de qué manera.

El concepto de vulnerabilidad de los grupos e individuos en las ciencias sociales tiene que ver con la categoría analítica de la vulnerabilidad que las ciencias físicas aplican al riesgo de impacto de desastres naturales[1]: la variable de vulnerabilidad frente a los fenómenos naturales refiere las condiciones de riesgo que enfrentan los seres humanos en las estructuras sociales.

A su vez, y aplicando aquel concepto de vulnerabilidad de las ciencias naturales, la vulnerabilidad refiere la desventaja para resistir, responder y readaptarse a la amenaza que resulta de la exposición al riesgo según la posición del sujeto. Esto es, la fórmula de la vulnerabilidad sería “vulnerabilidad = exposición x susceptibilidad/resilencia”, y el riesgo de ser vulnerado depende de la intensidad de la amenaza en relación con el grado de vulnerabilidad (riesgo = amenaza x vulnerabilidad[2].

---

[1] La UNDRO y la UNESCO unificaron el significado de los conceptos de amenaza, riesgo específico y total, elementos de riesgo y vulnerabilidad respecto de desastres naturales y la vulnerabilidad o incapacidad de ciertos grupos de población para impedir y afrontar ciertos riesgos y amenazas gracias a su informe *Natural disasters and vulnerability analysis: report of Expert Group Meeting* (9-12 July 1979) (1980).

[2] Dicho de otro modo, pero también en los términos analíticos de vulnerabilidad social frente a riesgos, la vulnerabilidad es “un factor de riesgo interno de un sujeto o sistema expuesto a una amenaza, correspondiente a su predisposición intrínseca a ser afectado o ser susceptible a sufrir un daño. La vulnerabilidad... es la predisposición o susceptibilidad física, económica, política o social que tiene una comunidad de ser afectada o de sufrir daños en caso que un fenómeno desestabilizador de origen natural o antrópico se manifieste” (Cardona A., 2001, 2).

Pues bien, también la vulnerabilidad social, política, económica y jurídica está en relación con aquellas situaciones en las que los sujetos de derechos, de una u otra forma, viven bajo la amenaza o sobre el riesgo de una privación de expectativas o posibilidades de igualdad. Un riesgo que es claramente mayor cuando explícitamente el Derecho no cumple unos mínimos de igualdad formal y trata de forma injustificadamente desigual, es decir, injustamente discriminatoria, a ciertos grupos y personas. Pero que también está muy presente cuando el Derecho incentiva por omisión la vulnerabilidad, es decir, en aquellas ocasiones en que el ordenamiento garantiza un estándar de igualdad formal que, sin embargo, no consigue garantizar la igualdad material de los vulnerables para el disfrute de sus derechos. Una y otra forma de discriminación y promoción de la vulnerabilidad son fundamentales, aunque en los Estados que como el nuestro garantizan la igualdad formal la vulnerabilidad por omisión jurídico-política es prioritaria. Pero vayamos paso a paso.

Como lo que aquí importa es la protección jurídica del vulnerable, interesa concretar por qué es y/o debe ser jurídicamente relevante el concepto de vulnerabilidad, cómo se justifica introducir medidas jurídicas especiales frente a esa vulnerabilidad, y en qué sentido el Derecho falla a la hora de identificar y proteger a las personas y grupos vulnerables con las medidas pertinentes al efecto.

Basta con mirarse al espejo y un poco alrededor para hacerse consciente de nuestra esencial y diversa "vulnerabilidad". Ahora bien, que alguien sea vulnerable respecto de algo, o tenga una menor capacidad para afrontar ciertas situaciones o expectativas —hay personas muy sensibles al ruido o emocionalmente dependientes o incapaces de motivarse frente al trabajo o que no pueden resistirse a tomar el sol en los días previos a un examen...—, y que todo ello conduzca a ocupar situaciones menos ventajosas en distintos ámbitos, no significa que todo tipo de desventaja consista en una vulnerabilidad jurídicamente relevante y digna de articulación de instrumentos público-institucionales paliativos de la vulnerabilidad.

Por eso, hablar de protección jurídica de la vulnerabilidad recomienda plantearse qué condiciones y criterios convierten una diferencia entre sujetos o grupos en una exigencia de actuación político-jurídica orientada a reequilibrar la situación del sujeto vulnerable respecto de todos los demás. Pues otra alternativa conduce a discursos, quizá bienintencionados, pero desgraciada e injustificadamente abocados a la tolerancia rala y la beneficencia del privilegiado respecto del vulnerable.

En concreto, aquí se sostiene lo siguiente:

La vulnerabilidad en el contexto jurídico precisa un concepto que dé sentido y permita reorganizar la realidad de los injustamente desfavorecidos. Aquí esto se hace en torno a los conceptos de discriminación, condiciones sospechosas y Derecho antidiscriminatorio

Esto convierte en elemento central de la justificación al "desfavorecimiento injusto". Lo que a su vez conduce a articular el concepto de vulnerabilidad no sobre la idea de la desventaja de resultados, sino sobre la de desventaja en los puntos de partida (las condiciones sospechosas causan la discriminación discriminación). Esto es, la vulnerabilidad jurídica refiere una desventaja inmerecida en el disfrute de bienes y derechos que se deriva de unas condiciones de partida injustificadamente discriminatorias.

Entenderlo así desplaza la idea de la beneficencia respecto del vulnerado en favor de la noción fuerte de derechos de protección del vulnerable, lo que permite reforzar las exigencias de las técnicas e instrumentos jurídicos y políticos que se ponen al servicio del vulnerable.

2.1.2. Discriminación y Vulnerabilidad en Derecho y Derecho Antidiscriminatorio.

Aunque el concepto de discriminación en el ámbito jurídico es complejo y el término es susceptible de definición flexible[3], propongo como punto de partida que hay discriminación cuando: se produce un tratamiento no igualitario, directo o indirecto, por acción o por omisión, que responde a una conciencia estructural despectiva, minusvaloradora o estigmatizadora de las personas de un grupo, que les impide acceder en pie de igualdad a bienes y derechos, y que tiene el efecto de perpetuar la subordinación, marginación u opresión del discriminado[4].

En síntesis, la discriminación es una forma particular de desigualdad injustificable y que sufre la persona y el grupo que son portadores de una característica que tradicionalmente ha servido de excusa causal de la minusvaloración y el tratamiento limitador de las posibilidades de autorrealización de la persona.

Hoy en día son frecuentes las cláusulas constitucionales que identifican y proscriben esas causas "especialmente odiosas de discriminación". Nuestra Constitución Española (CE) lo hace en el art. 14, se trataría de las causas de "nacimiento, raza, sexo, religión, opinión o cualquier otra condición o circunstancia personal o social". En otras Constituciones antiguas y paradigmáticas, como la americana, el Tribunal Supremo, en cuanto Corte constitucional, identificó, primero, la raza, a la que el Tribunal reconoció como "rasgo especialmente sospechoso" en Korematsu vs. United States, de 1944; y el sexo, que desde Craig vs Boren de 1976 fue considerado un posible rasgo de discriminación que imponía un fortalecimiento del test de tratamiento materialmente diferenciado conformado a un "interés importante".

El TC español evolucionó el 16 de julio de 1987 hacia esta caracterización de la "discriminación" como una forma particular de desigualdad jurídica injusta, lo denomino "modelo orgánico de desigualdad", que se caracteriza por sus causas e incidencia histórica en contra de los derechos y la dignidad de las personas.

Hasta entonces, el TC sostenía el criterio de trato igual para lo igual y posibilidad de trato desigual cuando éste se justifique objetivamente. Pero a partir de esta sentencia el TC ya adopta las "causas" de desigualdad como claves de la discriminación que expresan "diferenciaciones históricamente muy arraigadas y que han situado, tanto por la acción de los poderes públicos, como por la práctica social, a sectores de la población en posiciones no sólo desventajosas, sino abiertamente contrarias a la dignidad de la persona que reconoce el art. 10 de la C.E." (FJ 5). Y en este sentido asume como constitucionales y efectivas respecto de la efectiva igualdad las medidas especiales de prestación orientadas a facilitar la inserción laboral y el desarrollo del trabajo, en este caso de la mujer como trabajadora.

Por eso es central, más allá de los rasgos particulares de las personas o los grupos, identificar "las pautas de estratificación más profundas, los mecanismos causales que producen las jerarquías y las estrategias ideológicas que, como la personalización, dificultan la comprensión de esas desigualdades estructurales"[5]. Y en sentido jurídico se produce discriminación cuando el ordenamiento jurídico no solventa satisfactoriamente las situaciones en que algunas personas no pueden disfrutar en pie de igualdad de sus derechos ni soportan igualitariamente sus cargas debido a condiciones estructurales injustas

---

[3] La discriminación puede referirse a un hecho puntual, de motivación propia y destinatario concreto, o a una discriminación estructural que responde a condiciones "odiosas" o "sospechosas", ETC. comp. María Ángeles Barrère Unzueta. *Discriminación, Derecho Antidiscriminatorio y Acción Positiva en Favor de las Mujeres*. Cívitas, 1991, pp. 19-ss.

[4] Vid. Alfonso Ruiz Miguel. "La discriminación inversa y el caso Kalanke", *Doxa*/19, 1996, pp. 129-130.

[5] Hay que mirar y conocer a los oprimidos para conseguirlo, "tener en cuenta su anhelo de una vida mejor y su afán de buscar sentido hasta en las circunstancias más desfavorables, así como cultivar la indignación social y la imaginación política"; Nancy Fraser. *Los Talleres Ocultos del Capital. Un Mapa para la Izquierda*, 2014, Traficantes de Sueños, p. 201.

e indeseables. Así sucede p.ej., cuando se cree que la filiación adoptiva justifica introducir en la norma condiciones más gravosas para acceder a la pensión de orfandad. Algo que exigía el art. 41.2 del texto refundido de la Ley de Clases Pasivas del Estado de 1987, al imponer a los hijos adoptivos "frente a los hijos por naturaleza" que el adoptante hubiera sobrevivido dos años al menos desde la fecha de la adopción.

La aparente finalidad de la norma que establece el trato diferenciado, en principio, es la prevención frente al posible fraude de ley en casos de adopción. Ahora bien, la falta de proporcionalidad, de rigor, de fundamentación de las razones para diferenciar ambos supuestos de filiación no resulta razonable[6], ya que además de presumir que se ha actuado en fraude de Ley sin que quepa prueba en contrario, cuando el principio es que los derechos se ejercen de buena fe, se vulnera la exigencia constitucional de dar protección a la familia y a los hijos.

La fuerte exigencia de proporcionalidad, objetividad y razonabilidad en casos de tratamiento diferenciado respecto de las que se consideran condiciones sospechosas o causas de discriminación trae como consecuencia el endurecimiento de los criterios de justificación y, por tanto, la clara limitación de los supuestos de tratamiento diferenciado.

Endurecimiento por la injusticia en sí de la discriminación, distinta de un tratamiento diferenciado coyuntural, que muestra que el patrón de injusticia cristalizado en nuestro discurso sustenta intereses e ideologías de parte inaceptables.

Por eso, uno de los propósitos centrales del Derecho anti-discriminatorio es superar la estereotipación acerca de las características de un grupo o de sus normas de conducta, porque es esa estereotipación la que conduce a la discriminación, consciente o inconsciente, y al margen de que la motivación o finalidad sea discriminatoria.

En síntesis, la "libertad real" precisa de ajustes de igualdad de oportunidades. En principio esta igualdad viene posibilitada por la igualdad formal, pero a partir de ahí se constata que hay muchas circunstancias que generan desigualdades inaceptables y discriminaciones por la ausencia de una igualdad de oportunidades real.

2.1.3. Las condiciones sospechosas de discriminación y de vulnerabilidad jurídica.

Interesa aquí atender a por qué ciertas condiciones personales o de un grupo "sospechosas" de generar un trato diferenciado estructural; esas condiciones servirán para identificar después los grupos vulnerables (los portadores de esas condiciones sospechosas) merecedores de especial protección jurídica.

El elemento estructuralmente sospecho de generar discriminación ("condición sospechosa) es aquel que sustenta un modelo de comprensión y articulación de la realidad normativa que, por acción u omisión, genera una diferencia material de trato y una lesión al principio de igualdad de oportunidades entendido en relación con una comprensión fuerte de la dignidad y el libre desarrollo de la personalidad.

Una condición sospechosa destacada es el género, es decir, la condición biológica del sexo rearticulada conforme a un conjunto de claves interpretativas, valorativas y normativas que impone en muy distintos niveles una desigualdad de oportunidades en los términos apuntados[7].

---

[6] Y es que, reiterando la STC 200/2001 lo ya establecido en la STC 46/1999, de 22/03, "«con el fin de evitar un posible fraude se priva de pensión a todos aquellos hijos adoptados que hayan quedado huérfanos en este período. Fraude, por otra parte, que, al menos de modo generalizado, tampoco puede producirse, ya que para que se realice es preciso que muera el adoptante; suceso que, en la gran mayoría de los casos, es imprevisible, e incluso, en el supuesto de que fuera realmente previsible, tampoco podría considerarse que la adopción realizada fuera necesariamente fraudulenta»" (FJ 9).

[7] Concreta de forma representativa la Comisión Interamericana de Derechos Humanos estas condiciones sospechosas estructurales y la forma de identificarlas respecto del concepto central de discriminación: "[L]a situación de discriminación estructural se verifica en los indicadores de acceso a vivienda, créditos y préstamos, salud y educación de calidad, índice de expectativa de vida y tasa de nutrición, y en las dificultades para el uso del espacio público o el acceso a determinados lugares de recreación. (Además,) la situación de discriminación

Además son condiciones sospechosas, entre otras, la raza, color, orígenes étnicos o sociales, características genéticas, religión, pertenencia a una minoría nacional, discapacidad, edad, orientación sexual, etc. (art. 21.1 de la Carta DDFF de la UE), o la condición de nacionalidad (art. 21.2 CDFUE), que ha sustentado interesantes sentencias del TEDH sobre la conversión del trato diferenciado en discriminatorio[8] cuál es la línea que fija los motivos sospechosos de causar discriminación y exigen un test de proporcionalidad más estricto.

Condiciones sospechosas de discriminación que, para el TS, STS de 28/04/2005 (Rec. 72/04) "implican una violación más cualificada de la igualdad por el carácter particularmente rechazable del criterio de diferenciación aplicado" pues, y siguiendo al TC, el trato diferente "toma en consideración condiciones que históricamente han estado ligadas a formas de opresión o de segregación de determinados grupos de personas"[9] (FJ 8).

La noción de la condición estructural sospechosa es especialmente alentadora en lo que se refiere a la identificación de las claves de la discriminación en relación con las condiciones de vulnerabilidad de Derechos que formalmente son igualitarios y que incluso materialmente tratan de atender a las diferencias, pero fracasan. Lo que explica la fortaleza y el constante avance del Derecho antidiscriminatorio como instrumento central de igualdad en la posibilidad de desarrollar libre y plenamente la personalidad como manifestación de la dignidad de cada persona. Y esto permite destacar tres ámbitos centrales de protección[10] del Derecho anti-discriminatorio: la libertad negativa y que se vincula a la igualdad formal. La disposición de un amplio elenco de oportunidades y recursos materiales una vez atendidas todas las circunstancias que den sentido a la libertad positiva en su vinculación estrecha con la igualdad material de oportunidades. Y el del respeto externo e interno a cada definición personal y que se relaciones con una política fuerte de promoción del reconocimiento estructural y sistémicamente vulnerado respecto de ciertos grupos; un elemento de reconocimiento que está fuertemente vinculado a la capacidad y posibilidad de un auto-respeto personal y de grupo.

Igualmente, las "condiciones sospechosas" nos sirven para diferenciar la falsa discriminación por criterios normativos diferenciados: cuando hay un tratamiento diferenciado para casos aparentemente iguales, p.ej., distintos regímenes fiscales del Estado o Comunidades autónomas, y la diferencia no responde a una causa estructural[11] sospechosa cristalizada en el discurso jurídico, social, político, económico y que contradice la igualdad real de oportunidades.

---

estructural no solamente se advierte en las estadísticas o indicadores, sino que se reproduce en el imaginario colectivo y en la continuidad de estereotipación de la población afrodescendiente, aplicándoles calificativos peyorativos e irrespetuosos a su dignidad como personas. [...]. Informes de país Informe sobre la situación de los derechos humanos en la República Dominicana. OEA/Ser.L/V/II. Doc. 45/15. 31 diciembre 2015 368. Teniendo en cuenta lo anterior, la Comisión considera que en casos donde existen patrones o prácticas de carácter estructural, se debe realizar una valoración conjunta de la coyuntura propuesta acerca de las circunstancias históricas, materiales, temporales y espaciales que rodean a la situación..." VVAA. *Comisión Interamericana De Derechos Humanos Compendio sobre la igualdad y no discriminación. Estándares Interamericanos*, 2019, pp. 33-34

[8] Como con la sentencia Gaygusuz c. Austria, 31-09-1996, 17371/90 con la que el TEDH se pronunciaba por primera vez acerca de la discriminación por nacionalidad a un ciudadano que cumpliendo todas las condiciones legales y de tributación que se solicitaban a los austríacos para recibir una prestación, se le deniega por ser turco. Para un interesante análisis complementario en relación con la condición sospechosa de la nacionalidad en la jurisprudencia del TEDH, véase Díaz Crego, María. "El derecho a no ser discriminado por razón de nacionalidad: ¿un derecho de los extranjeros?", Revista Española de Derecho *Constitucional*, n. 89, 2010, pp. 136-139.

[9] Siguiendo su propia doctrina de 17-05 (RJ 2000, 5513), 17-10 (RJ 1990, 7929), 23-09 (RJ 1993, 7032).

[10] Destaca Khaitan los tres pilares antidiscriminatorios imprescindibles para posibilitar una "buena vida" a quienes tradicionalmente sufren la discriminación: libertad negativa, igualdad de oportunidades y auto-respeto; Tarunabh Khaitan. *A Theory of Discrimination Law*, Oxford University Press, 2015, pp. 91-ss. Comp. Julie C. Suck. "Antidiscrimination Law and the duty to integrate". *Foundations of Antidiscrimination Law*, Hart, 2018, 233-ss.

[11] En este sentido, Laureano Abel en relación en particular con la materia fiscal, *Discriminaçao Inversa na Comunidade Europeia*, Quid Iuris, Lisboa, 1997.

También hay falsa discriminación si hay tratamientos diferenciados que perjudican desproporcionada e injustificadamente los derechos de personas, pero la causa no radica en su pertenencia al grupo discriminado, bien porque la persona no está dentro del grupo, bien porque estándolo el tratamiento no afecta ni tiene relación con su condición de modo directo ni indirecto.

Así las cosas, resulta que el concepto de discriminación es alentador pero complicado de concretar. Una complicación a la que, además de lo ya dicho, también contribuye nuestro posicionamiento como participantes de nuestras claves significativas, las obligaciones redistributivas que impondría y el rechazo de los privilegiados, la alteración del sistema de clases y privilegios establecidos y, también la ductilidad argumentativa que la discriminación y la vulnerabilidad introducen a un Derecho que , se dice, perdería las claves de seguridad científicas de los positivismos más duros y el modelo convencional de seguridad jurídica positivista.

Y no solo esto. Es que, además, la flexibilidad del concepto de discriminación, de las razones sospechosas, de la diversidad, etc. también advierte de la gran dificultad que representa la adopción de instrumentos normativos antidiscriminatorios y cintra la vulnerabilidad pues, al final, conforme a una cierta blandura conceptual y de exigencias, puede conducir a escenas de injusticias y favorecimientos injustificados de grupos y personas. Todo esto ya se abordará en los siguientes temas referidos a los instrumentos jurídicos concretos frente a la discriminación.

Añádase igualmente a la dificultad conceptual la variedad de tipologías caracterizadoras y sistematizadoras de la discriminación: Discriminación objetiva y discriminación subjetiva; discriminación material y discriminación formal-material; o discriminación directa frente a discriminación indirecta y en la que una acción que ni pretende (al menos no es necesaria la intención) ni aparenta causar discriminación causa desigualdad de oportunidades como resultado de una conjunción de elementos relacionados con la descripción y valoración de las circunstancias tradicionales de un grupo y que lo colocan en la posición de grupo vulnerable. Etc

Una complejidad y ductilidad que también se complica con la cuestión de si para discriminar tiene que haber voluntad o al menos consciencia de que se está discriminando. Si bien actualmente hay un cierto acuerdo de que la discriminación se identifica por sus efectos sobre el perjudicado y no por la voluntad de quien la causa[12], si bien tal consideración puede tener ciertos efectos sobre la caracterización y clasificación.

Pues bien, tras insistir en que existe un derecho a estar protegido frente a una vulnerabilidad discriminatoria que impide acceder en pie de igualdad al disfrute de los derechos y a un concepto propio de vida digna, interesa ahora plantearse las razones que obligan al Estado y el Derecho a ejercer esa protección positiva. Se verá que los mismos criterios axiológicos y racionales que legitiman al Estado y justifican su poder coactivo deben servir igualmente para elucidar las razones en favor de la protección jurídica institucional del vulnerable.

---

[12] El juez Tanaka era rotundo ya en 1966, "(l)a arbitrariedad prohibida se refiere al hecho simplemente objetivo y no a la condición subjetiva de los involucrados... la arbitrariedad puede establecerse independientemente ...del motivo o finalidad... Por tanto, la práctica del apartheid es fundamentalmente carente de razón y es injusta. La no razonabilidad y la injusticia no dependen de la intención o motivo... de su *mala fides*" ("Casos de África Suroccidental", Informes de la CIJ, 18 de julio de 1966., pág. 306). Comp. *Título original: "The Principle of Equality or Non-Discrimination in International Law", Human Rights Law Journal,* vol. 11, 1-2, 1990, pp. 1-34.

2.2. Las razones que legitiman al Estado y justifican la protección frente a la vulnerabilidad.

Se aborda aquí la "justificación" para (las razones en favor de que) que el Derecho proteja jurídicamente a una persona o grupo vulnerable. Y propongo partir de lo siguiente:

Que existe un conjunto de argumentos que legitiman al Estado volviéndolo racional y éticamente aceptable. Que tales argumentos se vinculan a los que justifican la coacción normativa del Estado ejerce sobre el individuo. Que, todos ellos permiten identificar las exigencias institucionales que recaen sobre el Estado y el Derecho legítimos respecto del ciudadano. Y que en el marco de tales exigencias se encuentran las razones que justifican las políticas institucionales de protección o no de la persona frente a la vulnerabilidad.

Pues bien, algunos de los argumentos representativos para justificar la normatividad y coacción del Estado sobre el individuo son los de la fuerza, los metafísicos naturalistas, los historicistas y los contractualistas y consensualistas (y todas sus distintas variantes y síntesis).

El criterio de la fuerza como argumento de justificación del ejercicio de la coactividad por el poder se sirve del sentido reforzado, justificativo y legitimador de un materialismo histórico sublimado y para el que el Derecho que coacciona es la expresión de la ley natural que determina la sumisión del más débil y menos capacitado al más fuerte y capacitado.

Pero esto es falaz, ya que supone confundir la justificación de los contenidos normativos con la gran eficacia del instrumento para conseguirlos, la fuerza. Esto es, se cierra sobre un criterio fáctico ajeno a otros criterios más valiosos a la hora de justificar quién y cómo se deben establecer los criterios normativos vinculantes para todos.

Por su parte, la categoría de los argumentos metafísicos naturalistas, y especialmente los teológicos para la justificación del uso estatal de la coacción del Derecho, es igualmente controvertida. A su través se afirma que, ante la existencia de un orden superior, lo justo y lógico es que el hombre se someta a la proyección de ese orden divino en la tierra. Como las trampas y debilidades de este argumento me parecen obvias, evito mencionarlas.

Los criterios racional-historicistas ofrecen una tercera vía de justificación del deber de obediencia del individuo a las normas y a los criterios de un poder que se legitima en la razón de la historia, dicho en términos muy simples, que justifica el ejercicio del poder de subordinación. Pero el problema de este esencialismo trascendental no es solo que convierte al modelo en indemostrable, sino que justifica situaciones históricas aborrecibles, además de condenar a la autonomía y la capacidad de juicio individual, esta vez sí, al "basurero de la historia".

Finalmente, la cuarta categoría de argumentos justificativos, contractualistas y consensualistas, responde al planteamiento del liberalismo político, conforme al que el individuo se somete voluntariamente al poder, a las normas y al Derecho a cambio de ciertas contraprestaciones y porque otorga un mandato de representación. Se trataría de un contrato, un acuerdo, una convención del individuo con el Estado y el Derecho y que aboca un modelo democrático y de derechos individuales.

Pues bien, en este trabajo adopto un planteamiento consensualista, y también asumo las consecuencias que tal planteamiento aboca respecto la justificación de la protección de los grupos vulnerables y su articulación al defender un planteamiento respetuoso del individuo, de su voluntad autónoma, de su capacidad para elaborar y perseguir su propia concepción del bien y la justicia y para ser responsable de las consecuencias de sus actos. Como aquí no puedo desarrollar los argumentos en favor de tal fundamentación[13], me limito a referirla anclándola en el planteamiento discursivo habermasiano, y a recordar sus dimensiones básicas.

[13] P.ej., en Suárez Llanos, 2001, 35-50.

La reformulación del "contractualismo clásico" (kantiano) por el "contemporáneo contractualismo"[14], a su vez, es criticada y reestructurada por el "consensualismo" del procedimiento formal discursivo —de Habermas o de Apel, p.ej.— en un afán superador de ciertas deficiencias que volvían a hacer al neo contractualismo vulnerable.

Pues bien, lo que, conforme al constructivismo procedimental ya contractualista o consensualista, se obtiene es la justificación racional del modelo democrático y protector de los derechos como estructura institucional de articulación del poder y de elaboración del Derecho basado en un reparto originariamente igualitario de bienes, derechos y cargas. Esto es, se justifica racionalmente la sumisión del individuo al modelo normativo democrático y protector de los derechos porque más que limitar la libertad individual la amplía a la par que aumenta su bienestar al favorecer políticas institucionales que dan posibilidad material a los derechos.

Esta igualdad material en el disfrute de los derechos y que sirve para dar sentido a la justificación democrática depende de que se garantice una igualdad de los puntos de partida, no de los de llegada. En otro caso el sentido legitimador del procedimiento se desvanecería.

Pues bien, ésta es la piedra de toque de los grupos vulnerables. Porque, aunque es cierto que, aun partiendo de un reconocimiento igualitario de bienes derechos y cargas, algunos obtienen mayor rendimiento generándose así desigualdades sociales, lo que no es legítimo ni se justifica es que quienes portan ciertas características no puedan participar en pie de igualdad en el desarrollo y materialización de sus derechos. En consecuencia, aquí se sostiene que son vulnerables quienes se enfrentan a una serie de obstáculos que les impiden competir en pie de igualdad en el acceso a la realización y consecución de sus derechos y de los bienes sociales, al margen de que exista o no una legislación formalmente respetuosa del principio de igualdad

En suma, definir la vulnerabilidad jurídicamente relevante es tanto como identificar las causas que injustificadamente entorpecen el disfrute real de sus derechos por los individuos.

Ahora bien, si afirmar la protección del vulnerable es problemático en esencia, la dificultad se agrava cuando se trata de concretar cuáles son los grupos jurídicamente vulnerables, esto es, cuándo se dan situaciones de vulnerabilidad relevante que traen su origen en causas de las que el individuo no tiene por qué hacerse cargo. Para profundizar en ello propongo revisar ciertas críticas paradigmáticas al modelo institucional del Estado de Derecho que ya reconoce la protección frente a la vulnerabilidad.

2.3. Las condiciones modernas de la vulnerabilidad. La *outsider jurisprudence* y las tensiones grupo/individuo, comunitario/liberal, diferencia /igualdad (universal).

Por más que la justificación del poder coactivo del Estado de Derecho esté en su función de garantizar los derechos, la soberanía popular y la democracia, lo cierto es que esta justificación es fuertemente contestada no tanto por lo que defiende, la igualdad, cuanto por lo que oculta: que la igualdad en los derechos y la libertad solo se cumple respecto de la categoría de sujetos que ejercen el poder y se sirven del Derecho para mantenerlo.

De un lado, porque la sobredimensionalización de la autonomía racional se serviría de una hipotética racionalidad aséptica y analítica que fagocita otras características de la persona más relevantes y constitutivas de la identidad, de su desarrollo y de las elecciones: la pertenencia a una cultura, una comunidad, una religión, un lenguaje moral particular, etc.

Y, de otro lado, porque la protección formalmente igualitaria de los derechos individuales esconde y refuerza la clásica insensibilidad del Estado, del Derecho y del

[14] Aunque, a pesar de sus similitudes, no puede hablarse de una única corriente "neocontractualista", entre otras cosas, "... por el mismo tipo de Estado que están contribuyendo a legitimar. En el caso de Nozick y Buchanan, el *Estado neoliberal*, en el de Rawls, un *Estado Social* progresista, abierto a nuevas cotas de dignidad y desarrollo humano" (Vallespín Oña, 1985, 208).

Estado de Derecho liberal frente a circunstancias personales que imponen una desventaja material.

En suma, lo que el crítico de los derechos individuales objeta es que el individuo liberal no existe y que es la sociedad liberal la que genera la vulnerabilidad.

De este particularismo crítico del planteamiento liberal del Estado de democrático y protector de los derechos individuales da buena cuenta la denominada *outsider jurisprudence*. Conocer algunos de los aspectos centrales de su crítica permite comprender mejor las claves y condiciones de la vulnerabilidad y de la discriminación en la sociedad real.

Para la *outsider jurisprudence*, las narraciones tradicionales del Derecho no reflejan ni la neutralidad ni el consenso que quieren aparentar como base de su legitimidad. Y, para enfrentarse a la teorización tradicional, se sirve de narrativas que concretan historias generadas desde la experiencia real, la que es vivida por, y tal como es contemplada desde, la perspectiva de, las mujeres, de las personas de color y de los gays y lesbianas y otros grupos oprimidos[15]. Con ellas los *outsider/outgroup jurisprudents* identifican y reivindican los discursos diferentes (*multiple different voices*) tal como son efectivamente vividos por sus participantes; unos discursos que las ideológicas e interesadas "verdades" esenciales de la modernidad habrían silenciado y apartado por considerarlos antinaturales, problemáticos y fuente de conflictos. En tanto la asignatura pendiente de la conceptualización de la vulnerabilidad puede y debe servirse ampliamente de las aportaciones de esta crítica externa, y a sabiendas de que en el marco de la "*outsider jurisprudence*" se desarrollan diferentes frentes, aquí me interesaré por las claves críticas más destacadas a nuestros efectos de sus manifestaciones paradigmáticas, en particular los *Critical Legal Studies*, a los *fem-crits*, a los *racial-crits*, a la *gay-lesbian theory*, y al comunitarismo.

2.3.1. Los Critical Legal Studies.

Los *Critical Legal Studies* (*CLS*) critican el modelo político liberal, individualista y de los derechos y de la concepción positivista del Derecho por considerarlo culpable de crear y/o ocultar muchas de las claves de la vulnerabilidad de ciertas personas y grupos[16].

Aunque es difícil sistematizar sus críticas y sus pretensiones dada su heterogeneidad interna, su tendencia negativa, de deconstrucción[17], su desinterés reconstructivo de la realidad que se critica y también de la crítica misma, y su tendencia a centrarse en aspectos sectoriales de la realidad jurídica positiva[18], sí es posible identificar ciertas tesis representativas de su carga crítica[19] en relación con los grupos vulnerables: Primera, la tesis de la indeterminación del Derecho, fundamentalmente a efectos jurisdiccionales[20]. Segunda, el Derecho siempre anima los intereses partidistas de los poderosos legitimando la injusticia en el trato político-jurídico del resto de grupos sociales[21]. Tercera, la teoría política y jurídica de la modernidad se asienta sobre el *"fetichismo" liberal hacia los derechos civiles*, pero solo impulsa y legitima amplias restricciones individuales, además de fomentar una concepción

---

[15] Complementariamente, Eskridge, 1994, 607-ss.

[16] Pues "la tradición dominante en la doctrina legal... contribuye a justificar un discurso legal abstracto que ignoró la política del poder" (Minda, 1995, 106). (Sobre las relaciones e influencias del realismo jurídico en los CLS, Pérez Lledó, 1996, 240-ss.).

[17] Eric Engle destaca este carácter negativo de la mayor parte del discurso de los *CLS*: "se oponen al sistema existente sin proponer alternativas". Por eso, igual que la prosperidad de los 50ss silenciara el realismo legal, en amplia medida la prosperidad económica de los 90ss habría silenciado los *CLS*.

[18] Complementariamente, Kennedy, 1992, 283-ss.

[19] Al respecto y complementariamente Minow, 1986, 84-85.

[20] Y es que, existe una "indeterminación de la doctrina legal; cualquier conjunto dado de principios legales puede ser utilizado para justificar resultados conflictivos o contradictorios".

[21] En efecto, el análisis histórico y socioeconómico demuestra que ciertos grupos particulares de interés, las clases sociales y las instituciones económicas atrincheradas se benefician de las decisiones legales a pesar de la indeterminación de las doctrinas jurídicas. Lo que es tanto como decir que la retórica liberal sobre los derechos individuales perjudica la posibilidad de realización de los derechos de los grupos minoritarios y/o no vinculados a los criterios de autoridad del poder establecido. Comp. Brix, 1996, 181-ss.

atomística de las relaciones humanas. Cuarta, "el análisis legal y la cultura jurídica oscurecen las consecuencias y legitiman los resultados", porque el Derecho tiene una naturaleza política y no cabe la neutralidad, solo la ideología de la autoridad homogénea y excluyentemente establecida. Y, quinta, el Estado de Derecho es un mito, está irrealizado, es irrealizable y proyecta efectos perniciosos. Por eso tanto hay que rechazar el "*modelo consensual" de sociedad* al que se veta por ignorar que la vida social está predominantemente guiada por la dominación y la represión.

Finalmente, y por todo lo anterior, es necesario "elucidar visiones sociales nuevas o previamente desfavorecidas y argumentos en favor de su realización en la práctica legal o política para convertirlas en parte del discurso legal".

2.3.2. La Critical Race Theory.

Una de las desmembraciones representativas de los CLS, y que da cuenta de su evolución interna es la de la "critical race theory" (*CRT*) que a partir de 1989 se organizarán como un movimiento de entidad independiente tras su primera "Conferencia" en Wisconsin.

La *CRT*, que trabaja sobre distintos presupuestos antropológicos, sociológicos, históricos, filosóficos y políticos, etc., reivindica una conciencia sobre la particularidad de la raza que rompa la ecuación mal resuelta conforme a la que la igualdad se alcanza si las personas de distintas razas son tratados formalmente igual que los blancos.

La *CRT* afronta su vulnerabilidad eludiendo la asimilación y centrándose en "la actual experiencia, historia y tradición intelectual de la gente de color" (Matsuda, 1987, 325). Será la "conciencia racial" la que para la CRT acabe con la hipocresía de pensar que el color es solo pigmentación; el racismo es consustancial al sistema jurídico, económico y social y formatea los conceptos, categorías, procedimientos y relaciones tradicionalmente consideradas neutrales. En concreto(Litowitz): i)el racismo está siempre presente y actúa de una forma sutil desarrollándose a través de microagresiones; ii)cada perspectiva del Derecho está determinada por la raza y no hay una perspectiva neutral; iii)la neutralidad y universalidad que pretende la doctrina jurídica son rechazables ya que solo traducen la visión masculina y blanca del mundo que se entiende como sagradamente razonable; iv)a pesar del lenguaje neutral que presenta el Derecho, las reglas neutrales son aplicadas de forma discriminatoria por los jueces y agentes del orden; v)el Derecho debe entenderse contextual e históricamente, no como si estuviera ubicado en una racionalidad evidente; vi)las mujeres y las personas de color ven el mundo de forma diferente a la doctrina legal porque participan de diferentes narrativas del Derecho, por eso hay que incorporar institucionalmente las narraciones particulares de estos grupos como víctimas de la historia; vii)la soluciones liberales a los problemas raciales —tener presente a, ser empático con— no bastan, porque la gente de color se separa de los códigos de habla de la narración blanca, masculina y burguesa, por lo que debe fomentarse la participación real de las personas de color en la realización de los aspectos centrales del Derecho y de la política.

Objeciones racionales que, a su vez, se enfrentan a la crítica de que los CRT tratan también de subordinar los criterios universales neutrales y de pretensión igualitaria a la "impostura" de la raza, por más que sea bajo la excusa de erradicar las jerarquías de dominación. Objeción ésta que fortalece la discusión sobre la igualdad de la diferencia y el "dilema de la diferencia"[22].

[22] En este sentido interesa especialmente el *Colloquy* publicado en el número 103 de la *Harvard Law Review*, centrado en esta serie de cuestiones.

2.3.3. La teoría crítica feminista.

Un núcleo doctrinal fuerte de la teoría de género en relación con el Derecho y la estructura institucional del Estado lo integra la "*feminist jurisprudence*" (JF) —término que comenzó a emplear Scales en su trabajo "Toward a feminist jurisprudence"—.

Igual que la CRT, la *feminist jurisprudence* se encuentra en origen vinculada a los CLS y comparte sus premisas críticas con la concepción político-jurídica liberal, fundamentalmente en EE.UU. —el feminismo sajón estaría más influenciado por la dogmática legal y por las corrientes materialistas—. De hecho, muchas de las representantes de la JF suscribieron inicialmente su crítica básica a la lógica del Derecho, la falta de determinación y la manipulabilidad de la doctrina, el rol del Derecho cara a la legitimación de un tipo particular de relaciones sociales, las ilegítimas jerarquías fomentadas por el Derecho y las instituciones legales. Sin embargo, en 1983 ese vínculo se rompe a partir de un congreso de los CLS dedicado precisamente al feminismo, pues ahí constatan las feministas que los mismos estudios críticos que lo apadrinaban también las marginan y residualizan[23].

Desde entonces, la JF se desarrolla vigorosamente tomando como punto de partida su rechazo de los métodos ortodoxos y la ideología de un Derecho que se entiende propulsor de una "ideología" jurídica y de unas prácticas asociadas a *la forma patriarcal de una sociedad* que están al servicio de los intereses de los hombres. Una ideología reflejo de la moralidad pública secularizada y cuya dominación es asumida y garantizada por los juristas y los legisladores como si se tratara de un "fenómeno natural".

La trampa empieza por suponer una igualdad que impone la identificación con los modelos y valores establecidos exclusivamente por la razón masculina, diferente de la femenina. Mientras que ésta estaría centrada en la ética del "*care*", la masculina atendería a imperativos de autoridad, neutralidad e individualidad radical (MacKinnon habla de mónadas) histórico socialmente establecidos por el hombre.

A partir de ahí, y en lugar de aceptar la concepción heredada del Derecho, la JF indaga en una teoría legal que no excluya, ni margine la experiencia histórica femenina, y que atienda a la actual situación de desventaja y discriminación de la mujer. Y para ello la JF destaca algunas de las claves de la dialéctica entre la igualdad y la diferencia que han caracterizado la evolución del discurso feminista y de la crítica de género. Y es que, si el originario feminismo creyó en la *igualdad legal*, ya se ha demostrado que no existe una relación causa-efecto entre la igualdad formal y una igualdad real —*igualdad material*— que las mujeres nunca han conseguido.

Sobre esa base del reclamo de la igualdad material se gesta y vindica un tercer reclamo que complementa las exigencias de igualdad formal y material: es preciso tener en cuenta las especiales características, necesidades y aspiraciones de las mujeres para dar sentido a la igualdad material. Y es que, el asimilacionismo de la mujer, además de haberse demostrado en la práctica imposible, es injusto, poco respetuoso e incapacitante.

Es en este tercer estadio en el que adquiere carta de naturaleza y se fortalece la crítica político-jurídica de la JF y se reivindica un nuevo modelo político jurídico que exhiba unas características, patrones, valores y objetivos distintos de los presentes en el modelo institucional masculino históricamente dominante.

Puede tomarse como representativa muestra de esta nueva perspectiva de la diferencia, el análisis psico-sociológico de Gilligan contenido en su *In a Different Voice*[24].

---

[23] Al respecto y complementariamente, Suárez Llanos, 2002, 163-ss.

[24] No se trataría de demostrar, como pretendía Kolhberg, que el desarrollo moral de la persona es una sucesión de siete etapas respecto de las que hombres y mujeres solo se diferenciarían en relación con el momento de su vida que se encuentran. Sino de mostrar que, en realidad, el desarrollo moral de las mujeres es diferente en todo caso y momento al del hombre al asentarse sobre la "responsabilidad" y la "contextualidad", mientras que el de los hombres se vincularía al juego de los "derechos, las reglas y la Justicia en abstracto". Y estas diferencias sí serían relevantes, pues la ética masculina centra la acción moral en la elección imparcial y racional de principios

Conforme al mismo, la ética de la mujer es la *ética del cuidado* (*care´s ethics*), y su guía de acción moral depende del contexto y la consideración de las personas y sus circunstancias.

Por eso, y respecto de lo que aquí interesa, enfrentarse a la vulnerabilidad del más débil y desprotegido por los derechos, entre ellos las mujeres, exige abandonar el planteamiento egoísta e imparcial existente para centrarse en la protección y la responsabilidad hacia el otro considerado como un semejante particularizado que se define a partir de contextos más íntimos que el de la ciudadanía universal[25]. Planteamiento que proyecta sus efectos sobre el entramado político, institucional y jurídico. Uno, sobre el Estado de Derecho, por fundarse sobre un criterio de autoridad normativo que desatiende los específicos intereses femeninos. Dos, sobre los derechos individuales, y entre ellos destacadamente el derecho de propiedad, por constituirse en criterios de ataque y protección de unos frente a otros en vez de ser un instrumento de relación y solidaridad. Tres, sobre el modelo político democrático, por ser la más perfecta mascarada de legitimación de las prácticas de poder de los grupos privilegiados y que carece de capacidad para alterar los criterios de distribución de ese poder ni en el marco público ni en el privado. Cuatro, sobre la distinción entre lo público y lo privado, por interesada y por venir a garantizar la no intromisión del Derecho en todos los marcos de poder (laboral, económico, doméstico, económico, etc.) que siempre se vinculan y favorecen al varón blanco. Cuando, en realidad, para la JF todas las condiciones públicas de organización y distribución afectan de lleno a las condiciones privadas de desarrollo de los individuos y los grupos. Cinco, sobre la neutralidad, la imparcialidad, la objetividad y la abstracta universalidad racional, porque solo reflejarían las jerarquizaciones patriarcales heredadas[26]. Y es que, la vitoreada imparcialidad legal no es más que la masilla de normalización injustificada de lo que la mujer "debe ser", pero en realidad "no-es" ni debe serlo, y la asepsia de la teorización del Derecho es la condición de la legitimación de las prácticas de los grupos de poder establecido.

Por todo ello, los modelos jurídicos centrados en el imperio de la ley general, imparcial, etc. y la neutralidad de la aplicación, que centran la promesa liberal de la libertad y la igualdad, deben ser neutralizados, porque se ponen al servicio de los intereses de quienes dictan tales normas, al margen la valoración de las circunstancias y necesidades de los grupos sociales tradicionalmente marginados y entre los que ocupa un lugar destacado el grupo femenino. Y, en consecuencia, los conceptos liberales fundamentales de sistema jurídico, norma y método legal caen al reflejar en su estructura y contenido las claves de dominación patriarcal[27].

Y es que, so excusa de neutralidad en la aplicación, opera a favor de la parcialidad de fondo, patriarcalmente esencialista, que desatiende las consideraciones contextuales y de cuidado que caracterizan la visión femenina y que valoran las circunstancias materiales y personales que deberían encauzar el uso concreto de la norma[28].

---

jerarquizados que otorgan derechos y deberes de alcance general —y/o universal—, promoviendo el aislamiento del individuo en su interés, sus derechos y su desinterés hacía un prójimo respecto del que solo importan sus responsabilidades y deberes.

[25] Las críticas que frecuentemente se lanzan frente a la concepción de Gilligan son: que las éticas masculina y femenina son complementarias y comunes, predominando el aspecto de justicia o de cuidado según la índole de cada problema y del contexto en que se plantee. Que la ética del cuidado también posee principios y jerarquías a partir de las que determinar quién o qué merece mayor cuidado. Que la ética del cuidado refuerza estereotipos perjudiciales para la mujer —con una rígida delimitación de la *voz de la mujer*— y no deja suficiente espacio para otros tipos de actitudes o de virtudes morales como la honestidad o la prudencia. Que aun cuando la voz de la mujer sea diferente es como consecuencia del proceso social y cultural, y no de diferencias innatas y naturales. Que los estudios de Gilligan tienen escasa base empírica y se limitan a un limitado espectro de problemas. Comp., García Amado, 1992, 16-ss.

[26] Vid. BARTLETT en *Feminist Legal Methods*.

[27] Atiéndase a Suárez Llanos, 2002, 168-187.

[28] Vid. Scales, 1993, 105-106.

2.3.4. *Gay and lesbian movement.*

Que lucha lucha por el reconocimiento de sus especificidades en contra de las prácticas discriminatorias implícitas y explícitas. Para este frente crítico y de vulnerabilidad por razón de orientación sexual la modernidad político jurídica se centra "en asuntos que son importantes solo para las elites legales y que son narradas desde su propio punto de vista... aunque los presenten como la perspectiva consensual o neutral. Como estas elites están integradas de forma aplastante por blancos, varones, ricos, y mayoritariamente heterosexuales, hay que cuestionarse si sus historias de hecho reflejan los valores sociales consensuados o neutrales" (Eskridge, 1994, 607-609). Precisamente por eso, para Eskridge el uso de la narrativa "gaylegal" resulta útil y corre en paralelo con la definición y el uso de las narrativas feministas críticas y raciales.

2.3.5. *La reivindicación grupal y tradicional: el comunitarismo.*

El comunitarismo objeta al proyecto liberal ilustrado sus conceptos fundamentales, individuo, autonomía de la voluntad, derechos individuales, Estado de Derecho, neutralidad, imperio de la ley, justicia procedimental, democracia, relativismo de los valores, etc. Estos conceptos serían los causantes de la vulnerabilidad de los grupos culturales y tradicionales.

En efecto, al centrarse en un proyecto de egoísmo, de atomismo individual y de protección y resistencia del yo frente a un nosotros compartido, el proyecto liberal habría hiper responsabilizado al individuo asignándole la hercúlea tarea de elaborar y perseguir en solitario su propia concepción del bien, la moral la justicia y de responsabilizarse de los resultados.

Frente a este error reacciona el comunitarismo propugnando el *fundamento ético de la comunidad frente al individuo*: el individuo carece de todo valor considerado en abstracto; solo considerado como un sujeto contextualizado en el marco de la comunidad a la que pertenece —de su cultura, de su tradición histórica, de su conciencia común, de su moralidad— puede hablarse de un individuo integral, como una verdadera persona.

En consecuencia destacan y reclaman: Uno, la preeminencia de la "comunidad" entendida como una realidad orgánica y de homogénea articulación de los individuos, a los que dota de sentido y plenitud, y de la justicia social, política y jurídica. Dos, la fundamentalidad de unos "valores compartidos" que resultan de la experiencia histórica común de cada concreta comunidad y que cristaliza en una "tradición" particular que marca las condiciones del bien común, la moral y la justicia. Tres, la cohesión tradicional comunitaria y cultural frente al fraude del planteamiento formalista de la democracia liberal. Cuatro, la interdependencia social y del sentimiento de pertenencia conjunta a la comunidad fomenta un alto grado de solidaridad. Cinco, la rehabilitación de las nociones olvidadas de necesidad y merecimiento frente al individuo de derechos, desencarnado, atómico y egoísta que permanentemente lucha contra, y se defiende de, los demás miembros de su comunidad. Y, seis, la relativización de los conceptos de lo bueno y de lo verdadero sobre las claves tradicionales de la comunidad en cuestión, renunciando al universalismo de los derechos.

2.4. La persona y el grupo como titulares de derechos humanos. Críticas a los planteamientos grupales y de la diferencia.

Las concepciones críticas apuntadas sirven para centrar y conocer las dimensiones centrales de objeción que esgrimen los grupos vulnerables frente al Estado, el Derecho y el Estado de Derecho y sus derechos. Y es fácil entender que los grupos vulnerables reclamen que las condiciones institucionales de la política y del Derecho se transformen para poder disfrutar en pie de igualdad de los contenidos de la justicia. Ahora bien, la crítica y la reclamación de los grupos vulnerables se enfrenta a obstáculos y contradicciones. Destaco aquí los siguientes:

2.4.1. El problema del vulnerable entre vulnerables.

Pues, a efectos internos, la identificación de una condición de vulnerabilidad grupal, raza, género, clase, etc., caracteriza la vulnerabilidad del grupo como dato objetivo, pero no demuestra nada en relación con las verdaderas circunstancias y necesidades del individuo en particular, lo que dificulta la adopción de medidas que eviten la discriminación del vulnerable.

De hecho, las medidas que se adopten pueden acrecentar la desventaja del individuo vulnerable, pues al compensar la vulnerabilidad del grupo —p.ej., lingüística o cultural— pueden conculcarse los derechos individuales del vulnerable —p.ej., el convenio colectivo que protege al trabajador frente al abuso empresarial que le impide negociar sus condiciones laborales[29], o la prohibición de compensación para contraer matrimonio a la mujer para protegerla frente al abandono laboral (*vid. infra*)—. De la misma forma que las medidas con las que se trate de paliar la vulnerabilidad del grupo pueden beneficiar injustamente al individuo no vulnerable ni vulnerado pero perteneciente a un grupo vulnerable. A su vez, las medidas frente a la vulnerabilidad también pueden perjudicar al individuo que no pertenece al grupo vulnerable.

Pero, el problema del vulnerable entre vulnerables también tiene una dimensión externa. Porque, entre otras distintas objeciones, la identificación de la vulnerabilidad a partir de un solo factor no suele dar verdadera cuenta de la carga discriminatoria del grupo afectado, al ser ésta generalmente la consecuencia de la intersección de varias circunstancias. Y porque los factores de vulnerabilidad pueden entrar en pugna cuando se esencializan con finalidad reivindicativa. Como demuestra, p.ej., la objeción a la teoría de género por su planteamiento esencialista de la mujer total y universal, lo que le ha hecho ganarse en ocasiones la crítica de racista o clasista. Asunto que como ya sabemos bien, enfrenta el problema de las consecuencias de renunciar a ciertas categorías "universales", como la de género o "mujer", destaca MacKinnon, pues se desatiende la realidad de la perspectiva feminista e incentiva una posición reaccionaria favorable a las viejas estructuras de opresión[30].

2.4.2. El grupo vulnerable como vulnerador de los derechos individuales del vulnerable.

Vistas algunas de las críticas a la individualidad universal y a su olvido del particularismo de la vulnerabilidad, interesa ahora siquiera apuntar los problemas de ese particularismo grupal respecto de la vulnerabilidad de las personas reales. Y es que, ciertas condiciones de vulnerabilidad, como la lengua, la religión, la cultura, la aspiración nacional, dan sentido a la conceptualización habitual de unos "derechos colectivos" que, en un determinado sentido, pueden vaciar las garantías de los reclamos democráticos y de los derechos[31], por la dificultades conceptual para determinar su titular, la finalidad, el contenido, etc[32].

En este sentido, la defensa frente a la vulnerabilidad no debe perder de vista la importancia la importancia que para la liberación de los grupos tradicionalmente oprimidos

---

29 Aborda este planteamiento García Amado en "El individuo y los grupos en el derecho laboral".

30 De hecho, destaca Grahn Farley, los conceptos de "sexo" o "raza" generan definiciones circulares que sólo pueden explicarse a partir de la ideología del sistema normativo en que se basan. Ahora bien, que esto sea así, no significa que olvidando los conceptos desaparezca la ideología de dominación subyacente, más al contrario, se animaría la consolidación del *status quo* dominante (al respecto, Grahn-Farley, 2002, 31-ss.).

31 Al respecto, atiéndase complementariamente a la crítica de García Amado, 2002, 177-ss.

32 En este marco de crítica y conceptualización, López Calera, 2002, 17-ss. y De Lucas, 2002, 157-ss.

tiene el reconocimiento extenso de los derechos civiles, políticos y sociales de los miembros del grupo vulnerable, son ellos la clave del reconocimiento, aunque es verdad que entendidos en un sentido diferente al habitual que destaca las condiciones de la efectiva representación y de una redistribución justa como claves del reconocimiento y la protección frente a la vulnerabilidad.

En suma, diría que la reivindicación de la protección jurídica frente a la vulnerabilidad de los grupos raciales, culturales, de género, religiosos, etc. afila un arma de doble hoja. Pues si la protección de los derechos individuales fomenta la subordinación de los grupos raciales dadas sus desventajas de partida, también es un aliado imprescindible para eliminar los factores básicos de la discriminación de los miembros de esos grupos.

2.4.3. ¿Desigualdad justa o injusta? Justicia o injusticia de la vulnerabilidad y del trato diferenciado corrector de la misma.

Nos enfrentamos ahora a dos problemas que aquí se dejan solo apuntados: Uno, el problema de valorar si es injusta o no la desigualdad en el disfrute de los derechos; es decir, si responde a razones justificadas o merecidas o no. El otro problema es el de la valoración de la justicia o razonabilidad de tratos diferenciados y favorables a los vulnerables —medidas de acción positiva y discriminación inversa— cuando los mismos conllevan una vulneración directa o indirecta del derecho de todos los demás a un tratamiento igualitario[33].

Contemplados conjuntamente, estos dos problemas nos conducen a los "dilemas de igualdad y diferencia: El *dilema de la igualdad* (todas las mujeres), pues se trata de igualar imponiendo diferencias que pueden generar nuevas discriminaciones injustificadas cayéndose en lo mismo que se critica. Y el *dilema de la diferencia* o de la diferencia a condición de la igualdad[34], es decir, "¿cuándo tratar a las personas de modo distinto recalca sus diferencias y... las estigmatiza o las perjudica, y cuándo tratar a todos de modo igual significa insensibilidad frente a sus diferencias y supone también, sobre esa base, perjudicarlas o estigmatizarlas?" (Minow, 1990, 20) y "qué diferencias... son o deben ser relevantes a efectos legales"[35].

2.5. Las razones de la vulnerabilidad y la sinrazón de las discriminaciones.

He venido sosteniendo que la vulnerabilidad jurídicamente relevante se genera por la imposibilidad o la dificultad constatable e injustificada que determinados sujetos y grupos sufren cuando tratan de acceder en régimen de igualdad al disfrute de bienes, derechos y libertades.

Adentrarse en las causas de la vulnerabilidad, como injustificada posibilidad de acceder en pie de igualdad al disfrute de los derechos, exige un análisis dinámico que tome en cuenta distintos elementos psicológicos, sociológicos, médicos, económicos, políticos, legales, jurisdiccionales, etc. De todo ello se ocuparán los siguientes temas. Por lo que me limito aquí a centrar una clasificación instrumental, no cerrada ni jerarquizada, de distintas causas de vulnerabilidad y discriminación que debe ser considerada interseccionalmente: *5.1.- Vulnerabilidad por razones físicas objetivas y de efecto limitativo: Vulnerabilidad por causa de edad. Vulnerabilidad por razones físicas o de enfermedad. 5.2.- Vulnerabilidad por razones ideológicas, tradicionales y socio-culturales: La vulnerabilidad por confesionalidad religiosa. Vulnerabilidad por color y etnia (raza). Vulnerabilidad por razón de tradición*

---

[33] Interesa al respecto, VVAA, 1995, 3-ss. Comp., Alemany, 1999, 95-ss. y Ruiz Miguel, 1994, 82-ss., Giménez Glük, 2004, Bustos Bottai, 2007, 127-ss.

[34] Comp. y destacando la dimensión problemática de las medidas, Kekes, 1995, 193-ss. y Woodruff, 1995, 39, Newton, 1995, 115-ss.

[35] Y es que, "(e)l tema tiene indudables connotaciones prácticas, pues de la salida que al dilema se conceda dependerá la postura frente a la disyuntiva entre la igualdad de trato o medidas de acción positiva o discriminación inversa" (G. Amado, 1992, 35).

cultural indígena. Vulnerabilidad por razones de origen, persecución y pertenencia. Vulnerabilidad por razón de género. Vulnerabilidad por orientación sexual. Vulnerabilidad por "identidad de género". 5.3.- Vulnerabilidad por "causas" jurídicas. 5.4.- Vulnerabilidad por falta de recursos económicos.

Bibliografía básica

ALEMANY, M. 1999. "Las Estrategias de la Igualdad". *Isonomía*. Nº. 11.

ANDERSON, M. B. 1994. "El concepto de vulnerabilidad: más allá de la focalización en los grupos vulnerables". Vol. 19. Nº. 124.

BRIX, B. 1996. *Jurisprudence: Theory and Context*. Westview Press. Colorado.

BUSTOS BOTTAY, R. 2007. "Discriminación por razón de sexo y acciones positivas". *Universitas*. Nº.6.

CARDONA A. 2001. "La necesidad de repensar de manera holística los conceptos de vulnerabilidad y riesgo". http://www.desenredando.org/public/articulos/2003/rmhcvr/rmhcvr_may-08-2003.pdf

DE LUCAS, J. 2002. "Sobre algunas dificultades de la noción de derechos colectivos". *Una Discusión sobre Derechos Colectivos*. Dykinson. Madrid.

ESKRIDGE, W. N. 1994. "Gaylegal narratives". Stanford Law Review. Vol. 46.

GARCÍA AMADO, J. A. 1992. "¿Tienen sexo las normas? Temas y problemas de la teoría feminista del Derecho". *Anuario de Filosofía del Derecho*. Vol. IX.

— 1999. "El individuo y los grupos en el derecho laboral: los dilemas del vínculo social". *Cuadernos electrónicos de filosofía del derecho*. Nº. 2.

— 2002. "Sobre derechos colectivos. Dilemas, enigmas, quimeras". *Una Discusión sobre Derechos Colectivos*. Dykinson. Madrid.

GRAHN-FARLEY, M. 2002. "The Law room: hyperrealistic Jurisprudence & postmodern politics". *New England Law Review*. Vol. 36. Nº. 1.

KEKES, J. 1995. "The Injustice of affirmative action Involving preferential treatment". *The Affirmative Action Debate*. Routledge.

KENNEDY, D. 1992. "Notas sobre la historia de CLS en los Estados Unidos". *Doxa*/11. Alicante.

LÓPEZ CALERA, N. 2002. "Sobre los derechos colectivos". *Una Discusión sobre Derechos Colectivos*. Dykinson. Madrid.

LOZANO CONTRERAS, F. 2008. "La condición jurídica de los apátridas desde la perspectiva de la práctica internacional y española". *Protección de Personas y Grupos Vulnerables*. Tirant Lo Blanch.

MACKINNON., C. A. 2000. "Points against postmodernism". *Chicago Law Review*. Vol. 75.

MINDA, G. 1995. *Postmodern Legal Movements*. New York University Press.

MINOW, M.1986. "Law turning outward". *Telos*. Nº. 83.

— 1990. *Making All the Difference*. Cornell Univ. Press. Ythaca.PEREZ CONTRERAS, M. 2005. "Aproximación a un estudio sobre vulnerabilidad y violencia familiar**"**. *Boletín Mexicano de Derecho Comparado*. Nº. 113.

NEWTON, L.A. 1995. "Reverse discrimination as injustified". *The Affirmative Action Debate*. Routledge.

NINO, C.S. 1989. *El Constructivismo Ético*. Alianza.

PÉREZ LLEDÓ, J.A. 1995. "<<Critical Legal Studies>> y el comunitarismo". *Doxa*/17-18. Alicante.

PRESNO LINERA, M. 2022. "La vulnerabilidad", *Igualdad de Trato y No Discriminación*, https://digibuo.uniovi.es/dspace/bitstream/handle/10651/62701/versi%c3%b3n%20de%20la%20editorial.pdf?sequence=1&isAllowed=y

RUIZ MIGUEL, A. 1994. "Discriminación inversa e igualdad". *El Concepto de Igualdad*. Edit. Pablo Iglesias. Madrid.

— 1996.- “La discriminación inversa y el caso Kalanke”. *Doxa*-19.

SUÁREZ LLANOS, L. 2001. *La Teoría Comunitarista y La Filosofía Política. Presupuestos y Aspectos Críticos*. Dykinson. Madrid.

— 2002. *Teoría Feminista Feminista, Política y Derecho*. Dykinson.

— 2020 a. “El derecho a la educación: sus brechas de justicia, conciencia y género”, *Revista Telemática de Filosofía del Derecho* (*RTFD*). Nº. 23.

— 2020 b. “La identidad y el género del Derecho frente al derecho a la identidad de género”. *Anales de la cátedra Francisco Suárez*, vol. 54.

— 2021. “El concepto complejo de violencia de género: las violencias de la violencia de género”, *Violencia de Género: Retos pendientes y nuevos desafíos*. Thomson Reuters.

— 2022. “Educar contra la vulnerabilidad, discriminación y violencia en la niñez y adolescencia”, *Delitos sexuales y personas menores de edad o con discapacidad intelectual*, Tirant lo Blanch.

SCALES, A. 1981. “Toward a feminist Jurisprudence”. *Indiana Law Review*. Nº. 56.

— 1993. “The emergency of Feminist Jurisprudence: an essay”. *Feminist Jurisprudence*. Oxford Univ. Press.

SKRENTNY, J.D. 1996. *The Ironies of Affirmative Action. Politics, culture, and Justice in America*. Univ. of Chicago Press.

VALLESPÍN OÑA, F. 1983. *Nuevas Teorías del Contrato Social: John Rawls, Robert Nozick y James Buchanan*. Alianza

VALVIDARES, M. 2022. “El principio de la igualdad de trato y la prohibición de discriminación”, *Igualdad de Trato y No Discriminación*, https://digibuo.uniovi.es/dspace/bitstream/handle/10651/62701/versi%c3%b3n%20de%20la%20editorial.pdf?sequence=1&isAllowed=y

WOODRUFF, P. 1995. “What´s wrong with discrimination?” *The Affirmative Action Debate*. Routledge.

Tema 3. El entendimiento constitucional de la discapacidad
Francisco J. Bastida Freijedo

El entendimiento constitucional de la discapacidad ha pasado por diversas fases. Una de ignorancia, prolongada hasta el último cuarto del siglo XX, que dejaba al legislador el tratamiento jurídico de la ausencia de la plena capacidad jurídica y de obrar. Más recientemente, una fase en la que se produce un reconocimiento en el plano constitucional de la obligación de los poderes públicos de atender a las personas con problemas de incapacidad física, sensorial o psíquica, al margen de su capacidad jurídica, con la finalidad de paliar su situación, buscar su integración social y establecer las condiciones para que esas personas puedan disfrutar también de sus derechos constitucionales. Las declaraciones y convenciones internacionales sobre derechos de las personas con discapacidad han fortalecido esas obligaciones constitucionales y, sobre todo, las han emplazado en una concepción nueva de la discapacidad, alejada de la idea de estatus jurídico singular y enmarcada en la idea general de capacidad jurídica de toda persona al margen de sus condicionamientos físicos, psíquicos o sensoriales.

En nuestro ordenamiento jurídico la Constitución de 1978 (CE) ya apuntaba en la redacción original de su artículo 49 ese cambio de paradigma: "Los poderes públicos realizarán una política de previsión, tratamiento, rehabilitación e integración de los disminuidos físicos, sensoriales y psíquicos, a los que prestarán la atención especializada que requieran y los ampararán especialmente para el disfrute de los derechos que este Título otorga a todos los ciudadanos". Sin embargo, empleaba una terminología peyorativa, refiriéndose a las personas "disminuidas", que no estaba en consonancia con la idea de "dignidad de la persona" reconocida en el artículo 10.1 CE. La ratificación por España en 2007 de la Convención sobre los derechos de las personas con discapacidad, hecha en Nueva York el 13 de diciembre de 2006, impulsó la necesidad de que ese entendimiento convencional de la discapacidad no sólo incidiese en la legislación, sino también en el propio texto constitucional. Aunque tarde, el 15 de febrero de 2024 se reformó el artículo 49 CE con el siguiente texto: "1. Las personas con discapacidad ejercen los derechos previstos en este Título en condiciones de libertad e igualdad reales y efectivas. Se regulará por ley la protección especial que sea necesaria para dicho ejercicio. 2. Los poderes públicos impulsarán las políticas que garanticen la plena autonomía personal y la inclusión social de las personas con discapacidad, en entornos universalmente accesibles. Asimismo, fomentarán la participación de sus organizaciones, en los términos que la ley establezca. Se atenderán particularmente las necesidades específicas de las mujeres y los menores con discapacidad".

Este nuevo enunciado pone el acento en la autonomía de la voluntad de las personas con discapacidad y explicita con mayor énfasis lo que ya se anunciaba en la anterior redacción, sobre todo porque encuadra con mayor acierto la política sobre discapacidad en el marco del Estado social y democrático de derecho y en la obligación de los poderes públicos de cumplir el mandato del artículo 9.2 CE, es decir, la de remover los obstáculos que impidan o dificulten que libertad e igualdad, también las de las personas con discapacidad, sean reales y efectivas.

3.1. El entendimiento liberal y civilista de la discapacidad

Durante mucho tiempo la discapacidad, sobre todo la psíquica, se definía esencialmente en sentido negativo, en relación con la capacidad jurídica y singularmente con la capacidad de obrar. Era un estatus jurídico definido por la ausencia de una plena autonomía de la voluntad. En realidad, no existía en derecho el término "discapacidad", sino el de "incapacidad", contrapuesto al de capacidad jurídica. No había, pues, una comprensión de la discapacidad desde una perspectiva constitucional, que plantease los problemas de la discapacidad en relación con los derechos y libertades fundamentales de la persona. Lo importante por entonces era fundamentalmente garantizar el tráfico jurídico civil y mercantil con personas que gozasen de la capacidad necesaria para intervenir en él o con personas interpuestas en representación o por cuenta de quienes no tenían reconocida tal capacidad. Lo demás era un problema de beneficencia.

En paralelo con este entendimiento civilista la sociedad trataba la discapacidad como una cuestión médica y de desgracia familiar. Una tara que había que ocultar, un disvalor social, una minus-valía personal, con un efecto sancionador y de exclusión social. El término "tarado" se erigió en un insulto. Familiarmente se intentaba ocultar al discapaz de la sociedad "normal". Ello se acompañaba de un sentimiento moral y religioso de culpa o de castigo por padecer personal o familiarmente esa discapacidad y se buscaba alguna razón metafísica para explicar la desgracia. La pregunta "¿qué hecho yo para merecer esto?" late en este enfoque introspectivo de la discapacidad en el marco de un distanciamiento social del problema.

Como se adelantaba antes, hasta el último cuarto del siglo XX el Estado no se ocupó de las personas discapaces, sino de la garantía de un tráfico jurídico con personas con capacidad jurídica y de obrar. El Estado se organizaba y actuaba con parámetros esencialmente liberales decimonónicos, que supusieron no sólo una política de *exclusión* de ese tráfico jurídico de los que desde un punto de vista médico pudieran considerarse psíquicamente incapaces, sino también, lo que es más grave, una política de *creación jurídico-formal* de incapaces, sin sustrato físico o psíquico que lo justificase. Un caso típico es la fijación de la mayoría de edad a los 21 años, luego a los 18 años, estableciendo una presunción *iuris et de iure* de incapacidad por debajo de esa edad. Conviene subrayar este fenómeno de creación jurídica de incapacidades en el caso de la mujer.

Durante muchos años la mujer no tuvo reconocida la misma capacidad jurídica del hombre y la exclusión del sufragio universal (en Suiza hasta 1970) es buena prueba de ello. La incapacitación de la mujer se hizo más relevante en la mujer casada, de manera que durante muchos años contraer matrimonio era para la mujer contraer una enfermedad incapacitante para actuar sin el auxilio del marido o para continuar en el mundo laboral. Esta situación era la expresión jurídica del efecto social que causaba el matrimonio en la mujer, atribuyéndole una especie de minusvalía física y psíquica que la obligaba a recluirse en el hogar. Dichos clásicos como "la mujer, la pata quebrada y en casa" o "la mujer sólo sirve para la casa y la crianza" revelan esta posición de invisibilidad social de la mujer casada. Podría decirse que la casa ha sido el burka de la mujer occidental durante muchos años y la violencia de género tiene mucho que ver con la reacción frente al deseo de la mujer de no ser invisible y mostrar su igual capacidad y valía y su libertad para decidir por sí misma.

3.2. De "la salud y república" a la salud republicana

La atención pública de la discapacidad se encuadraba en una política paternalista del Estado, una cuestión de beneficencia, creando los poderes públicos, sobre todo los de ámbito provincial y local, centros e instituciones para remediar las situaciones de mayor necesidad. La denominación de estas instituciones con expresiones como "Socorro", "Auxilio" o "Amparo" social, dentro del más general de "beneficencia", indica la excepcionalidad y voluntariedad de la ayuda, más cercana a la obra de caridad que a una política de prestaciones sociales públicas para atender las situaciones de discapacidad. La propia institución de la pensión de viudedad nació para remediar el desvalimiento en el que quedaba la mujer que enviudaba, tras años de un estatus matrimonial que impedía o dificultaba su plena capacidad jurídica y social.

Salvo los casos de una creación puramente jurídico-formal de la discapacidad, ésta está relacionada de uno u otro modo con la salud. El acto social más cotidiano es saludarse, desearse salud y, cuando se celebra algo, el deseo con el que se brinda es ¡salud! Pero, hasta hace bien poco, la salud no se contemplaba como un elemento del sistema de organización política de la sociedad. La salud era una cuestión de la que sólo excepcionalmente debía ocuparse el Estado y su atención correspondía a los individuos y familias, directamente o a través del pago de mutuas y seguros privados. La expresión "salud y república" pone de manifiesto esta separación, como dos cosas distintas, entre el bienestar personal y el de la colectividad políticamente organizada. A finales del siglo XX se inicia la sustitución de un entendimiento civilista de la salud y de la discapacidad por uno constitucional. Esto significa un cambio fundamental, porque nace la pretensión de que "salud" y "república" se encuadren en un mismo ámbito de regulación. La salud republicana, la salud democrática, presupone que todos, con independencia de su salud personal, son república, ciudadanos de la cosa pública, organizados en un Estado social y democrático de derecho, en el que, como diría Terencio, nada de lo humano le puede ser ajeno. No hay salud republicana si no existe preocupación y atención a los ciudadanos que están en condiciones menos favorables de ejercer como tales y la discapacidad es una de esas situaciones condicionantes que exigen la intervención positiva del Estado. Una intervención que no se limita a suministrar protección, sino que la articula como cauce para la integración social del discapaz y el ejercicio efectivo de sus derechos, y no como fuente de aislamiento y de discriminación social.

3.3. El entendimiento constitucional de la discapacidad

La Constitución española de 1978 y la legislación de su desarrollo es un buen ejemplo de ese cambio. El artículo 10.1 CE dispone que "La dignidad de la persona, los derechos inviolables que le son inherentes, el libre desarrollo de la personalidad, el respeto a la Ley y a los derechos de los demás son fundamento del orden político y de la paz social". Esto entraña dos cuestiones de suma importancia. La primera es que el reconocimiento de los derechos fundamentales y su ejercicio se vinculan a la persona, no a la salud ni a la capacidad intelectiva, que sólo serán relevantes para establecer las vías alternativas para dicho ejercicio cuando no sea posible hacerlo directamente. La segunda, verdaderamente significativa en el entendimiento constitucional de la discapacidad, es que los derechos de la persona se relacionan con el orden político y social que la CE desea establecer, al punto de que son considerados fundamento del orden político y de la paz social. La persona es ante todo sujeto de la sociedad democrática y el ejercicio de sus derechos tienen siempre una trascendencia social y política, en cuanto desarrollo de una personalidad y de una actividad que pone al individuo en condiciones de poder participar mejor social y políticamente. Los derechos fundamentales comportan así una dimensión objetiva, además de la puramente subjetiva.

Por tanto, no es indiferente al Estado el que se den o no esas condiciones que permitan el ejercicio de los derechos constitucionales. De ahí que España se constituya en "Estado social y democrático de derecho" que propugna como valores superiores de su ordenamiento jurídico "la libertad, la justicia, la igualdad y el pluralismo político" (artículo 1.1 CE); que se proclame el principio de igualdad, "sin que pueda prevalecer discriminación alguna por razón de nacimiento, raza, sexo, religión, opinión o cualquier otra condición o circunstancia personal o social" (artículo14) y, en lo que ahora más interesa, que se imponga a los poderes públicos "promover las condiciones para que la libertad y la igualdad del individuo y de los grupos en que se integra sean reales y efectivas; remover los obstáculos que impidan o dificulten su plenitud y facilitar la participación de todos los ciudadanos en la vida política, económica, cultural y social" (artículo 9.2). Esta función del Estado se concreta en específicos mandatos de políticas públicas en materia de infancia, salud, trabajo y vivienda (capítulo III del Título I CE), y en lo que se refiere de manera más específica a la discapacidad, en la obligación de los poderes públicos de impulsar "las políticas que garanticen la plena autonomía personal y la inclusión social de las personas con discapacidad, en entornos universalmente accesibles" (artículo. 49 CE).

De la exclusión social de las personas discapaces se pasa, así, a una política de inclusión social; de la visión liberal decimonónica del discapaz como individuo con taras, se pasa a la visión republicana del discapaz como ciudadano al que los poderes públicos deben garantizar el ejercicio de sus derechos. En suma, de la creación de estatus jurídicos de incapacidad se pasa a la identificación de situaciones incapacitantes que el Estado debe remover o paliar y del ocultamiento o ignorancia del discapaz se pasa a su visibilidad social.

El desarrollo legislativo de estas políticas ha sido importante, potenciado tanto por la firma de convenios y tratados internacionales -cuyas normas conforman la interpretación de los derechos y libertades reconocidos en la CE- como la legislación aprobada al efecto por las Comunidades Autónomas. Es de subrayar que por el camino se ha producido un sustancial cambio en el concepto de discapacidad, ampliando su ámbito y, por tanto, el abanico de políticas sociales sobre la materia. Un repaso a esa evolución puede resumirse así:

Este progresivo desarrollo legislativo sobre la materia estuvo en su inicio jalonado por cuatro leyes básicas, que ponen de manifiesto ese cambio conceptual. La Ley 13/1982, de 7 de abril, de integración social de los minusválidos. la Ley 51/2003, de 2 de diciembre, de Igualdad de Oportunidades, no Discriminación y Acceso Universal para Personas con Discapacidad, la Ley 39/2006, del 14 de diciembre, de Promoción de la Autonomía Personal y Atención a Personas en situación de Dependencia y la Ley 49/2007, de 26 de diciembre, por la que se establece el régimen de infracciones y sanciones en materia de igualdad de oportunidades, no discriminación y accesibilidad universal de las personas con discapacidad.

Esta evolución tuvo como acicate la normativa internacional y europea sobre la materia. La Organización Mundial de la Salud estableció una nueva "Clasificación Internacional del Funcionamiento de la Discapacidad", aprobada en 2001, y definió la discapacidad como un fenómeno complejo que refleja una interacción entre las características del organismo humano y las características de la sociedad en la que vive, y que comprende "las deficiencias, las limitaciones de la actividad y las restricciones de la participación. Las deficiencias son problemas que afectan a una estructura o función corporal; las limitaciones de la actividad son dificultades para ejecutar acciones o tareas, y las restricciones de la participación son problemas para participar en situaciones vitales" (http://www.who.int/classifications/icf/en/), es decir un modelo social y no médico o biosanitario, en el que la discapacidad no afecta a una minoría, sino que es universal en mayor o menor medida, ya que todos somos potencial y tendencialmente, por razones de edad, discapaces. Las líneas de actuación, avaladas por jurisprudencias internacionales como la del Tribunal Europeo de Derechos Humanos y del Tribunal de Justicia de las Comunidades Europeas, son no sólo impedir las discriminación directa e indirecta por razón de discapacidad, sino también la admisión y programación de políticas de acción positiva, incluida la discriminación positiva, a favor de personas en situación de discapacidad, con el objetivo último de una ciudadanía sin marginaciones ni exclusiones.

Por su parte, la Carta de los Derechos Fundamentales de la Unión Europea (2000) integrada en el Tratado de Lisboa de la Unión Europea en (2007) con fecha de entrada en vigor de 1-12-2009, que, prohíbe en su artículo 21 "toda discriminación, y en particular la ejercida por razón de sexo, raza, color, orígenes étnicos o sociales, características genéticas, lengua, religión o convicciones, opiniones políticas o de cualquier otro tipo, pertenencia a una minoría nacional, patrimonio, nacimiento, discapacidad, edad u orientación sexual". En su artículo 26, proclama que "La Unión reconoce y respeta el derecho de las personas discapacitadas a beneficiarse de medidas que garanticen su autonomía, su integración social y profesional y su participación en la vida de la comunidad".

Sin embargo, es la Convención sobre los derechos de las personas con discapacidad, hecha en Nueva York el 13 de diciembre de 2006, ratificada por España el 23 de noviembre de 2007 (BOE de 21 de abril de 2008) la que dio el empujón definitivo e irreversible a una concepción republicana universal de la discapacidad, porque cambia sustancialmente la visión de la capacidad jurídica de las personas discapaces. En su artículo 12 proclama que las personas con discapacidad tienen capacidad jurídica en igualdad de condiciones con las demás en todos los aspectos de la vida. No diferencia entre tipos de discapacidad, física sensorial, intelectual o psíquica. Por tanto, suprime con carácter general el concepto de incapacidad jurídica y considera que con el debido apoyo cualquier persona discapaz puede ejercer su plena capacidad jurídica. Dada la radicalidad de este planteamiento, su traslación a la legislación ha sido lenta, no sólo por la falta de comprensión cultural y política ante esta nueva perspectiva, sino también por los problemas de su aplicación a según qué circunstancias y tipos de discapacidad severa.

Una de las primeras consecuencias de la ratificación por España de la mencionada Convención fue el Real Decreto legislativo 1/2013 de 29 de noviembre, por el que se aprueba el Texto Refundido de la Ley General de derechos de las personas con discapacidad y de su inclusión social, que refundía las citadas leyes sobre discapacidad anteriores a 2007. En su preámbulo se aúnan las ideas de discapacidad, grupo vulnerable y exclusión social que la normativa intenta superar: "Las personas con discapacidad conforman un grupo vulnerable y numeroso al que el modo en que se estructura y funciona la sociedad ha mantenido habitualmente en conocidas condiciones de exclusión. Este hecho ha comportado la restricción de sus derechos básicos y libertades condicionando u obstaculizando su desarrollo personal, así como el disfrute de los recursos y servicios disponibles para toda la población y la posibilidad de contribuir con sus capacidades al progreso de la sociedad". Los principios que inspiran esta norma responde a lo que antes se ha denominado "salud republicana", en cuanto se basa en una organización política y social de la comunidad en la que todos los ciudadanos puedan actuar y participar en condiciones de igualdad y de no discriminación, Una tarea en la que, como añade el preámbulo, han de estar involucrados no sólo los poderes públicos (relación vertical), sino también la sociedad (relación horizontal): "El impulso de las medidas que promuevan la igualdad de oportunidades suprimiendo los inconvenientes que se oponen a la presencia integral de las personas con discapacidad concierne a todos los ciudadanos, organizaciones y entidades, pero, en primer lugar, al legislador, que ha de recoger las necesidades detectadas y proponer las soluciones y las líneas generales de acción más adecuadas. Como ya se ha demostrado con anterioridad, es necesario que el marco normativo y las acciones públicas en materia de discapacidad intervengan en la organización social y en sus expresiones materiales o relacionales que con sus estructuras y actuaciones segregadoras postergan o apartan a las personas con discapacidad de la vida social ordinaria, todo ello con el objetivo último de que éstas puedan ser partícipes, como sujetos activos titulares de derechos, de una vida en iguales condiciones que el resto de los ciudadanos". Sin embargo, el Real Decreto legislativo no altera la normativa sobre capacidad/incapacidad jurídica.

Los nuevos Estatutos de Autonomía, especialmente el andaluz (EA), recogen en sus declaraciones de derechos, el derecho a la igualdad y a la no discriminación por razón de discapacidad, sin que por ello la prohibición de discriminación impida acciones positivas en beneficio de sectores, grupos o personas desfavorecidas (artículo 14 EA). Se establece como objetivo básico de la Comunidad "la integración social, económica y laboral de las personas con discapacidad" (artículo 10.3,16º EA) y se reconoce que "las personas con discapacidad y las que estén en situación de dependencia tienen derecho a acceder, en los términos que establezca la ley, a las ayudas, prestaciones y servicios de calidad con garantía pública necesarios para su desarrollo personal y social" (artículo 24 EA).

El corolario legislativo previo a la reforma constitucional de 2024 fue la aprobación de la Ley 8/2021, de 2 de junio, por la que se reforma la legislación civil y procesal para el apoyo a las personas con discapacidad en el ejercicio de su capacidad jurídica. Se trata de una macro ley que, al adaptar la Convención internacional sobre los derechos de las personas con discapacidad de 2006 a nuestra legislación, suprime la institución de la incapacidad jurídica. Señala en su preámbulo que "Se impone así el cambio de un sistema como el hasta ahora vigente en nuestro ordenamiento jurídico, en el que predomina la sustitución en la toma de las decisiones que afectan a las personas con discapacidad, por otro basado en el respeto a la voluntad y las preferencias de la persona quien, como regla general, será la encargada de tomar sus propias decisiones". Esto se tradujo en reformas muy significativas en normas tan relevantes como el Código Civil, el Código de Comercio, la Ley del Notariado, la ley Hipotecaria o las leyes de Enjuiciamiento Civil y Registro Civil.

Aunque la citada Convención establece como regla sin excepción que toda persona con discapacidad tiene plena capacidad jurídica y de obrar, esta legislación nacional contempla situaciones en las que, dada la profunda discapacidad psíquica o intelectual de una persona, es insuficiente la ayuda o asistencia al ejercicio de la capacidad que pueda prestar el cuidador. La institución de la incapacitación y de la tutela de la persona discapaz desaparecen, sustituidas por las figuras de la curatela y del cuidador. Sin embargo, según la nueva redacción del artículo 249 del Código civil, en casos "excepcionales", en los que "pese a haber hecho un esfuerzo considerable no sea posible determinar la voluntad, deseos y preferencias de la persona, las medidas de apoyo podrán incluir funciones representativas".

3.4. Seis consecuencias jurídicas del entendimiento constitucional de la discapacidad

3.4.1. El parámetro de la salud republicana y el reciente debate sobre su contenido jurídico.

Parece claro que hoy en día ha triunfado un entendimiento constitucional de la discapacidad, basado en una concepción de la salud republicana que define la discapacidad desde un modelo social, que no la concibe como un estatus, sino como un conjunto complejo de situaciones causantes de esa disminución de capacidad plena para interactuar socialmente. Sin embargo, a medida que se han ido reconociendo estas situaciones y que se han ido aprobando políticas de intervención para superarlas o paliarlas, se ha planteado desde la discapacidad el derecho a la no interferencia del Estado. No es que se reclame una vuelta a una concepción liberal decimonónica, sino que se reivindica la indisponibilidad por el Estado de la subjetividad del discapaz. Se dirá que nada de lo humano le debe ser ajeno al Estado, pero esto no debe ser título suficiente para interferir en la vida del discapaz.

A este respecto, es interesante señalar que la aplicación de la mencionada *Convención sobre los derechos de las personas con discapacidad* plantea la confrontación entre concepciones distintas sobre qué es lo más adecuado para garantizar los derechos ciudadanos de los discapaces psíquicos y, por tanto, el posible conflicto entre normativas. Por ejemplo, se discute la regulación del aborto en casos de feto con malformaciones congénitas o la de la eutanasia, en relación con el derecho a la vida, (artículo 10) o la legislación sobre esterilización de personas con discapacidad psíquica en relación con el derecho a la protección de la integridad física y mental (artículo 17). Luego se volverá sobre ello.

3.4.2. La igualdad, la no discriminación y el derecho a la diferencia

El derecho a la igualdad y a la no discriminación ha propiciado una política de igualdad "en la ley" y "en la aplicación de la ley" tendente a la inclusión social de los discapaces y a la efectividad de sus derechos como ciudadanos. Esto ha supuesto un cambio en el contenido del derecho a la igualdad, en el sentido de que puede haber un derecho a un trato desigual ante situaciones desiguales, de modo que los poderes públicos no sólo puedan, sino que deban suministrar ese trato desigual, ante diferencias objetivas y razonables. El reverso de la medalla es la inconstitucionalidad por indiferenciación.

También se ha modificado el criterio de la discriminación. En primer lugar, incluyendo expresamente dentro de la discriminación el supuesto de la discapacidad; en segundo, lugar, abriéndose la posibilidad constitucional de discriminaciones positivas con un ordenamiento jurídico compensador e igualador frente a desventajas sociales y, en tercer lugar, regulando la discriminación indirecta, entendida como toda situación en que una disposición, criterio o práctica aparentemente neutros ponen a personas, en este caso con discapacidad, en situación de desventaja con respecto a la de otro sin discapacidad, salvo que pueda justificarse objetivamente en atención a una finalidad legítima y que los medios para alcanzar dicha finalidad sean necesarios y adecuados.

3.4.3. El contenido prestacional de derechos fundamentales

Tradicionalmente se ha considerado que los derechos fundamentales no tienen un contenido prestacional, salvo que sea consubstancial con su objeto, por ejemplo, el derecho a la tutela judicial efectiva o el derecho a la educación. Sin embargo, el mandato de efectividad de los derechos fundamentales en un Estado social y democrático de derecho (arts. 1.1 y 9.2 CE) comporta incluir en el contenido de los derechos aquellas prestaciones estatales que sean indispensables para el ejercicio del derecho. Las prestaciones no tienen por qué ser de índole económica, siempre de más difícil exigencia; pueden ser también de tipo normativo, de carácter procesal, organizativo o institucional, entre otras. En el caso del ejercicio de derechos por discapaces este contenido prestacional puede hacerse más evidente y por tanto más reconocible y exigible. Por ejemplo, el derecho a la integridad física y moral, mediante determinadas prestaciones sanitarias, pero también a travès de regulaciones sobre accesibilidad que faciliten la libertad de circulación, el derecho a recibir información, la protección de la imagen, la no discriminación, etc.

Esta dimensión prestacional podría extenderse también a aquellas personas que, sin sufrir discapacidad, padecen sus consecuencias. Por ejemplo, la negación o no previsión de una ayuda económica o de un servicio asistencial a quienes cuidan a familiares con un elevado grado de dependencia, podría lesionar su derecho fundamental a la integridad física y moral y a su derecho a no sufrir tratos inhumanos (15 CE), al verse sometidos a una situación de semi-esclavitud para atender a personas con discapacidad.

3.4.4. Las prestaciones estatales no son beneficencia. ¿la persona discapaz nace o se hace?

El Estado social y democrático de derecho, además de contemplar un posible contenido prestacional de los derechos fundamentales, comprende políticas públicas de naturaleza social y económica que inciden en el régimen jurídico de la discapacidad, dado su carácter transversal; unas políticas que no son de beneficencia, sino que de ellas se desprenden derechos sociales (artículo 53.3 CE) en materias tan dispares como salud, educación, vivienda, medios de comunicación, deporte, etc.

Por otra parte, la discapacidad es dinámica y circunstancial. Aunque puede tener su base en un problema físico o psíquico de la persona, la discapacidad puede surgir por las dificultades del entorno personal o social. Por ejemplo, una persona en silla de ruedas se convierte en discapaz si está rodeada de barreras arquitectónicas en los edificios y en los espacios públicos que impiden su autonomía. Lo mismo si no existen colegios especiales para la integración de personas con deficiencias o si no hay una universalidad de acceso a la sociedad de la información.

Por tanto, la persona con alguna discapacidad frecuentemente se halla en esa situación por la falta de medios para paliarla. Un discapaz no es siempre un deficiente, sino que deficiente es el entorno que lo convierte en discapaz. En otras palabras, la discapacidad la puede crear el Estado por omisión, al no remover los obstáculos que impiden o dificultan el libre ejercicio de los derechos fundamentales de las personas que padecen tal situación. En este caso, podría incluso plantearse la responsabilidad patrimonial del Estado por incumplir esa obligación que la CE impone a los poderes públicos en su artículo 9.2, máxime si esa remoción de obstáculos se ha concretado en derechos sociales legalmente reconocidos.

3.4.5. La eficacia de los derechos entre terceros

En el Estado social y democrático de derecho la discapacidad no se plantea como una relación bilateral entre la persona con discapacidad y el Estado, sino que se concibe como una relación triangular, que incluye también a la sociedad e individualmente a las demás personas con las que aquélla se relaciona. Aunque no siempre con la misma intensidad que vincula al Estado, el mandato de no discriminación directa o indirecta afecta también a las relaciones sociales, particularmente en los ámbitos laboral, educativo y de ocio. Es deber del Estado propiciar esa igualdad social, tanto mediante la imposición de obligaciones sociales como a través de políticas de acción positiva, incentivando a los particulares que favorezcan la integración social de personas con discapacidad.

3.4.6. La complejidad de dar un tratamiento jurídico unitario a la diversidad de tipos de discapacidad

El enorme avance que supone no excluir a las personas discapaces del ámbito general de la capacidad jurídica y de obrar no puede obviar la situación excepcional en la que se hallan personas con una profunda discapacidad psíquica. Negar para ellas la institución de la representación, lejos de ser una ayuda, constituye un desamparo legal. De ahí que corrigiendo el rígido planteamiento de la Convención internacional sobre los derechos de las personas con discapacidad aprobada en 2006, la legislación española contempla señaladas excepciones.

Tema 4. Vulnerabilidad y Estado social y democrático de Derecho[36] Octavio Salazar Benítez

4.1. Introducción: la igualdad en precario.

A lo largo de su desarrollo en el siglo XX y hasta la actualidad, la Psicología del Trabajo y de las Organizaciones (pto) –o Psicología Industrial/Organiza-cional, en la terminología utilizada habitualmente en Norteamérica– se ha caracterizado, tanto en la investigación como en la práctica, por la adopción de un neto enfoque positivista y por la utilización de metodologías y técnicas cuantitativas de análisis de datos (Symon et ál., 2000), siguiendo el modelo clásico de la ciencia natural que persigue desde una posición de neutralidad la obtención de verdades universales (Symon y Cassell, 1998). Diversos autores en la última década han señalado con cautelosa sorpresa el aislamiento de la pto frente a los debates y los cuestionamientos epistemológicos y metodológicos de disciplinas muy próximas, como la Psicología Social, e incluso la Psicología en general, ocurridos desde los años sesenta del siglo pasado (Sparrow, 1999; Johnson y Cassell, 2001; Johnson y Duberley, 2003), y su impermeabilidad en comparación con el impacto que han tenido enfoques alternativos como los agrupados bajo la denominación postmodernos en ámbitos como los estudios organizacionales, la gestión de recursos humanos o la estrategia corporativa (Hassard y Parker, 1993; Alvesson y Deetz, 1996; Boje et ál., 1996; Johnson y Cassell, 2001.

Las sucesivas crisis vividas en los últimos años han vuelto a poner de manifiesto la debilidad de los Estados constitucionales contemporáneos y las flaquezas de unas democracias incapaces de sostener unos niveles mínimos de bienestar y de reducir la creciente desigualdad. Atrapados unos y otras por la falta de inteligencia de los "sistemas" para responder a las exigencias de un mundo globalizado y de unas sociedades cada vez más heterogéneas y en las que las tecnologías están cambiando radicalmente la forma en que nos relacionamos (Innerarity, 2022). Un contexto marcado además por la catástrofe ecológica que ya está provocando dramáticas consecuencias en las condiciones de vida de buena parte del planeta.

Desde hace ya varias décadas se habla de la "crisis del paradigma constitucional" y de "promesas incumplidas", de la incapacidad de una maquinaria, la de los Estados constitucionales, para responder a una realidad en la que las principales amenazas para nuestros derechos proceden de poderes privados, resistentes a someterse a los controles jurídicos. Tal vez nunca habíamos sufrido con tanta evidencia las tensiones sin resolver entre Estado de derecho y democracia, así como las indeseables consecuencias de la continuidad de unos paradigmas que mal se acomodan a las realidades del siglo XXI. Todo ello, además, en el marco de unas Constituciones, como es el caso de la española (en adelante, CE), lastradas por una "insoportable" rigidez y, en consecuencia, necesitadas de una labor interpretativa que les permitan evolucionar hacia otros horizontes de posibilidad. La progresiva pérdida de legitimidad de las instituciones democráticas está provocando a su vez la expansión, a nivel global, de fuerzas políticas reactivas y extremas que asumen como parte de su proyecto un cuestionamiento de las acciones propias del Estado social y, muy en particular, de todas las relativas al mandato de igualdad material. En este sentido, el mejor ejemplo son las dinámicas reactivas frente al feminismo y las políticas dirigidas a acabar con la discriminación estructural de las mujeres, las cuales se nutren de un espacio tecnológico privilegiado, la denominada "manosfera", en el que tan fácil resulta sustituir la conversación democrática por el adoctrinamiento populista. De esta manera, las lógicas del

---

[36] Este capítulo se ha elaborado en el marco del Grupo de Investigación SEJ-372 DEMOCRACIA, PLURALISMO Y CIUDADANÍA.

patriarcado y del sistema capitalista, en su versión más neoliberal, se dan la mano y alimentan toda una serie de injusticias que, empezando por la transversal de género, confluyen en el aumento dramático de la vulnerabilidad de sectores cada vez más amplios de la ciudadanía.

Este contexto, en el que confluyen una crisis política y económica, pero también epistemológica, es urgente que en cuanto constitucionalistas nos preguntemos por las debilidades de un modelo -el del Estado social y democrático de derecho-, por las insuficiencias de los instrumentos de garantía de nuestros derechos y por la necesidad de revisar no solo estructuras sino también los conceptos y fundamentos teóricos del constitucionalismo moderno. Todo ello habría de llevarnos a un cuestionamiento de la misma definición de los sujetos, de las condiciones de nuestro pacto de convivencia y de la misma teoría de los derechos sobre la que hemos articulado los sistemas democráticos. Esta urgente revisión crítica que aquí proponemos no solo ha de enfocar uno de los dilemas ya clásicos en los modernos Estados de derecho – su incapacidad para someter a sus reglas unos mercados globales y "salvajes" – sino también todos y cada uno de los ejes que nos atraviesan y que constituyen el entramado último de nuestro estatus de ciudadanía. Un estatus que se conforma a partir del principio de igualdad y que ha actuado siempre como vía jurídica y política para conformar un "nosotros" pensado en términos excluyentes. De ahí la permanente lucha de tantos sujetos y colectivos por dejar de habitar en los márgenes e incorporarse al centro de lo político. La lucha más evidente en este sentido ha sido y continúa siendo la de las mujeres, en cuanto mitad subordinada durante siglos, y a las que tanto ha costado incorporarse al estatus de ciudadanía. Una incorporación todavía frágil, como lo demuestran los niveles de precariedad que sufren así como las dramáticas violencias que las reducen a víctimas. Sobre la de género se superponen otras brechas, como podrían ser la que deriva de la condición de migrante, la cual nos sitúa frente a uno de los presupuestos de los Estados modernos que continúan amparando lógicas de exclusión: la articulación de la ciudadanía a partir de la nacionalidad. Y todo ello en un contexto en el que progresivamente los sujetos están desbordando las categorías tradicionales, poniendo en jaque a unos sistemas institucionales que no fueron diseñados para unas sociedades tan heterogéneas y para unos individuos multidimensionales.

Sobran razones, pues, para constatar hasta qué punto estamos lejos del bienintencionado propósito de nuestra Constitución consistente en establecer "una sociedad democrática avanzada" y "promover el progreso de la cultura y de la economía para asegurar a todos una digan calidad de vida", y de qué manera siguen persistiendo obstáculos históricos, a los que no dejan de sumarse otros nuevos -pensemos, por ejemplo, en el ámbito inédito y peligroso de las tecnologías digitales-, que obligan a tener muy presente el mandato dirigido a los poderes públicos en el art. 9.2 CE. Es evidente, y es abundante la bibliografía al respecto, cómo uno de los puntos débiles del constitucionalismo contemporáneo es la ineficaz garantía de los derechos sociales, económicos y culturales, sin los cuales es imposible disfrutar de una vida digna. Baste con recordar en el distinto estatus del que gozan en el sistema de Naciones Unidas o su consideración como meros principios rectores en nuestra Constitución. Una cuestión que nos remite en una primera consideración a los instrumentos de protección de tales derechos, pero también, y diríamos que como tarea previa, a la revisión de los presupuestos ontológicos que nos han servido para definir a los sujetos y para edificar los edificios constitucionales de la Modernidad. Sin esta revisión, continuaremos teniendo unos edificios absolutamente inestables y sujetos a los vaivenes no solo de las voluntades políticas mayoritarias sino también a los provocados por los vientos financieros y las exigencias de un capital que poco o nada entiende de reglas democráticas. Recordemos cómo la crisis financiera de 2008 extendió, e incluso consagró a nivel constitucional, principios tales como "la racionalización del gasto", el "equilibrio presupuestario" o "la sostenibilidad del sistema". La reforma del artículo 135 CE llevada a cabo en 2011 es un claro ejemplo de cómo las Constituciones son fácilmente zarandeadas por lógicas distantes de sus presupuestos materiales y de sus horizontes emancipatorios. Y de cómo continuamos sin tener presente que, como bien apunta Ferrajoli (2023, 412), "la construcción de la democracia social, al conllevar una redistribución de la riqueza y una reducción de las excesivas desigualdades, comporta también un decisivo reforzamiento de todas las demás dimensiones de la democracia".

4.2. Las dimensiones constitucionales de la vulnerabilidad.

Según el diccionario de la RAE, la vulnerabilidad se refiere a la posibilidad de "ser herido o recibir lesión, física o moral". Esta definición nos remite a conceptos consagrados constitucionalmente – integridad física, integridad moral, vida, dignidad – pero también a realidades que habitualmente parecen eludirse desde el prisma jurídico- los cuerpos, las condiciones de existencia, las opciones vitales. De acuerdo con lo que nos dice la RAE, una persona vulnerable sería pues la que tiene posibilidades de ser "herido", dañado física o moralmente. O, dicho de otra manera, la que tiene su dignidad en situación de riesgo, amenazada o de hecho violentada, y que, por tanto carece de un estatus político pleno. De ahí la estrecha conexión existente con lo que en términos jurídicos identificamos con ciudadanía. Es decir, cuando hablamos de una posición de vulnerabilidad estamos hablando en definitiva de un estatus "debilitado" de ciudadanía, en cuanto que el sujeto carece de los recursos, las oportunidades o, en general, las condiciones adecuadas para el ejercicio de sus derechos. Se produce pues una quiebra de los fundamentos que el art. 10.1 CE establece como base de todo el catálogo de derechos que el texto de 1978 desarrolla a continuación. Muy especialmente es el libre desarrollo de la personalidad (Presno, 2022), el que se vería afectado por el que podríamos llamar "déficit de ciudadanía", y al que sumaríamos derechos fundamentales como la integridad física y moral (art. 15 CE) o los derechos de la personalidad que derivan del art. 18 CE, además de otros que no gozan de este estatus como el derecho a la salud (art. 43). Una ciudadanía que, obviamente, no podemos entender limitada a su concepción estrictamente liberal sino que también tiene una dimensión social, la cual deriva del principio de igualdad. Éste, todavía excesivamente prisionero de una interpretación que insiste en la tensión que generan sus dimensiones formal y material, no puede sino ser reinterpretada desde una perspectiva "compleja", la cual ha de proyectarse no solo en la prohibición de discriminaciones sino en la creación de las condiciones sociales, económicas y culturales que permitan "el libre desarrollo de la personalidad" de todos los individuos. De ahí, a su vez, las insuficiencias del que podríamos considerar Derecho antidiscriminatorio más clásico, articulado de manera principal a partir de la igualdad formal y de una concepción muy liberal de los sujetos y sus derechos, y la necesidad de revisar qué tipo de políticas habrían de desarrollarse para acabar justamente con los procesos de exclusión. Esta vindicación es la esencial del feminismo jurídico con relación a la lucha contra la discriminación sistémica que sufren las mujeres. Ello ha llevado en las últimas décadas a la progresiva implantación de herramientas como el llamado "mainstreaming de género", pese a que su aplicación práctica siga dejando con frecuencia mucho que desear.

Hablar de vulnerabilidad nos remite necesariamente a la identificación del Estado español como social y democrático de Derecho (art. 1 CE), así como a los mandatos que el art. 9.2 dirige a los poderes públicos. En dicho artículo encontramos tres focos de acción interdependientes que podemos identificar con las herramientas a desarrollar para eliminar, o reducir al mínimo, la vulnerabilidad: a) *la creación de las condiciones para que la libertad y la igualdad sean reales y efectivas*, lo cual implica crear un orden jurídico, pero también social, económico y cultural, que permita el igual ejercicio de los derechos; b) *la remoción de los obstáculos que impidan o dificultan su plenitud*, lo cual supone un llamamiento a la acción y compromiso de los poderes públicos; c) *facilitar la participación de todos los ciudadanos en la vida política, económica, cultural y social*, lo cual nos remite al presupuesto democrático básico: la voz en el espacio público y su íntima conexión con el libre desarrollo de la personalidad.

De esas tres dimensiones no solo deducimos una singular concepción de la democracia, y de "lo común", la cual nos obliga a una necesaria revisión de la teoría tradicional de los derechos. Si las tres dimensiones apuntadas son necesarias para el ejercicio pleno de la ciudadanía, y por tanto para la garantía de unas condiciones mínimas de dignidad y bienestar, no tiene sentido seguir manteniendo la prioridad de unos derechos sobre otros, tal y como sucede en la CE. Solo cabe partir de la indivisibilidad de los derechos, así como de su no regresividad, para sustentar un Estado que responda a los adjetivos que incorpora el art. 1 CE. Solo desde esos presupuestos – que son jurídicos, pero también políticos y éticos- es posible garantizar una democracia auténticamente inclusiva, en la que no se amparen asimetrías de poder y en la que todos y todas tengamos las mismas posibilidades de elegir nuestros planes de vida. O, dicho de otra manera, solo así podrá hacerse lo más real posible el horizonte de "felicidad" que, en términos políticos, aparecía expresamente en las primeras declaraciones de derechos y Constituciones.

El concepto de vulnerabilidad no ha gozado de mucho predicamento en el ámbito jurídico, al contrario de lo ocurrido en otros como la intervención social. Solo en lo que identificamos como Derecho Internacional Humanitario es posible encontrar algún rastro y casi siempre vinculado a la capacidad de las personas para reaccionar y resistir frente a los efectos de determinados peligros. En esta línea, la vulnerabilidad se suele vincular con la pobreza, la inseguridad o la indefensión. Desde el punto de vista más filosófico o incluso desde la teoría económica –recordemos las propuestas de Martha C. Nussbaum y Amartya Sen-, la vulnerabilidad guarda relación con la reducción o pérdida de "capacidades" de los individuos. La denominada "teoría de las capacidades" nos remite necesariamente a las condiciones sociales y económicas, a la dimensión material de la igualdad y al sentido redistributivo de la justicia. De nuevo, a la garantía de la dignidad, a los horizontes de felicidad y a las posibilidades de desarrollo pleno y autónomo. En este sentido, no estamos sino abordando desde un punto de vista material la misma noción de ciudadanía, de la cual forma parte, como bien ha dicho nuestro Tribunal Constitucional (STC 12/2008, FJ 5), la igualdad sustancial. Por tanto, es la igualdad la que fundamenta el proyecto de emancipación que supone eliminar o restringir al máximo las condiciones de vulnerabilidad de los individuos. Ello supone abordar el carácter estructural y sistémico de las discriminaciones y, en consecuencia, tener presente cómo determinados individuos sufren opresión y explotación. Una ecuación que es evidente en el caso de la mitad de la ciudadanía, las mujeres, y que nos obliga a ir más allá de la mera prohibición de discriminación que deriva de la igualdad formal.

Es decir, no estaríamos hablando de prevenir, sancionar y reparar los tratos discriminatorios sino de superar las estructuras que generan condiciones de opresión y exclusión. Porque solo mediante la superación de dichas estructuras, en la mayoría de los casos articuladas en torno a la posesión y el ejercicio del poder, será posible garantizar que todos los individuos y los grupos en que se integran ejerzan sus derechos de ciudadanía. No se tratará solo de poner límites al ejercicio del poder -siguiendo la lógica propia del Estado de Derecho- sino de cambiar las "reglas del juego" y crear las condiciones de un nuevo "pacto social" inclusivo. Ello nos obliga, como antes apuntábamos, a concebir los derechos como indivisibles y a no solo centrarnos en las políticas específicas dirigidas a determinados colectivos o grupos especialmente "vulnerables". Por supuesto que estos grupos requerirán acciones y protecciones específicas – por ejemplo, acciones positivas-, pero el horizonte debería ser superar una serie de paradigmas y reglas que, hoy por hoy, no garantizan que la ciudadanía sea un estatus "de equivalencia". Un objetivo que devendrá imposible si, por ejemplo, no situamos en el mayor nivel de protección constitucional los derechos sociales o si no incorporamos a la centralidad de la políticas cuestiones de momento secundarias e invisibles como los trabajos de cuidado, los derechos sexuales y reproductivos o la diversidad de identidades que nos singularizan en cuanto sujetos. Al mismo tiempo, y en muy especialmente en el ámbito de las políticas públicas, así como en las herramientas de aplicación e interpretación del Derecho, tendremos que utilizar una serie de herramientas que nos permitan identificar y subsanar contextos de singular vulnerabilidad. Valga como ejemplo el criterio de la interseccionalidad, especialmente reivindicado por el feminismo jurídico, y que encontramos de manera expresa vinculado con la vulnerabilidad en el art. 14 de la LO 3/2007, de 22 de marzo, para la igualdad efectiva de mujeres y hombres, en el que se habla de tener en cuenta "las singulares dificultades en que se encuentran las mujeres de colectivos de especial vulnerabilidad como son las que pertenecen a las minorías, las mujeres migrantes, las niñas, las mujeres con discapacidad, las mujeres mayores, las mujeres viudas y las mujeres víctimas de violencia de género, para las cuales los poderes públicos podrán adoptar, igualmente, medidas de acción positiva". En el mismo sentido, la interseccionalidad ha sido incorporada en la Ley 15/2022, de 12 de julio, integral para la igualdad de trato y no discriminación (art. 6.3)

La necesaria revisión del estatus de ciudadanía nos obliga a cuestionar las referencias sobre las que hemos construido el concepto de "subjetividad jurídica", el cual no ha tenido presente en su conformación las dimensiones corporales, emocionales, diversas, que nos caracterizan en cuanto humanos. Ello no solo plantea retos jurídicos relacionados con el reconocimiento de las identidades, sino también la necesidad de superar la estrecha mirada con la que, por ejemplo, hemos contemplado las distintas edades de los individuos. En este sentido, el estatuto jurídico de las personas menores de edad, un grupo especialmente vulnerable, continúa estando mal resuelto, en cuanto que se ampara en parámetros muy paternalistas y con frecuencia poco garantistas de la autonomía individual. Criterios como "el interés superior del menor" o su "progresiva madurez" dejan en manos de la interpretación, no solo jurídica, con qué condiciones y límites un sujeto que no haya alcanzado la mayoría de edad puede ser considerado ciudadano. Recordemos debates recientes y controvertidos como la edad mínima para permitir a una mujer la interrupción voluntaria del embarazo, la efectividad del derecho a la identidad de género de los y las menores, o el permanente interrogante sobre cuál debería ser la edad mínima para ejercer el derecho de sufragio.

En el otro extremo de la vida, y por diferentes circunstancias, otro grupo social, cada vez más numeroso, también nos pone en evidencia las insuficiencias del modelo dominante. Me refiero a las personas de edad avanzada –la antes llamada "tercera edad" (art. 50 CE), los y las mayores, los viejos y las viejas-, las cuales se convierten en sujetos progresivamente vulnerables y no solo porque sus condiciones físicas o mentales las vayan haciendo dependientes o necesitadas de cuidados especiales. Estamos ante un grupo muy heterogéneo que sufre lo que podríamos identificar como un deterioro progresivo de su estatus de ciudadanía. Y no solo porque sufran o puedan sufrir una significativa devaluación de sus condiciones de vida, sino también porque son víctimas de una cultura edadista que les niega autonomía y que reduce al mínimo sus capacidades de decisión y desarrollo personal. La situación de las personas mayores, de manera muy similar a la que viven las mujeres, nos pone sobre la pista de que la vulnerabilidad tiene un elevado componente cultural que tiene que ver con las creencias, prejuicios, roles y estereotipos que impregna las subjetividades y nuestros contextos relacionales. En este sentido, sexismo y edadismo comparten estructuras y exclusiones. Por lo tanto, estamos ante una realidad que difícilmente cambiará con acciones estrictamente jurídicas y que requerirá, como de hecho estamos comprobando con respecto a la discriminación de las mujeres, de la superación de los marcos interpretativos y epistemológicos, así como de un cambio social basado en la pedagogía de la igualdad. A todo ello habría que sumar unas dinámicas intergeneracionales que, hoy por hoy, están lejos de ser centrales en los procesos democráticos.

4.3. La vulnerabilidad como presupuesto ontológico.

El debate en torno al estatus jurídico de las personas mayores, así como por supuesto el liderado por el feminismo sobre la ciudadanía de las mujeres, nos plantea la necesidad de revisar los fundamentos sobre los que en el constitucionalismo moderno construyó al sujeto de derechos. Un sujeto construido sobre referencias *masculinas, capacitistas y edadistas*, o lo que es lo mismo, pensado más desde las exigencias de lo público y del mercado que de las relativas al sostén de la vida. Estas, con base en el contrato sexual que sustentó el social, se han mantenido durante siglos en la esfera privada, concebidas como responsabilidad de las mujeres. En consecuencia, todos los sujetos que no se adaptan al patrón –el del hombre adulto, vigoroso, productivo y emprendedor, y *supuestamente* no necesitado de cuidados- han encontrado más obstáculos para el ejercicio de los derechos y, en general, para el desenvolvimiento de sus planes de vida. Ese individuo, socializado más en los valores propios del mercado que en los de la democracia, educado para convertirse más en agente económico que ciudadano, se ha construido de espaldas a todas las dimensiones humanas que se entendían como entorpecedoras del mandato de acción y productividad. Ha sido así como el cuerpo, las emociones o los vínculos relacionales no han formado parte de la forja de quienes han ocupado de manera plena, con plenos poderes, el estatus de ciudadanía. Todas esas dimensiones, vinculadas a las mujeres y lo femenino, quedaron replegadas en el ámbito privado, el cual durante siglos no mereció atención política y en el que se prorrogaron las prácticas de subordinación y en el que quedaron replegadas, en cuanto sujetos "menos capaces", no solo las mujeres sino todos los sujetos que no respondían a la referencia hegemónica. El espacio privado se convirtió así en el de los seres diversos y específicos frente al común edificado sobre lo universal que, durante siglos, fue paradójicamente "particular", en cuanto que se identificó con la realidad y los intereses de una parte de lo humano. A partir de este pacto desigual, las mujeres, y con ellas todos los sujetos "abyectos" y no normativos -los raros, los anormales, los "otros"-, quedaron en un lugar de extrema vulnerabilidad, al margen de los derechos, expulsados de lo racional. Mientras que el espacio público masculino se configuró sobre el eje de la independencia, el privado femenino se articuló sobre la dependencia. Mientras quienes ocupaban el primero monopolizaban el poder y la autoridad, quienes permanecían en el segundo se veían reducidos a sujetos "impotentes". El público se convirtió en el ámbito de lo homogéneo, de los derechos, mientras que en el privado residían lo particular y las diferencias. En este sentido, podríamos afirmar que las diferencias fueron "domesticadas".

De esta manera, las democracias modernas iniciaron su andadura a partir de un déficit que las convertía en incompletas, el marcado no solo por la no participación de las mujeres en los procesos constituyentes sino también por la exclusión de parcelas de lo humano a las que se no se les otorgó valor político. En consecuencia, las democracias se configuraron sobre asimetrías y exclusiones, sobre relaciones de poder y jerarquía, en fin, sobre una radical desigualdad. Sobre estas bases se articuló todo un sistema jurídico, una teoría de los derechos y, en definitiva, una concepción de los sujetos, la liberal, que en gran medida sigue todavía hoy condicionando nuestras democracias. Las que han acabado siendo representativas de partidos y en gran medida, todavía hoy, y pese a sus criterios igualitarios formales, ciertamente elitistas (Gargarella, 2021). Basta, en este sentido, recordar la perversión de un criterio como el de "igualdad de oportunidades" que, en la práctica, no ampara sino a quienes han tenido la "suerte" de desarrollar su personalidad en un contexto de privilegios.

La superación del marco androcéntrico de referencia supone, además, situar en un primer plano la vulnerabilidad como elemento esencial de lo humano y, en consecuencia, nuestra inevitable interdependencia. Ello ha de suponer no solo romper con el dualismo público/privado sobre el que se articula el contrato social y también la teoría de los derechos, sino también superar el dilema dependencia/independencia y, por tanto, partir de un presupuesto ontológico diverso. Es decir, el reto sería superar el presupuesto de la potencia masculina, racional e independiente, y asumir como punto de partida nuestra radical fragilidad. Ello supone dar dimensión política y jurídica a los vínculos emocionales, a los cuerpos y, en general, a todas las dimensiones de lo humano que no fueron tenidas en cuenta en el contrato social que sirvió de base al constitucionalismo contemporáneo. Ello nos obliga, entre otros objetivos, a reformular los derechos humanos desde una perspectiva relacional y a tener presente la dimensión fundamental de los bienes comunes.

Se trataría por tanto de situar en el centro la vulnerabilidad en cuanto presupuesto ontológico, la cual no debe ser confundida con la precariedad. Mientras que la primera nos define de manera inevitable como humanos, la segunda es una consecuencia de los factores sociales y económicas que inciden en nuestras opciones de vida. Ahora bien, la segunda incide en la primera, en cuanto que las condiciones que nos hacen precarios inciden de manera rotunda en nuestra común vulnerabilidad, acrecentándola o reduciéndola. Desde este presupuesto cobran una nueva dimensión las exigencias del Estado social, y no solo en cuanto garante de los derechos sociales como fundamentales, sino también como principal redistribuidor de los bienes y recursos, así como desde su finalidad de hacer armónicos lo público y lo privado, lo personal y lo político, lo productivo y lo reproductivo. Evidentemente este objetivo fracasará sin una revisión profunda de las exigencias de un modelo económico - y también empresarial, y hasta laboral - difícilmente compatible con las necesidades humanas y con la igualdad. En paralelo, el presupuesto de la vulnerabilidad que compartimos todos y todas permitirá desarrollar no solo unos imaginarios, sino también un sentido ético, en los que no solo quienes se encuentren en peculiares situaciones de necesidad necesitarán cuidados (los otros), sino que cualquiera de nosotros ha de ser leído como un sujeto necesitado de cuidados (nosotros). De ahí, como reivindica Joan Tronto (2013), la consideración del cuidado como "valor público".

4.4. La autonomía como fundamento y horizonte.

4.4.1. La autonomía como capacidad de autogobierno.

La superación de la "fantasía de la vulnerabilidad" que durante siglos ha definido no solo la masculinidad sino también, de manera mucho más amplia, el mismo estatus de ciudadanía, debe suponer también la superación de la concepción de la autonomía como independencia. Es decir, la concepción liberal del sujeto autónomo y supuestamente independiente, al margen de los entramados relacionales y como si por sí solo fuera capaz de desarrollarse de manera plena. Este fue el presupuesto sobre el que se elevó el edificio constitucional del liberalismo y la teoría de los derechos que llega hasta nuestros días. Ambos apoyados en la protección cuasi sagrada de la esfera individual, en estrecha relación con la propiedad, y en la consideración por tanto del sujeto y sus libertades como una suerte de claustro a salvo de injerencias externas. Todavía hoy somos herederos de esa construcción liberal que asoció la propiedad a la libertad como derechos fundamentales. De esta manera, y tal como planteó John Locke, se definió la subjetividad jurídica a partir de "la centralidad de la propiedad como categoría comprensiva de la vida, la libertad, los bienes y la identidad personal misma, todos concebidos indistintamente como otras tantas formas de propiedad" (Ferrajoli, 2023: 154). Fue así como el constitucionalismo y la teoría de los derechos se basaron en una concepción individualista y posesiva del sujeto, a la vez que excluyente, ya que dejaba fuera a los no-hombres y a los no-propietarios.

Hablamos pues de la autonomía no en el sentido liberal de autosuficiencia, sino más bien como capacidad de autogobierno y autorrealización, siempre en el marco de relaciones no de poder sino de interdependencia. El principio de autonomía no aparece como tal consagrado expresamente en la CE, pero podríamos deducirlo del principio del "libre desarrollo de la personalidad" del art. 10.1 CE, el cual, en la medida que implica "una dimensión externa de agere licere que faculta a los ciudadanos para actuar con arreglo a sus propias convicciones y mantenerlas frente a terceros" (SSTC 19/1985, de 13 de febrero; FJ 2º; 120/190, de 27 de junio, FJ 10 y 137/1990, de 19 de julio, FJ 8º)", se proyecta en lo que podemos identificar con la capacidad de autodeterminación del individuo. Como bien subraya Stefano Rodotà (2012, 150), "la autodeterminación en la vida y en el cuerpo representa el punto más intenso y extremo de la libertad existencial, que también se declina como libertad jurídica". En la medida en que "el libre desarrollo de la personalidad opera sobre los derechos fundamentales cuyo objeto es una esfera vital" (Presno, 2022: 31), estaríamos hablando de la clave para el reconocimiento constitucional del estatuto de autonomía de los sujetos, entendiendo que todos y cada uno de derechos, no solo los fundamentales, tienen como objeto una esfera vital. Por lo tanto, el objetivo no sería otro que el libre desarrollo de la personalidad, en estrecha conexión con el derecho a la integridad personal. Desde ahí, el despliegue no solo de las facetas que podemos identificar más claramente con lo social y político, sino también de las que desde lo interno se proyectan hacia afuera, conformando nuestra identidad.

Pese a su no reconocimiento expreso en la CE, el TC ha ido elaborando progresivamente toda una doctrina en torno al principio de autonomía concebido como "capacidad de autodeterminación". Si bien esta interpretación estaba presente desde sus primeras sentencias – por ejemplo, en la STC 53/85, con relación al aborto – es en la jurisprudencia más reciente donde encontramos una más elaborada construcción, de manera singular en decisiones relativas a derechos de las mujeres. Así la encontramos en la sentencia 44/2023, de 9 de mayo de 2023, que resuelve el recurso de inconstitucionalidad contra diversos preceptos de la LO 2/2010, de salud sexual y reproductiva; o en las dos sentencias que recientemente han resuelto dos recursos de amparo relativos a un supuesto de violencia obstétrica (la 66/2022, de 2 de junio, y 11/23, de 23 de febrero). También encontramos una sólida fundamentación del principio de autonomía en sentencias relativas a la identidad de género. Así, en la que abordó la identidad de género de las personas menores de edad - sentencia 99/2019, de 18 de julio-, o en la más reciente que deniega un amparo solicitado por un trabajador despedido por motivos relacionados con su "expresión de género" – sentencia 67/2022, de 2 de junio.

En el ámbito normativo, este principio ha encontrado una traducción específica en todo lo relacionado con los tratamientos médicos y las intervenciones sobre el cuerpo, traduciéndose en el denominado "consentimiento informado", tal y como se regula en la Ley 41/2002, de 14 de noviembre, básica reguladora de la autonomía del paciente y de derechos y obligaciones en materia de información y documentación clínica. En esta línea evolutiva habría que situar la reciente sentencia en la que el TC ha avalado la constitucionalidad de la Ley Orgánica 3/2021, de 24 de marzo, de regulación de la eutanasia. La STC 19/2023, de 22 de marzo, habla expresamente de "derecho de autodeterminación de la persona en el contexto eutanásico" (FJ 6) y reitera la doctrina construida sobre la autonomía en cuanto proyección de la dignidad y el libre desarrollo de la personalidad:

> "Este tribunal ha señalado que la dignidad «es un valor espiritual y moral inherente a la persona, que se manifiesta singularmente en la autodeterminación consciente y responsable de la propia vida y que lleva consigo la pretensión al respeto por parte de los demás» (STC 53/1985, FJ 8 y, en sentido similar, por todas, STC 192/2003, de 27 de octubre, FJ 7). Otro tanto puede decirse del libre desarrollo de la personalidad que «protege la configuración autónoma del propio plan de vida» (STC 60/2010, de 7 de octubre), radicando su sentido primordial en excluir determinadas trabas o interferencias públicas –acaso también, en algunos supuestos, intervenciones de las llamadas a veces «paternalistas»– que limiten o entorpezcan sin fundamento suficiente un desarrollo personal que la Constitución quiere «libre»: libre, ante todo, de la intervención del Estado."

Junto a la dignidad y el libro desarrollo de la personalidad, "la facultad de autodeterminación consciente y responsable de la propia vida", sostiene el TC, "cristaliza principalmente en el derecho fundamental a la integridad física y moral (art. 15 CE). Este derecho protege la esencia de la persona como sujeto con capacidad de decisión libre y voluntaria, resultando vulnerado cuando se mediatiza o instrumentaliza al individuo, olvidando que toda persona es un fin en sí mismo (SSTC 181/2004, de 2 de noviembre, FJ 13, y 34/2008, de 25 de febrero, FJ 5)".

Hablamos, pues, en palabras del TC, de un "un espacio de autonomía individual para trazar y llevar a término un proyecto de fin de vida acorde con su dignidad, de acuerdo con sus propias concepciones y valoraciones acerca del sentido de su existencia", de lo que es lógico deducir que ese espacio se materializa en las distintas etapas de nuestras vidas y ante todos los marcos decisorios que nos individualizan. Una consideración ontológica que conecta íntimamente con el entendimiento del sujeto como un continuo "hacerse" y a la que han contribuido de manera singular los feminismos jurídicos al deconstruir las categorías sexo-genéricas. Partimos pues de que dicho principio alude a todo nuestro itinerario vital, si bien pudiera parece que en determinados períodos, como puede ser por ejemplo la minoría de edad, reclama una singular tutela de los poderes públicos. Sin embargo, en cuanto que somos seres libres e iguales, al menos como aspiración normativa, el principio juega en todos y cada uno de los momentos de nuestra vida, pudiendo incluso considerar que el régimen de libertades constitucionalmente reconocido tiene como fin sino hacer posible ese marco de autonomía en las distintas etapas y circunstancias que como sujetos atravesamos y nos atraviesan.

En esta línea se pronuncia de manera muy contundente la magistrada Mª Luisa Balaguer en su voto particular a la STC 19/23, ya que insiste en el cambio de paradigma sobre el que el fallo del TC no llega a incidir. En concreto, Balaguer se refiere a "cómo la racionalidad política contemporánea va cediendo el poder sobre los cuerpos de los individuos a la autonomía individual, que se construye, cada vez más, sobre parámetros alejados de los límites y condicionantes dados por la religión y la moral tradicionales", lo cual tiene unas claras consecuencias en la concepción de la dignidad. Como señala la magistrada,

"si entendemos la noción de dignidad como un principio jurídico autónomo vinculado a la necesidad de hacer intangible a la persona humana, siempre y en todo caso, frente a quienes detentan el poder, es posible inscribir esta noción dentro de la deconstrucción progresiva del biopoder, y es posible justificar que el Estado debe dejar de tener un control sobre las decisiones vitales de las personas que afectan a la capacidad de autodeterminación sobre el propio cuerpo. Esa intangibilidad también supone que el Estado, y el ordenamiento jurídico, deben dejar de ser correa de transmisión de formas morales de control sobre las decisiones vitales del ser humano. La protección de la vida, como valor y como derecho no se entiende sin el reconocimiento de la autonomía individual para tomar decisiones esenciales sobre el desarrollo de la propia vida, lo que incluye la voluntad consciente y libremente adoptada, con la información precisa, acerca del momento en que la muerte ponga fin al proyecto vital. Y no solo en contextos eutanásicos, sino allí donde la autodeterminación de la voluntad se produzca y exprese en condiciones de pleno reconocimiento de la autonomía y libertad personales".

Esta concepción de la dignidad, que no supone sino reconocimiento pleno de la autonomía, implica también un compromiso por parte del Estado en cuanto a hacer posible su ejercicio. Como también apunta el voto particular, "no se trata solo de limitar el control del Estado sobre el individuo, sino de reconocer que existen obligaciones de hacer por parte del Estado para asegurar el pleno ejercicio de la autonomía, sobre todo allí donde la autodeterminación respecto de ciertas opciones vitales suponga la intervención de un determinado servicio público, como por ejemplo el servicio público sanitario". Es decir, la autonomía es imposible sin un Estado social fuerte y comprometido con la dimensión material de la igualdad.

4.4.2. El carácter relacional, dinámico y multidimensional de la autonomía.

La autonomía no es una realidad estática, sino que fluye en función de las circunstancias personales y sociales, espaciales y temporales. Su contenido está ligado al periplo vital de los sujetos y, muy singularmente, a sus interacciones creativas (Rodríguez, 2022: 25). En este sentido, el sujeto ha de entenderse como un proceso, como un continuo hacerse. En este proceso continuo, en el que vamos pasando por diferentes etapas a lo largo de nuestras vidas, es preciso tener presente cómo en cuanto agentes podemos desplegar nuestras potencialidades en los distintos contextos en que nos movemos. Para ello habremos de disponer no solo de los suficientes recursos – económicos, sociales, culturales – sino también de entorno en el que, de manera deliberativa, podamos ponderar opciones y tomar decisiones con sentido para nuestras vidas. En este sentido, y siguiendo a Raz (1986), la autonomía ha de conectarse siempre con la posibilidad de elegir entre opciones significativas, que nos aporten valor y que nos permiten ordenar y priorizar preferencias. Es decir, todo lo contrario a la "libre elección" que sustenta el modelo económico neoliberal.

En paralelo, y al partir de esa concepción del individuo como sujeto que se hace, hemos de superar la concepción estática, cerrada y casi inmutable de los derechos. Y no solo porque la propia lógica democrática nos remite al desacuerdo y la diversidad, sino porque nuestras mismas trayectorias vitales encajan mal con una visión no evolutiva de la dignidad y de los derechos que de ella dimanan. De ahí la importancia que en el constitucionalismo contemporáneo adquiere el papel de quienes interpretan el Derecho y los derechos, desde quienes legislan a quienes aplican las normas, pasando por todos y cada uno de los operadores jurídicos, ya que disponen de un amplio margen de actuación para releer, actualizar y garantizar nuestras libertades en clave igualitaria e inclusiva. Aunque esta posición genera muchas críticas con respecto a lo que se ha denominado "activismo judicial", entiendo que para mantener vivas las Constituciones son fundamentales unos poderes, incluido el judicial, que más que su sentido originario tenga la capacidad de tener en cuenta las nuevas aspiraciones y demandas de la comunidad. Un camino, sí, de incertidumbre, pero tal vez el único que se adapta de verdad a las exigencias democráticas. También los derechos han de verse sometidos a procesos creación y reinvención, sin que ello se contemple como un riesgo para la democracia ni mucho menos para el Estado de Derecho. El gran error, a mi parecer, es entender la consagración constitucional de los derechos como una suerte de "congelación" de contenidos y como una especie de terreno vedado a la conversación y el disenso. Una posición esta última que acaba perjudicando especialmente a quienes se hayan en posiciones vulnerables, ya que quienes disfrutan de un lugar privilegiado estarán más interesados en que no se mueva ni un milímetro el terreno que pisan.

En este sentido, creo que es de mucha utilidad tener presentes las dimensiones interdependientes que Catriona Mackenzie (2022, 46-48) utilizar para identificar con precisión el concepto de autonomía, a saber: autodeterminación, autogobierno y auto-autorización.

1°) La *autodeterminación* implica "tener la libertad y las oportunidades para tomar y poner en práctica decisiones importantes para la propia vida. Es decir, decisiones sobre qué valorar, quién ser y qué hacer".

2°) El *autogobierno* supone "tener las habilidades y capacidades necesarias para tomar y poner en práctica decisiones que expresen o sean coherentes con la propia identidad práctica constituida de forma reflexiva".

3°) La *auto-autorización* nos remite a la percepción que cada cual tiene de sí mismo en cuanto sujeto con autoridad. En este sentido, debemos tener en cuenta cómo la internalización de las restricciones que los sujetos perciben en el entorno "puede moldear la autopercepción de las personas respecto de quiénes son y qué son capaces de hacer" (Mackenzie, 2022: 65). Los procesos de socialización, la continuidad de imaginarios estereotipados y la profusión de, en muchos casos, acciones y políticas paternalistas, inciden en que sujetos pertenecientes a grupos o colectivos discriminados, y por tanto vulnerables, interioricen una imagen devaluada, lo cual incide en su autoestima y en sus capacidades para desenvolverse de manera autónoma.

La debida garantía de esas tres dimensiones exige políticas públicas y acciones institucionales, pero que estén lejos de las dinámicas paternalistas que con frecuencia se adoptan con respecto a los colectivos vulnerables. La visión pasiva y proteccionista de los sujetos incide en la negación de su capacidad de autodeterminación, les niega la condición de agentes y acaba en muchos casos reduciéndolos al rol de víctimas. De esta manera, el efecto es en muchos casos, y aunque pueda parecer paradójico, una negación de su capacidad de autogobierno.

4.5. Propuestas para un nuevo constitucionalismo.

1ª) La reflexión sobre la vulnerabilidad, sobre la condición de los sujetos y, en definitiva, sobre el estatus de ciudadanía, es una reflexión sobre la calidad de las democracias. Insertar dicho eje en la teoría política, y no digamos en el Derecho Constitucional, implica poner de relieve el carácter incompleto de las democracias contemporáneas, las cuales se muestran incapaces de reflejar la realidad plural y cada vez más compleja de los sujetos. Las Constituciones han acabado convertidas en trajes muy estrechos en los que no cabe la diversidad intereses, puntos de vista y demandas (Gargarella, 2021). Una realidad que demanda más mecanismos deliberativos, más conversación y menos representación elitista. En ese sentido, los mismos esquemas institucionales propios de las democracias de partidos contribuyen a la reproducción de la exclusión y vulnerabilidad. De ahí que de poco servirá cualquier reforma que afecte a nuestro estatus de ciudadanía si no modificamos lo que Roberto Gargarella denomina "sala de máquinas" de las Constituciones, es decir, la organización del poder.

2ª) Solo podremos reducir al mínimo la desigualdad, y las consecuencias negativas que la misma genera en el proyecto vital de cada sujeto, si superamos los presupuestos ontológicos sobre los que hemos construido la dignidad humana y, con ella, el constitucionalismo contemporáneo. Todo ello pasa por incorporar a la praxis política y jurídica la dimensión transformadora de la igualdad, la cual implica tener presente dos ejes: a) su consideración como principio antisubordinación; b) su dimensión material, pero también de reconocimiento, la cual implica asumir que el principio democrático de igualdad otorga igual valor a las diferencias (Ferrajoli, 2021).

3ª) Un reto que es también epistemológico, en cuanto que incide en nuestra manera de mirar y pensar la realidad, como también político e institucional en cuanto que demanda unos sistemas con más diálogo y participación, con más mecanismos capaces de gestionar la diversidad y con una ética que favorezca los buenos tratos y la conversación. Sin estos mecanismos institucionales será imposible subvertir la precariedad y el no reconocimiento de los sujetos excluidos. Como también lo será si los operadores jurídicos, y general todos los sujetos y entidades que participan en los procesos públicos y administrativos, no incorporan el género como clave interpretativa y no desarrollan unos mecanismos contextualizados y situados en su tarea, tal y como bien se reclama por el feminismo jurídico. En este sentido, deberíamos tener presente cómo la justicia social ha de proyectarse no solo en el reconocimiento de las subjetividades diversas sino también en la redistribución de bienes y recursos que permita unas iguales condiciones para el ejercicio de la autonomía. De ahí, por ejemplo, la necesidad de reconocer como derecho fundamental de una renta básica, incondicionada y universal, que garantice la dignidad y un mínimo de bienestar. Estas dos dimensiones han de articularse a partir de la clave democrática que supone el derecho a tener voz y ser parte en los procesos políticos. Unos procesos que se ajusten al pluralismo de los sujetos y que sean capaces, por tanto, de: a) articular deliberaciones; b) gestionar conflictos; c) tomar decisiones que incidan en la efectiva protección de la dignidad y el bienestar de los individuos. De esta manera, el derecho fundamental a participar en los asuntos públicos y la correlativa ciudadanía se dotarían de un contenido más sustancial y complejo al estar vinculados con el estatus que garantiza que cada persona sea un fin en sí mismo. A su vez, serán estas claves, las que sustenten unas democracias paritarias, y no solo en el sentido relativo a la presencia equivalente de mujeres y hombres en el poder, sino en cuanto procesos y prácticas que incorporen las dimensiones obviadas de lo humano y que sustenten, también en lo sustancial y ético, un nuevo "pacto social".

4ª) Estos nuevos paradigmas han de llevarnos a una nueva comprensión tanto del "orden político" como de la "paz social" que la CE sitúa en el pórtico de su declaración de derechos (art. 10.1) Y ello porque el punto de partida sería el reconocimiento de que nuestro "libre desarrollo de la personalidad" depende de las condiciones materiales y de los recursos, no solo materiales, sino también simbólicos y emocionales, que nos permiten tener una vida digna, la cual siempre es una vida "con y entre" otros y otras. Esta revisión de los sujetos y de la vida compartida nos obligaría a reconocer "nuevos" derechos como los relativos a la corresponsabilidad en la vida privada y familiar o, de manera más amplia, los denominados derechos/deberes de cuidado, cuyo reconocimiento constitucional ayudaría a romper la división central del patriarcado, la que distingue entre lo público y lo privado. En el mismo sentido, y desde esa lógica que supondría incorporar al constitucionalismo la ética del cuidado, habría de situarse en el centro de lo político la protección de los bienes comunes y, en consecuencia, de los marcos relaciones que tenemos con otros seres vivos y con la Naturaleza en general. Estos bienes comunes nos obligan, a su vez, a incorporar paradigmas tales como la reciprocidad, la interacción, la comunicación y la empatía. Unas herramientas emocionales, pero también políticas, que incluso podríamos traducir en virtudes cívicas, sin la que es imposible sostener la lógica de los derechos humanos. La misma gestión de los conflictos inevitables en una sociedad plural encuentra otros cauces si el punto de partida es nuestra naturaleza relacional e interdependiente. Todo ello por no hablar de la distinta orientación que desde este punto de partida deberían adoptar las políticas económicas o de las transformaciones institucionales en el sentido de potenciar la dimensión deliberativa de las democracias. En esta línea, y en cuanto a las garantías de los derechos, sería necesario articular mecanismos de justicia dialógica, así como desarrollar, tal y como de hecho ya está sucediendo por ejemplo en América Latina, la litigación estratégica en materia de interés público, de tal manera que se facilite el acceso a los tribunales de quienes están en una situación de desventaja.

5ª) Se trataría, en definitiva, no solo de incorporar nuevos derechos, o dimensiones de derechos hasta ahora inéditas, sino de poner las bases de un nuevo constitucionalismo construido a partir de otro paradigma de lo humano. El que nos llevaría a transitar desde la ciudadanía hasta lo que el feminismo ha llamado *cuidadanía*, la cual parte de reconocer como presupuesto ético-político de la vulnerabilidad compartida por todos los seres vivos, no solo los humanos. Se trataría, pues, de hacer política y jurídicamente relevante lo que proyecto liberal hizo invisible, desarrollando al fin lo que las economistas feministas han bautizado como "cuarto pilar" del Estado social. Frente al sujeto con poder, y supuestamente percibido de manera neutral (imparcial), los cuerpos concretos, particulares, diferenciados y frágiles. En lugar de la ciudadanía/nacionalidad como frontera de los derechos, la comunidad de seres vulnerables que necesitarían ser acogidos, cuidados y reconocidos. Hablaríamos, pues, de "democracias cuidadoras" (Tronto, 2013), en las que el cuidado habría de traducirse en un conjunto de prácticas públicas, de tal manera que incluso atravesaría las Administraciones para hacerlas también cuidadosas con la ciudadanía (Camps, 2021), incidiría en la revalorización de lo local como el espacio más idóneo para desarrollar estrategias sostenibles y obligaría a que los Estados, convertidos en "cuidadores", le dieran una nueva dimensión al principio de igualdad.

6º) Este giro ontológico, pero también epistemológico, nos llevaría a su vez, tal y como ha planteado el feminismo decolonial, a la percepción de las fronteras como un espacio de encuentro, de los seres fronterizos como nuevos sujetos al margen de las categorías tradicionales, del "nomadismo" como esencia de lo humano. En definitiva, una transformación radical del entendimiento de las subjetividades, sin el cual no será posible el desenvolvimiento pleno de todas nuestras capacidades y la efectiva garantía del pluralismo en términos de los proyectos diferenciados de vida que representamos todos y cada uno de los humanos. Un horizonte que permitirá que las Constituciones, en el siglo XXI, se conviertan de hecho en instrumentos de garantía de tantas vidas buenas como sujetos las legitimen. Al fin pactos negociados desde la equivalencia y no desde la exclusión. O, dicho de otra manera, y con palabras de Stefano Rodotà (2013), marcos no solo de la "revolución de la libertad" sino también "de la dignidad".

Bibliografía básica.

ALVAREZ MEDINA, *Silvina, La autonomía de las personas. Una capacidad relacional*, CEPC, Madrid, 2018.

CAMPS CERVERA, Victoria, *Tiempo de cuidados*, Arta, Barcelona, 2021.

FERRAJOLI, Luigi, *Manifiesto por la igualdad*, Trotta, Madrid, 2021.

FERRAJOLI, Luigi, *La construcción de la democracia*, Trotta, Madrid, 2023.

GARGARELLA, Roberto, *El Derecho como una conversación entre iguales*, Siglo XXI, Buenos Aires, 2021.

INNERARITY, Daniel, *Una teoría de la democracia compleja*, Galaxia Gutenberg, Madrid, 2022.

MACKENZIE, Catriona, "Tres dimensiones de la autonomía: un análisis relacional", en Cavallo, Mercedes y Ramón Michel, Agustina (comp.), *Autonomía y feminismos*, Caba: DIDOT, 2022, pp. 43-80.

MARRADES PUIG, Ana I. (coord.), *El reconocimiento de los derechos del cuidado*, Tirant lo Blanch, Valencia, 2013.

NUSSBAUM, Martha y SEN, Amartya (eds.), *La calidad de vida* (tercera reimpresión), Fondo de Cultura Económica, México, 2002.

PRESNO LINERA, Miguel, *Libre desarrollo de la personalidad y derechos fundamentales*, Marcial Pons, Madrid, 2022.

RAZ, Joseph, *The morality of freedom,* Oxford: Clarendon Press, Oxford, 1986.

RODOTÀ, Stefano, *Il diritto di avere diritti*, Laterza, Roma, 2013.

RODRÍGUEZ RUIZ, Blanca, *El discurso del cuidado. Propuestas (de)constructivas para un Estado paritario*, Tirant lo Blanch, Valencia, 2019.

RODRÍGUEZ RUIZ, Blanca, "¿Libres e iguales? Sobre los mitos fundacionales del Estado moderno y sus efectos jerarquizantes y excluyentes", *Revista General de Derecho Público Comparado*, 31, 2022, 1-34.

SALAZAR BENÍTEZ, Octavio, *La vida en común. Los hombres (que deberíamos ser) después del coronavirus*, Galaxia Gutenberg, Madrid, 2021.

SALAZAR BENÍTEZ, Octavio, "La quiebra del sujeto constitucional. Democracia paritaria y ciudadanía cuidadosa", Derechos y libertades, nº 45, 2021, 17-56.

TRONTO, Joan, *Caring Democracy*, NYU Press, Nueva York, 2013.

Tema 5. Vulnerabilidad e inteligencia artificial[37]
Miguel Ángel Presno Linera

Un robot no puede dañar a la Humanidad o, por inacción, permitir que la Humanidad sufra daños.
"Ley cero de la robótica", Robots e Imperio,
Isaac Asimov, 1985.

5.1. ¿De qué hablamos cuando hablamos de inteligencia artificial?

En la corta historia de la inteligencia artificial (IA en lo sucesivo) se han proporcionado distintas definiciones que, en general, aluden al desarrollo de sistemas que imitan o reproducen el pensamiento y obrar humanos, actuando racionalmente -en el sentido de hacer lo "correcto" en función de su conocimiento- e interactuando con el medio.

La IA pretende sintetizar o reproducir los procesos cognitivos humanos, tales como la percepción, la creatividad, la comprensión, el lenguaje o el aprendizaje (Russel y Norvig, 2008, 1 y ss.). Para ello, utiliza todas las herramientas a su alcance, entre las que destacan las proporcionadas por la computación, incluidos los algoritmos. No obstante, los sistemas de IA no usan cualquier algoritmo sino, esencialmente, los que "aprenden" a base del procesamiento de datos.

Por otro lado, en ocasiones se habla de IA cuando en realidad estamos hablando de un subcampo, el aprendizaje automático (o machine learning en inglés, AA en lo sucesivo). El AA trata de encontrar patrones en datos para construir sistemas predictivos o explicativos; por tanto, puede considerarse una rama de la IA ya que a partir de la experiencia (los datos) toma decisiones o detecta patrones significativos y eso es una característica fundamental de la inteligencia humana. Es importante resaltar que para que un sistema de AA tenga éxito es tan necesario utilizar los algoritmos adecuados como realizar una correcta gestión y tratamiento de los datos utilizados para desarrollar el sistema.

Profundizando un poco más en las herramientas avanzadas de IA, nos encontramos con las redes neuronales, también llamadas redes neuronales artificiales, que son un modelo computacional de aprendizaje automático que procesa la información a través de un conjunto de unidades llamadas neuronas, o neuronas artificiales, que están conectadas entre sí y organizadas por capas, formando una red. Los datos de entrada atraviesan la red neuronal, donde son procesados mediante operaciones matemáticas, generando una salida. Por su parte, el concepto de aprendizaje profundo (Deep learning) hace referencia a las redes neuronales de un gran número de capas. No existe un criterio claro en cuanto a partir de qué número de capas ocultas podemos considerar una red neuronal como profunda, y por tanto, aprendizaje profundo, pero hay una opinión cada vez más extendida entre los expertos que afirma que cualquier red con más de 2 capas ocultas puede considerarse "profunda" (González Cabanes, Díaz Díaz; 2022, pp. 58 y 64)[38].

La dificultad de ofrecer una definición "acabada" de la IA se presenta también en el ámbito jurídico (Barrio Andrés, 2022, pp. 14-21; Presno Linera, 2022b, pp. 15-21; Ruíz Tarrías, 2023, pp. 91-119), como se puede comprobar leyendo las diferentes versiones que se han ido ofreciendo a lo largo del proceso de aprobación del Reglamento de inteligencia artificial de la Unión Europea (Presno Linera, 2023, pp. 95-99): así, en el texto que presentó la Comisión Europea el 21 de abril de 2021 se entendía como "el software que se desarrolla empleando una o varias de técnicas y estrategias que figuran en el Anexo I y que puede,

---

[37] Este capítulo es uno de los resultados del Proyecto de Investigación PID2022-136548NB-I00 Los retos de la inteligencia artificial para el Estado social y democrático de Derecho, financiado por el Ministerio de Ciencia e Innovación en la Convocatoria Proyectos de Generación de Conocimiento 2022.

[38] Para una aproximación conceptual desde el Derecho Público, Tahiri Moreno, 2024, pp. 138-150.

para un conjunto determinado de objetivos definidos por seres humanos, generar información de salida como contenidos, predicciones, recomendaciones o decisiones que influyan en los entornos con los que interactúa" (artículo 3) pero, tras las enmiendas aprobadas por el Parlamento Europeo el 14 de junio de 2023, pasó a definirse como "un sistema basado en máquinas diseñado para funcionar con diversos niveles de autonomía y capaz, para objetivos explícitos o implícitos, de generar información de salida —como predicciones, recomendaciones o decisiones— que influya en entornos reales o virtuales". Finalmente, la Resolución legislativa del Parlamento Europeo, de 13 de marzo de 2024, sobre la propuesta de Reglamento del Parlamento Europeo y del Consejo por el que se establecen normas armonizadas en materia de inteligencia artificial (Ley de Inteligencia Artificial) y se modifican determinados actos legislativos de la Unión, se entiende que es "un sistema basado en una máquina diseñado para funcionar con distintos niveles de autonomía, que puede mostrar capacidad de adaptación tras el despliegue y que, para objetivos explícitos o implícitos, infiere de la información de entrada que recibe la manera de generar información de salida, como predicciones, contenidos, recomendaciones o decisiones, que puede influir en entornos físicos o virtuales".

En el considerando 12 de este texto se explica con un poco más de detalle este concepto:

"característica principal de los sistemas de IA es su capacidad de inferencia. Esta capacidad de inferencia se refiere al proceso de obtención de resultados de salida, como predicciones, contenidos, recomendaciones o decisiones, que puede influir en entornos físicos y virtuales, y a la capacidad de los sistemas de IA para deducir modelos o algoritmos, o ambos, a partir de información de entrada o datos. Las técnicas que permiten la inferencia al construir un sistema de IA incluyen estrategias de aprendizaje automático que aprenden de los datos cómo alcanzar determinados objetivos y estrategias basadas en la lógica y el conocimiento que infieren a partir de conocimientos codificados o de una representación simbólica de la tarea que debe resolverse. La capacidad de inferencia de un sistema de IA trasciende el tratamiento básico de datos, al permitir el aprendizaje, el razonamiento o la modelización. El término «basado en una máquina» se refiere al hecho de que los sistemas de IA se ejecutan en máquinas.

La referencia a objetivos explícitos o implícitos subraya que los sistemas de IA pueden funcionar con arreglo a objetivos definidos explícitos o a objetivos implícitos. Los objetivos del sistema de IA pueden ser diferentes de la finalidad prevista del sistema de IA en un contexto específico. A los efectos del presente Reglamento, debe entenderse por entornos los contextos en los que funcionan los sistemas de IA, mientras que los resultados de salida generados por el sistema de IA reflejan las distintas funciones desempeñadas por los sistemas de IA e incluyen predicciones, contenidos, recomendaciones o decisiones. Los sistemas de IA están diseñados para funcionar con distintos niveles de autonomía, lo que significa que pueden actuar con cierto grado de independencia con respecto a la actuación humana y tienen ciertas capacidades para funcionar sin intervención humana. La capacidad de adaptación que un sistema de IA podría mostrar tras su despliegue se refiere a las capacidades de autoaprendizaje que permiten al sistema cambiar mientras está en uso. Los sistemas de IA pueden utilizarse de manera independiente o como componentes de un producto, con independencia de si el sistema forma parte físicamente del producto (integrado) o contribuye a la funcionalidad del producto sin formar parte de él (no integrado)".

Previamente, en la Resolución del Parlamento Europeo, de 3 de mayo de 2022, sobre la inteligencia artificial en la era digital se recordaba que hay una diferencia significativa entre la IA simbólica, que constituye el principal enfoque de la IA entre los años cincuenta y los años noventa, y la IA basada en datos y aprendizaje automático, que domina desde el año 2000: durante la primera oleada, la IA se desarrolló codificando los conocimientos y la experiencia de los expertos en un conjunto de reglas que luego ejecutaba una máquina; en la segunda oleada, los procesos de aprendizaje automatizados de algoritmos basados en el procesamiento de grandes cantidades de datos, la capacidad de reunir datos procedentes de múltiples fuentes diferentes y de elaborar representaciones complejas de un entorno dado, y la determinación de patrones convirtieron a los sistemas de IA en sistemas más complejos, autónomos y opacos, lo que puede hacer que los resultados sean menos explicables; en consecuencia, la IA actual puede clasificarse en muchos subcampos y técnicas diferentes.

Por lo que respecta al concepto de IA asumido en otros contextos internacionales, la OCDE, en la línea del concepto de IA del Reglamento de la UE, lo entiende como un sistema operado por una máquina capaz de influir en su entorno produciendo resultados (como predicciones, recomendaciones o decisiones) para cumplir un conjunto determinado de objetivos. Utiliza datos y entradas generados por la máquina y/o introducidos por el ser humano para (i) percibir entornos reales y/o virtuales; (ii) producir una representación abstracta de estas percepciones en forma de modelos derivados de análisis automatizados (por ejemplo, aprendizaje automático) o manuales; y (iii) utilizar las inferencias del modelo para formular diferentes opciones de resultados. Los sistemas de IA están diseñados para funcionar de forma más o menos autónoma.

Por último, el 14 de marzo de 2024 el Comité sobre Inteligencia Artificial del Consejo de Europa finalizó el Convenio Marco sobre Inteligencia Artificial, Derechos Humanos, Democracia y Estado de Derecho, que se remitirá al Comité de Ministros para su adopción y se abrirá a la firma en una fase posterior. En su artículo 2 define los sistemas de IA como sistemas basados en una máquina que, para objetivos explícitos o implícitos, infieren, a partir de las entradas que reciben, cómo generar salidas como predicciones, contenidos, recomendaciones o decisiones que pueden influir en entornos físicos o virtuales. Los diferentes sistemas de inteligencia artificial varían en sus niveles de autonomía y adaptabilidad tras su despliegue. La definición de sistema de inteligencia artificial prescrita en este artículo se extrae de la definición adoptada por la OCDE.

5.2. Inteligencia artificial, dignidad humana y libre desarrollo de la personalidad.

La Constitución española proclama, en su artículo 10.1, que "la dignidad de la persona, los derechos inviolables que le son inherentes, el libre desarrollo de la personalidad, el respeto a la ley y a los derechos de los demás son fundamento del orden político y de la paz social". Centrándonos en la dignidad y el libre desarrollo, su caracterización como fundamentos del orden político y la paz social obliga a conectarlos con los que la propia CE configura como valores superiores del ordenamiento: la libertad, la igualdad, la justicia y el pluralismo político (art. 1.1). Si esos valores lo son de todo el ordenamiento constitucional, la dignidad y el libre desarrollo parecen proyectarse de manera especialmente intensa en el sistema de derechos fundamentales, pues abren el Título a ellos reservado. Al concretarse en el propio Título I CE, además de ese reconocimiento de la dignidad y el libre desarrollo de la personalidad, un amplio catálogo de derechos fundamentales se establece una relación recíproca entre estas libertades y aquellos fundamentos: éstos se irradian a los derechos fundamentales constitucionalmente reconocidos y tanto el concepto constitucional de dignidad como el de libre desarrollo de la personalidad están delimitados por lo previsto por el constituyente a la hora de articular esos derechos fundamentales.

Por lo que respecta a la dignidad, el Tribunal Constitucional ha dicho que debe permanecer inalterada cualquiera que sea la situación en que la persona se encuentre... constituyendo, en consecuencia, un minimun invulnerable que todo estatuto jurídico debe asegurar, de modo que, sean unas u otras las limitaciones que se impongan en el disfrute de derechos individuales, no conlleven menosprecio para la estima que, en cuanto ser humano, merece la persona"(STC 120/1990, de 27 de junio, FJ 4).

Y si la dignidad constituye un "mínimo invulnerable", el libre desarrollo de la personalidad apunta a la maximización de la fundamentalidad de los derechos: por una parte, refuerza la preservación normativa -dimensión subjetiva del derecho- a favor de quien ostente la titularidad del derecho fundamental de que se trate y lo hace frente al legislador y los demás poderes públicos, imponiendo una protección preferente de los comportamientos descritos de manera más o menos genérica y abstracta en los enunciados jurídicos constitucionales; por otra parte, orienta la labor de desarrollo del legislador que, en cumplimiento de la dimensión objetiva de los derechos fundamentales, actúa como un elemento de fortalecimiento de la garantía de la libertad jurídico-subjetiva (Presno Linera, 2022a, p. 26).

Pues bien, el recurso a sistemas de IA por parte de los poderes públicos o de entidades que actúen en su lugar debe hacerse sin que quede afectado ese mínimo invulnerable que garantiza el principio de la dignidad humana y, en la medida de lo posible, promoviendo el libre desarrollo de la personalidad; a este respecto, la Resolución del Parlamento Europeo, de 16 de febrero de 2017, con recomendaciones destinadas a la Comisión sobre normas de Derecho civil sobre robótica "señala que el potencial de empoderamiento que encierra el recurso a la robótica se ve matizado por una serie de tensiones o posibles riesgos y que debe ser evaluado detenidamente a la luz de la seguridad y la salud humanas; la libertad, la intimidad, la integridad y la dignidad; la autodeterminación y la no discriminación, y la protección de los datos personales" y destaca que "las actividades de investigación en materia de robótica deben respetar los derechos fundamentales; por su parte, las actividades de concepción, ejecución, difusión y explotación han de estar al servicio del bienestar y la autodeterminación de las personas y de la sociedad en general. La dignidad y la autonomía humanas -tanto físicas como psicológicas - siempre tienen que respetarse".

En esta línea, la Resolución del Parlamento Europeo, de 3 de mayo de 2022, sobre la inteligencia artificial en la era digital "hace hincapié en la necesidad de reflejar los objetivos e intereses de las mujeres y los grupos vulnerables en la transición digital... reconoce la necesidad de preservar los derechos a la igualdad ante la ley, la privacidad, la libertad de expresión y la participación en la vida cultural y política al utilizar las tecnologías de IA, especialmente en el caso de las comunidades minoritarias..."; destaca que "la IA y la robótica deben centrarse en el ser humano y desarrollarse para complementar a los seres humanos" y "condena que cada vez se esté recurriendo más a la vigilancia basada en IA en el lugar de trabajo, lo que sucede a menudo sin el conocimiento de los trabajadores, y mucho menos su consentimiento, en particular también en el contexto del teletrabajo; sostiene que esta práctica no debe permitirse, ya que es extremadamente abusiva con respecto al derecho fundamental a la privacidad, a la protección de datos y a la dignidad humana del trabajador y a los derechos sociales y laborales" y subraya que "la persona y la protección de sus derechos fundamentales deben permanecer siempre en el centro de todas las consideraciones políticas" (párrafos 11, 80 y 130).

Por su parte, el recientemente aprobado Reglamento de Inteligencia Artificial alerta en diversas ocasiones sobre el impacto de la IA en las personas y grupos vulnerables: "los sistemas de IA empleados en la migración, el asilo y la gestión del control fronterizo afectan a personas que con frecuencia se encuentran en una situación especialmente vulnerable y que dependen del resultado de las actuaciones de las autoridades públicas competentes" (considerando 60);

"los resultados de los sistemas de IA dependen de... sesgos inherentes, que tienden a aumentar gradualmente y, por tanto, perpetúan y amplifican la discriminación existente, en particular con respecto a las personas pertenecientes a determinados colectivos vulnerables, incluidos colectivos raciales o étnicos" (consdiderando 67);

"los responsables del despliegue se encuentran en una posición óptima para comprender el uso concreto que se le dará al sistema de IA de alto riesgo y pueden, por lo tanto, detectar potenciales riesgos significativos que no se previeron en la fase de desarrollo, al tener un conocimiento más preciso del contexto de uso y de las personas o los colectivos de personas que probablemente se vean afectados, entre los que se incluyen colectivos vulnerables" (considerando 93);

"deben tenerse en cuenta las características de las personas físicas pertenecientes a colectivos vulnerables debido a su edad o discapacidad en la medida en que el sistema de IA esté destinado a interactuar también con dichos colectivos" (considerando 132);

"se debe animar a los proveedores y, en su caso, a los responsables del despliegue de todos los sistemas de IA, ya sean o no de alto riesgo, y de los modelos de IA, a aplicar, con carácter voluntario, requisitos adicionales relativos, por ejemplo, a los elementos de las Directrices éticas de la Unión para una IA fiable, la sostenibilidad medioambiental, medidas de alfabetización en materia de IA, la inclusividad y la diversidad en el diseño y el desarrollo de los sistemas de IA, lo que incluye tener en cuenta a las personas vulnerables y la accesibilidad de las personas con discapacidad..." (considerandoo 165).

Por su parte, el artículo 5.1.b prohíbe "la introducción en el mercado, la puesta en servicio o la utilización de un sistema de IA que explote alguna de las vulnerabilidades de una persona física o un determinado colectivo de personas derivadas de su edad o discapacidad, o de una situación social o económica específica, con la finalidad o el efecto de alterar de manera sustancial el comportamiento de dicha persona o de una persona que pertenezca a dicho colectivo de un modo que provoque, o sea razonablemente probable que provoque, perjuicios considerables a esa persona o a otra".

Por su parte, el Convenio Marco del Consejo de Europa prevé, en su artículo 7, que "cada Parte adoptará o mantendrá medidas para respetar la dignidad humana y la autonomía individual en relación con las actividades del ciclo de vida de los sistemas de inteligencia artificial".Y en el documento explicativo del Convenio[39] se aclara que esta disposición hace hincapié en la importancia de la dignidad humana y la autonomía individual como parte de la regulación y la gobernanza centradas en el ser humano dentro del ciclo de vida de los sistemas de inteligencia artificial, que no deben conducir a la deshumanización de las personas, socavar su capacidad de acción o reducirlas a meros puntos de datos, ni antropomorfizar los sistemas de inteligencia artificial de una manera que interfiera con la dignidad humana. La defensa de la dignidad humana implica respetar el valor y la valía inherentes de cada individuo, independientemente de sus antecedentes, características o circunstancias, y se refiere en particular a la forma en que todos los seres humanos deben ser tratados.

Por su parte, la autonomía individual es un aspecto importante de la dignidad humana y se refiere a la capacidad de autodeterminación de las personas, es decir, su capacidad para tomar decisiones y elecciones, incluso sin coerción, y vivir sus vidas libremente. En el contexto de la inteligencia artificial, la autonomía individual requiere que las personas tengan control sobre el uso y el impacto de las tecnologías de inteligencia artificial en sus vidas, y que su agencia y autonomía no se vean disminuidas por ello. La regulación centrada en el ser humano reconoce la importancia de permitir que las personas den forma a sus experiencias con la inteligencia artificial, asegurando que estas tecnologías mejoren su autonomía en lugar de menoscabarla. Los redactores consideraron que la referencia a este concepto en el presente Convenio Marco es especialmente apropiada habida cuenta de la capacidad de imitación y manipulación de los sistemas de inteligencia artificial.

Por lo que respecta en especial al libre desarrollo de la personalidad, e insistiendo en que ese principio se orienta, principalmente, a la "maximización" de los valores constitucionales "libertad" y "pluralismo" y ampara "una dimensión externa de agere licere que faculta a los ciudadanos para actuar con arreglo a sus propias convicciones y mantenerlas frente a terceros" (entre otras, STC 137/1990, de 19 de julio, FJ 8), la varias veces citada Resolución del Parlamento Europeo de 3 de mayo de 2022 considera que la IA puede aumentar "las capacidades de los seres humanos sin mermar su capacidad para

---

39 https://rm.coe.int/-1497-10-1b-committee-on-artificial-intelligence-cai-b-draft-framework-convention/1680af0734&format=native (a 25 de abril de 2024).

actuar y decidir libremente" aunque también "extraña riesgos sustanciales para la voluntad humana y la expresión de los derechos fundamentales sin necesidad de consentimiento". Opina que "las aplicaciones de IA que empoderan al ser humano también podrían crear nuevas oportunidades de trabajo, en particular para aquellos que, debido a restricciones como discapacidades o circunstancias de vida, han estado sujetos a trabajos menos cualificados hasta ahora".

Y, en relación con las plataformas tecnológicas dominantes hoy en día, recuerda que "no solo tienen un importante control sobre el acceso a la información y su distribución, sino que también utilizan tecnologías de IA para obtener más información sobre la identidad y el comportamiento de una persona, y el conocimiento de su historial de decisiones; considera que esta elaboración de perfiles plantea riesgos para los sistemas democráticos, así como para la salvaguardia de los derechos fundamentales y la autonomía de los ciudadanos; destaca que esto genera un desequilibrio de poder y plantea riesgos sistémicos que podrían afectar a la democracia" (párrafos 18, 36, 79 y 90).

5.3. Oportunidades y riesgos de la inteligencia artificial; en particular, el riesgo de discriminación.

5.3.1. Oportunidades y riesgos de la inteligencia artificial.

Siguiendo en el ámbito de la Unión Europea, en el primer párrafo del Libro Blanco sobre la inteligencia artificial de la Comisión, de 19 de febrero de 2020, se dice que "la IA se está desarrollando rápido. Cambiará nuestras vidas, pues mejorará la atención sanitaria (por ejemplo, incrementando la precisión de los diagnósticos y permitiendo una mejor prevención de las enfermedades), aumentará la eficiencia de la agricultura, contribuirá a la mitigación del cambio climático y a la correspondiente adaptación, mejorará la eficiencia de los sistemas de producción a través de un mantenimiento predictivo, aumentará la seguridad de los europeos y nos aportará otros muchos cambios que de momento solo podemos intuir. Al mismo tiempo, la IA conlleva una serie de riesgos potenciales, como la opacidad en la toma de decisiones, la discriminación de género o de otro tipo, la intromisión en nuestras vidas privadas o su uso con fines delictivos".

Así pues, la Comisión Europea asume algo de todo punto inevitable: que la IA va a cambiar -es seguro que ya lo está haciendo- nuestras vidas y, en consecuencia, esa transformación afectará, según el trabajo de investigación del Consejo de Europa sobre algoritmos y derechos humanos, a un gran número, sino a la práctica totalidad, de nuestros derechos fundamentales[40]; así, y a modo de ejemplo, al derecho a la libertad personal y, muy relacionado con él, al derecho a un juicio justo y a la tutela de los tribunales; en segundo lugar, a los derechos de las personas en su dimensión más privada, como el derecho a la intimidad y a la protección de datos; en tercer lugar, a los derechos vinculados a la dimensión pública y relacional de las personas, como las libertades de expresión, información, creación artística e investigación pero también a las libertades de reunión y asociación, tanto en el plano meramente ciudadano como en lo que se refiere, por ejemplo, al ámbito laboral (libertad sindical, derecho de huelga); en cuarto lugar, y a su vez vinculado a muchos otros derechos, al de no sufrir discriminación por raza, género, edad, orientación sexual...; en quinto lugar, a los derechos dependientes del acceso a los servicios públicos (educación, sanidad...) y, en general, a los derechos sociales (prestaciones por desempleo, enfermedad, jubilación...); finalmente, y por no extendernos mucho más, al derecho a intervenir en procesos participativos de índole política (elecciones, referendos, iniciativas

[40] *Algorithms and Human Rights. Study on the human rights dimensions of automated data processing techniques and possible regulatory implications*, Council of Europe, 2018, disponible en https://rm.coe.int/algorithms-and-human-rights-en-rev/16807956b5 (a 25 de abril de 2024).

legislativas populares...) y en, general, a las libertades en el ámbito ideológico (de pensamiento, conciencia y religión).

Así pues, estamos inmersos en una *infoesfera* (Floridi, 2012, 11), en un ambiente global compuesto por organismos informacionales interconectados y, por lo que en estas páginas importa, ese mestizaje ontológico entre lo biológico y lo técnico, entre lo carbónico y lo silícico (Campione, 2020, 13), exige, entre otras, una aproximación iusfundamental, que complemente a la iusfilosófica (Llano Alonso y otros, 2022; De Asis Roig, 2022), y trate de dar respuestas jurídicas a preguntas como las que formuló en el plano ético el Grupo Europeo sobre Ética de la Ciencia y las Nuevas Tecnologías en su *Declaración sobre Inteligencia artificial, robótica y sistemas "autónomos"*, de 9 de marzo de 2018; así, ¿cómo podemos construir un mundo con IA y dispositivos "autónomos" interconectados que sea seguro y cómo podemos estimar los riesgos involucrados? ¿Quién es responsable de resultados no deseados y en qué sentido es responsable? ¿Cómo se deben rediseñar nuestras instituciones y leyes para que estén al servicio del bienestar de las personas y la sociedad, y para hacer de la sociedad un lugar seguro ante la aplicación de estas tecnologías? ¿Cómo evitar que, a través del aprendizaje automático, los datos masivos y las ciencias del comportamiento se manipulen las arquitecturas de toma de decisiones según fines comerciales o políticos? En suma, ¿cómo se puede prevenir que estas poderosas tecnologías sean utilizadas como herramientas para socavar sistemas democráticos y como mecanismos de dominación?

5.3.2. En particular, el riesgo de discriminación.

Tal y como se ha venido reiterando en diferentes documentos, estudios y propuestas de regulación normativa, el derecho a no ser discriminado es uno de los que puede correr mayor riesgo a causa de la creciente y sofisticada aplicación de sistemas de IA, a veces de manera exclusiva y en no pocas ocasiones en relación con otros derechos fundamentales, como el que garantiza la libertad personal y veta las detenciones arbitrarias; así, en el Libro Blanco sobre la IA se advierte (p. 14) que puede suceder que el uso de determinados algoritmos para predecir la reincidencia delictiva dé lugar a prejuicios raciales o de género, y prevea una probabilidad de reincidencia distinta para hombres y mujeres o para nacionales y extranjeros; algunos programas de IA de análisis facial muestran prejuicios raciales o de género, y presentan un bajo nivel de error a la hora de determinar el género de hombres de piel más clara pero un elevado nivel de error al determinar el género de mujeres de piel más oscura.

Es bien sabido, se insiste, en que los prejuicios y la discriminación son riesgos inherentes a toda actividad social o económica y que la toma cotidiana de decisiones por parte de las personas o de los grupos de personas no es ajena al error ni a la subjetividad pero la cuestión radica en que en el caso de la IA esta misma subjetividad puede tener efectos mucho más amplios y afectar y discriminar a numerosas personas sin que existan mecanismos como los de control social que rigen el comportamiento humano.

Por su parte, el Informe del Consejo de Europa sobre algoritmos y derechos destaca (p. 26) que los motores y algoritmos de búsqueda no tratan a todos los usuarios por igual: se pueden presentar resultados diferentes a distintos usuarios, sobre la base de perfiles de comportamiento o de otro tipo, incluidos los perfiles de riesgo personal que pueden desarrollarse con fines de seguros o de puntuación crediticia o, de forma más general, para la fijación de precios diferenciales, es decir, para ofrecer precios diferentes por los mismos bienes o servicios a distintos consumidores en función de su perfil.

Se insiste en dicho Informe en que un algoritmo sesgado que discrimina sistemáticamente a un grupo de la sociedad, por ejemplo, en función de su edad, orientación sexual, raza, género o posición socioeconómica, puede plantear considerables problemas no solo en cuanto al acceso a los derechos de los usuarios finales o clientes individuales afectados por estas decisiones, sino también para la sociedad en su conjunto. Algunos autores han sugerido incluso que los servicios en línea que utilizan sistemas de clasificación personalizados son intrínsecamente susceptibles de dar lugar a prácticas discriminatorias. A este respecto, Kahneman, Sibony y Sunstein recuerdan algo, por lo demás nada sorprendente, y es que si un algoritmo se entrena con una muestra de decisiones anteriores sesgadas ese algoritmo reproducirá los sesgos humanos del pasado: si se utiliza el número de detenciones anteriores como factor de predicción y esas detenciones estaban condicionadas, por ejemplo, por cuestiones raciales, el algoritmo resultante también discriminará (2021, 150-153), pero obviamente no será "culpa" del algoritmo sino de los datos que se le han facilitado o, en no poca medida, de las personas que se los han facilitado.

En esta última línea, en el mismo estudio del Consejo de Europa (pág. 27) se señala que si los sistemas algorítmicos de toma de decisiones se basan en decisiones humanas anteriores, es probable que los mismos sesgos que pueden socavar la toma de decisiones humana se reproduzcan y multipliquen en los sistemas algorítmicos de toma de decisiones, sólo que entonces son más difíciles de identificar y corregir.

En consecuencia, se puede argumentar que las personas deberían tener derecho a ver una versión "imparcial" y no personalizada de sus resultados de búsqueda. Esto puede verse como una forma de que un individuo salga de su propia "burbuja de filtros" y vea una versión no dirigida del contenido de la búsqueda, la línea de tiempo de las redes sociales u otro servicio o producto basado en Internet que esté utilizando. En teoría, los algoritmos podrían ser herramientas útiles para reducir el sesgo en lugares donde es habitual, como en los procesos de contratación. Sin embargo, los expertos han advertido que la automatización y el aprendizaje automático pueden reforzar los prejuicios existentes porque, a diferencia de los humanos, los algoritmos pueden no estar preparados para contrarrestar conscientemente los prejuicios aprendidos y, además, carecen de empatía.

Sobre esta última cuestión, explica Ponce Solé (2019) que es en el ámbito de las potestades regladas más sencillas donde la IA puede tener un papel como sustituta del decisor humano. Se trata de situaciones donde la subsunción jurídica es muy simple y conduce a otorgar certificados acreditativos, por ejemplo. Pero si se trata de apreciar conceptos jurídicos valorativos como la buena conducta, la buena fe, el ejercicio de la equidad en la revisión de oficio o la revocación, entra en juego la empatía, para el buen ejercicio de la discrecionalidad, en la consideración de los hechos, intereses y derechos relevantes a considerar y sopesar. Cuando se ejerce discrecionalidad administrativa y se toman en consideración hechos, intereses y derechos de personas, esa empatía debería estar presente, y parece que sólo podría ejercerla un ser humano y no un algoritmo.

Para tratar de evitar resultados discriminatorios con ocasión del uso de la IA el Reglamento europeo por el que se establecen normas armonizadas en materia de inteligencia artificial prohíbe en su artículo 5.1.c "la introducción en el mercado, la puesta en servicio o la utilización de sistemas de IA para evaluar o clasificar a personas físicas o a colectivos de personas durante un período determinado de tiempo atendiendo a su comportamiento social o a características personales o de su personalidad conocidas, inferidas o predichas, de forma que la puntuación ciudadana resultante provoque una o varias de las situaciones siguientes: i) un trato perjudicial o desfavorable hacia determinadas personas físicas o colectivos de personas en contextos sociales que no guarden relación con los contextos donde se generaron o recabaron los datos originalmente; ii) un trato perjudicial o desfavorable hacia determinadas personas físicas o colectivos de personas que sea injustificado o desproporcionado con respecto a su comportamiento social o la gravedad de este".

Al respecto, el Convenio Marco del Consejo de Europa dispone: "1. Cada Parte adoptará o mantendrá medidas con vistas a garantizar que las actividades relacionadas con el ciclo de vida de los sistemas de inteligencia artificial respeten la igualdad, incluida la igualdad de género, y la prohibición de la discriminación, tal y como se establece en el Derecho internacional y nacional aplicable.2. Cada Parte se compromete a adoptar o mantener medidas destinadas a superar las desigualdades para lograr resultados justos, equitativos y justos, en consonancia con sus obligaciones nacionales e internacionales aplicables en materia de derechos humanos, en relación con las actividades relacionadas con el ciclo de vida de los sistemas de inteligencia artificial" (artículo 10).

En esta línea, entre las medidas que cabría emplear para prevenir exclusiones algorítmicas, cabe apuntar, como hace Soriano Arnanz (pp. 117-122), al establecimiento de un sistema "de mejores técnicas disponibles" que prevenga las discriminaciones sin reducir la eficiencia y precisión de la IA, acudir a la contratación pública para evitar el uso de algoritmos excluyentes y colectivizar la protección frente a los riesgos derivados del uso de sistemas automatizados.

5.4. La inteligencia artificial y el acceso a determinadas prestaciones sociales.

El Reglamento europeo de IA advierte (considerando 58) que "el acceso a determinados servicios y prestaciones esenciales, de carácter público y privado, necesarios para que las personas puedan participar plenamente en la sociedad o mejorar su nivel de vida, y el disfrute de dichos servicios y prestaciones, es otro ámbito en el que conviene prestar especial atención a la utilización de sistemas de IA. En particular, las personas físicas que solicitan a las autoridades públicas o reciben de estas prestaciones y servicios esenciales de asistencia pública, a saber, servicios de asistencia sanitaria, prestaciones de seguridad social, servicios sociales que garantizan una protección en casos como la maternidad, la enfermedad, los accidentes laborales, la dependencia o la vejez y la pérdida de empleo, asistencia social y ayudas a la vivienda, suelen depender de dichas prestaciones y servicios y, por lo general, se encuentran en una posición de vulnerabilidad respecto de las autoridades responsables. La utilización de sistemas de IA para decidir si las autoridades deben conceder, denegar, reducir o revocar dichas prestaciones y servicios o reclamar su devolución, lo que incluye decidir, por ejemplo, si los beneficiarios tienen legítimamente derecho a dichas prestaciones y servicios, podría tener un efecto considerable en los medios de subsistencia de las personas y vulnerar sus derechos fundamentales, como el derecho a la protección social, a la no discriminación, a la dignidad humana o a la tutela judicial efectiva y, por lo tanto, deben clasificarse como de alto riesgo. No obstante, el presente Reglamento no debe obstaculizar el desarrollo y el uso de enfoques innovadores en la Administración, que podrían beneficiarse de una mayor utilización de sistemas de IA conformes y seguros, siempre y cuando dichos sistemas no supongan un alto riesgo para las personas jurídicas y físicas.

Además, deben clasificarse como de alto riesgo los sistemas de IA usados para evaluar la calificación crediticia o solvencia de las personas físicas, ya que deciden si dichas personas pueden acceder a recursos financieros o servicios esenciales como la vivienda, la electricidad y los servicios de telecomunicaciones. Los sistemas de IA usados con estos fines pueden discriminar a determinadas personas o grupos y perpetuar patrones históricos de discriminación, como por motivos de origen racial o étnico, género, discapacidad, edad u orientación sexual, o generar nuevas formas de discriminación.

... los sistemas de IA destinados a ser utilizados para la evaluación de riesgos y la fijación de precios en relación con las personas físicas en el caso de los seguros de vida y de salud también pueden afectar de un modo considerable a los medios de subsistencia de las personas y, si no se diseñan, desarrollan y utilizan debidamente, pueden vulnerar sus derechos fundamentales y pueden tener graves consecuencias para la vida y la salud de las personas, como la exclusión financiera y la discriminación. Por último, los sistemas de IA empleados para evaluar y clasificar llamadas de emergencia de personas físicas o el envío o el establecimiento de prioridades en el envío de servicios de primera intervención en situaciones de emergencia, incluidos policía, bomberos y servicios de asistencia médica, así como sistemas de triaje de pacientes para la asistencia sanitaria de emergencia, también deben considerarse de alto riesgo, dado que adoptan decisiones en situaciones sumamente críticas para la vida y la salud de las personas y de sus bienes".

Previamente, en el estudio del Consejo de Europa sobre algoritmos y derechos humanos (p. 29 y 30) ya se había apuntado que los organismos y servicios gubernamentales están automatizando cada vez más su toma de decisiones con el uso de algoritmos por lo que el funcionamiento de estos sistemas plantea importantes cuestiones de transparencia y responsabilidad de la toma de decisiones públicas, que deben tener un nivel de exigencia mayor que el del sector privado o de las entidades sin ánimo de lucro y se ha detectado un peligro considerable de que los algoritmos puedan excluir a determinados grupos de ciudadanos o perfiles humanos, lo que posiblemente impida su acceso a los servicios sociales.

Pues bien, en fechas relativamente recientes se conoció un caso que ha tenido un enorme impacto en Europa y que refleja muy bien los riesgos de los que aquí se está hablando: es el llamado "escándalo de las ayudas a la infancia" en los Países Bajos, que, entre otras reacciones, dio origen a un Informe de la Comisión de Venecia hecho público el 18 de octubre de 2021[41].

En un contexto social y político preocupado por la prevención del fraude, se promulgó una legislación dirigida a garantizar el reembolso de las ayudas a la infancia pagadas erróneamente. Durante años, las disposiciones pertinentes se interpretaron de manera que, en caso de detectarse una irregularidad, incluso años después de la concesión de la asignación, había que devolver la totalidad del importe (a veces hasta 30.000 euros anuales). Las familias incluidos en la lista de "defraudadoras", incluso si solo se trataba de defectos menores o, en realidad, no había habido un error suyo, rara vez recibían información y los recursos ante el máximo tribunal administrativo eran sistemáticamente rechazados, lo que ha provocado, a miles de personas, graves problemas financieros, psicológicos y físicos. La gravedad del escándalo provocó la caída del Gobierno presidido por el Primer Ministro Mark Rutte.

De acuerdo con el informe de la Comisión de Venecia (p. 4), la Administración Tributaria y Aduanera introdujo en el año 2011 un sistema que permitía realizar controles a mayor escala y, con arreglo a dicho sistema, las solicitudes que se consideraban sospechosas se seleccionaban a partir de un modelo de clasificación de riesgos, basado en la IA, que era un algoritmo que "autoaprendía" a partir de ejemplos de solicitudes correctas e incorrectas. Uno de los muchos indicadores utilizados para identificar los casos de fraude era la ciudadanía y los solicitantes de origen extranjero eran seleccionados por el sistema para un examen detallado de sus peticiones. Resultó que el sistema trabajaba partiendo de la base de que el 80% de los beneficiarios de las ayudas sociales eran "malos" y el 20% eran "buenos", a pesar de que tal enfoque significaba que incluso personas que no habían cometido ninguna infracción serían sancionadas. Esto se denominó "enfoque 80/20" o enfoque de grupo.

El 17 de julio de 2020, la Autoridad nacional de Protección de Datos publicó un informe en el que señaló que el sistema de evaluación de riesgos de la Administración Tributaria y Aduanera, basado en la IA, no había respetado el Reglamento General de Protección de Datos de la Unión Europea y se había basado en datos discriminatorios de las familias solicitantes.

Al margen de otras cuestiones que ahora no cabe comentar, en este Informe se recuerda (p. 20) que, conforme a la normativa europea, ninguna decisión adoptada con el uso exclusivo de un algoritmo podrá basarse en datos personales "sensibles" y en los Países Bajos se acudió al uso de la nacionalidad como posible criterio de identificación del

---

[41] CDL-AD(2021)031-e Netherlands - Opinion on the Legal Protection of Citizens, adopted Venice Commission at its 128th Plenary Session (Venice and online, 15-16 October 2021) https://www.venice.coe.int/webforms/documents/?pdf=CDL-AD(2021)031-e (a 25 de abril de 2022).

fraude, de manera que unas prácticas discriminatorias se sistematizaron mediante algoritmos.

También se llama la atención sobre algo conocido: el sesgo y la discriminación en la IA se originan en los datos de formación, que podrían ser indicativos de una discriminación real en el pasado. Como medida de prevención, el Informe de la Comisión sugiere que, cuando se introduzcan sistemas de IA, se conserven los datos de entrenamiento anonimizados para poder detectar dicho sesgo en una fase posterior y dichos datos anonimizados podrían hacerse públicos para permitir la investigación del sesgo en esos datos.

Finalmente, y por lo que respecta a la legislación española, la Ley 15/2022, de 12 de julio, integral para la igualdad de trato y la no discriminación, prevé (artículo 3.1.o) su aplicación en el ámbito de la inteligencia artificial y la gestión masiva de datos e incluye un artículo 23 dedicado a la inteligencia artificial y a los mecanismos de toma de decisión automatizados. En dicho precepto dispone lo siguiente:

> 1. En el marco de la Estrategia Nacional de Inteligencia Artificial, de la Carta de Derechos Digitales y de las iniciativas europeas en torno a la Inteligencia Artificial, *las administraciones públicas favorecerán la puesta en marcha de mecanismos para que los algoritmos involucrados en la toma de decisiones que se utilicen en las administraciones públicas tengan en cuenta criterios de minimización de sesgos, transparencia y rendición de cuentas, siempre que sea factible técnicamente*. En estos mecanismos se incluirán su diseño y datos de entrenamiento, y abordarán su potencial impacto discriminatorio. Para lograr este fin, *se promoverá la realización de evaluaciones de impacto que determinen el posible sesgo discriminatorio*.
>
> 2. *Las administraciones públicas*, en el marco de sus competencias en el ámbito de los algoritmos involucrados en procesos de toma de decisiones, *priorizarán la transparencia en el diseño* y la implementación y la capacidad de interpretación de las decisiones adoptadas por los mismos.
>
> 3. *Las administraciones públicas y las empresas promoverán el uso de una Inteligencia Artificial ética, confiable y respetuosa con los derechos fundamentales*, siguiendo especialmente las recomendaciones de la Unión Europea en este sentido.
>
> 4. Se promoverá un sello de calidad de los algoritmos" (las cursivas son nuestras).

Vemos, pues, que existe una preocupación legislativa por el uso adecuado de la IA pero dicho interés no se traduce en medidas imperativas y, por tanto, de obligado cumplimiento sino en una serie de recomendaciones que, en nuestra opinión, por sí solas no garantizan los derechos de la ciudadanía frente a un uso discriminatorio de los sistemas de IA que se utilicen para la gestión de prestaciones públicas.

En una línea algo más garantista, se aprobó el Real Decreto 729/2023, de 22 de agosto, por el que se aprueba el Estatuto de la Agencia Española de Supervisión de Inteligencia Artificial en cuyo artículo 4.2 se prevé que "La Agencia dentro del ámbito de competencias correspondientes al Estado… tiene por objeto la minimización de los riesgos que puede suponer el uso de esta nueva tecnología, el adecuado desarrollo y potenciación de los sistemas de inteligencia artificial. En el ámbito de la competencia estatal, ejercerá las funciones de autoridad responsable de la supervisión, y en su caso sanción, de los sistemas de inteligencia artificial con el objeto de eliminar o reducir los riesgos para la integridad, la intimidad, la igualdad de trato y la no discriminación, en particular entre mujeres y hombres, y demás derechos fundamentales que pueden verse afectados por el mal uso de los sistemas".

Se trata, en definitiva, de garantizar que, en primer lugar, todas las personas estén capacitadas para conocer cuando están interactuando, en el ámbito de las prestaciones sociales, con un sistema de IA; de evitar que se aplique un sistema de IA que se aproveche de alguna de sus posibles circunstancias de vulnerabilidad; de asegurar que estos sistemas han sido evaluados previamente a su uso y han sido estimados sus posibles riesgos; de prevenir posibles sesgos que puedan afectar a los derechos y, en especial, a los de las personas en situación de vulnerabilidad; de establecer una vigilancia efectiva de estos sistemas por personas físicas para prevenir o reducir al mínimo los riesgos para las personas en situación de vulnerabilidad, llegando, si es necesario, a suspender su uso; a todo ello se unirá el derecho de dichas personas a solicitar una explicación clara y significativa sobre el papel del sistema de IA en el procedimiento de toma de decisiones, los principales parámetros de la decisión adoptada y los datos de entrada correspondientes.

Bibliografía básica.

BARRIO ANDRÉS, M. Inteligencia artificial: origen, concepto, mito y realidad, *El Cronista del Estado social y democrático de Derecho (monográfico sobre inteligencia artificial y Derecho)*, nº 100, pp. 14-21, 2022.

CAMPIONE, R. *La plausibilidad del Derecho en la era de la inteligencia artificial. Filosofía carbónica y filosofía jurídica del Derecho*, Dykinson, 2020.

COTINO, L. Un análisis crítico constructivo de la Propuesta de Reglamento de la Unión Europea por el que se establecen normas armonizadas sobre la Inteligencia Artificial (Artificial Intelligence Act), *Diario La Ley*, 2 de julio, 2021.

DE ASIS ROIG, R. *Derechos y tecnologías*, Dykinson, 2022.

FLORIDI, L. *La rivoluzione dell'informazione*, Codice edizioni, 2012.

GONZÁLEZ CABANES, F. y DÍAZ DÍAZ, N. "¿Qué es la Inteligencia Artificial?" en GAMERO CASADO, E. y PÉREZ GUERRERO, F. L. *Inteligencia artificial y sector público: retos, límites y medios*, Tirant lo Blanch, pp. 37-72, 2023.

KANHEMAN D. Y OTROS. *Ruido. Un fallo en el juicio humano*, Madrid, Debate, 2021.

LLANO ALONSO, F. H. Y OTROS. *Inteligencia artificial y filosofía del derecho*, Murcia, Laborum Ediciones, 2022.

LLANO ALONSO, F. H. *Homo ex machina. Ética de la inteligencia artificial y Derecho digital ante el horizonte de la singularidad tecnológica*, Tirant lo Blanch, 2024.

PONCE SOLÉ, J. (2019a): "Inteligencia artificial, Derecho administrativo y reserva de humanidad: algoritmos y procedimiento administrativo debido tecnológico", *Revista General de Derecho Administrativo*, n. 50, 2019, pp. 1-52.

PRESNO LINERA, M. Á, *Libre desarrollo de la personalidad y derechos fundamentales*, Marcial Pons, Madrid, 2022.

PRESNO LINERA, M. A. *Derechos fundamentales e inteligencia artificial*, Marcial Pons, 2022.

PRESNO LINERA, M. A. "La propuesta de "Ley de Inteligencia Artificial" europea", *Revista de las Cortes Generales*, nº 116, pp. 81-133, 2023.

RUÍZ TARRÍAS, S. "La búsqueda de un modelo regulatorio de la IA en la Unión Europea", *Anales de la Cátedra Francisco Suárez (ejemplar dedicado a: Inteligencia Artificial y Derecho)*, nº 57, pp. 91-119, 2023.

RUSSELL, S. y NORVIG, P. *Inteligencia Artificial: un enfoque moderno*, Pearson Education, 2004.

SORIANO ARNANZ, A. "Decisiones automatizadas: problemas y soluciones jurídicas. Más allá de la protección de datos", *Revista de Derecho Público: Teoría y Método*, vol. 3, https://doi.org/10.37417/RPD/vol_3_2021_535, 2021.

TAHIRI MORENO, J. A. "Una panorámica de los sistemas de inteligencia artificial desde la perspectiva del Derecho Administrativo", *Revista Aragonesa de Administración Pública*, nº 61, 2024, pp. 137-168.

Tema 6. La organización administrativa y la actividad prestacional del Estado social
Mónica Álvarez Fernández

6.1. Introducción. El Estado de Bienestar y la cláusula del Estado Social.

La adecuada satisfacción de las necesidades de los ciudadanos en las sociedades modernas se ha venido atribuyendo al denominado Estado de Bienestar, entendiendo por tal aquél en el que se garantizan unos servicios básicos que permiten a la población una calidad de vida óptima tanto desde el punto de vista económico y laboral, como desde la perspectiva sanitaria, educativa, cultural o puramente asistencial.

Este marco conceptual que constituye el Estado de Bienestar presenta una dimensión básicamente socioeconómica, vinculada al desarrollo de políticas dirigidas a la implantación de servicios y a la ordenación de actividades que permitan alcanzar los objetivos de bienestar fijados en cada momento, pero carece de la dimensión jurídico-normativa que sí corresponde, en cambio, a un concepto afín, aunque diferenciado del anterior, el de Estado Social, que, en nuestro ordenamiento jurídico se recoge en el artículo 1.1 de la Constitución española (CE).

Esta cláusula se concreta en un mandato a los poderes públicos (legislativo, ejecutivo y judicial) para que intervengan en el diseño, planificación y articulación de políticas sociales concretas e incluso para que procedan a la prestación efectiva de servicios dirigidos a proporcionar bienestar a los ciudadanos. Es en este punto en el que convergen el Estado Social y el Estado de Bienestar, pese al distinto punto de arranque de ambos conceptos.

El soporte jurídico concreto de ese mandato constitucional se encuentra en el artículo 9.2 CE que impone a los poderes del Estado la obligación de promover las condiciones para que la libertad y la igualdad sean efectivas, eliminando los obstáculos que puedan llegar a impedir su pleno disfrute y facilitando la participación de los ciudadanos en la vida política, económica, cultural y social. E incluso, más allá de los fines indicados, se vincula con el objetivo de proteger la dignidad de la persona y el libre desarrollo de su personalidad, que junto con el respecto a los derechos fundamentales y a la Ley, constituyen el fundamento del orden político y la paz social en los términos del artículo 10 CE.

La previsión que deriva de los preceptos anteriores tiene un carácter genérico, de alcance esencialmente interpretativo, que se concreta en otros preceptos constitucionales en los que se recogen objetivos más precisos y particulares a los que debe tender la actuación de los poderes públicos para la consecución de aquellos valores y que se identifican, básicamente, con los denominados principios rectores de la política social y económica.

Entre ellos, el que prevé el desarrollo de políticas destinadas al progreso social y económico procurando el pleno empleo y las adecuadas condiciones del mismo (artículo 40), el que dispone el mantenimiento de un sistema de protección social público para todos los ciudadanos (artículo 41), el que reconoce el derecho a la protección de la salud mediante la articulación de las prestaciones y servicios necesarios para ello (artículo 43), o los que regulan las situaciones de determinados colectivos especialmente vulnerables y las necesidades de actuación respecto a ellos, como ocurre con las familias (artículo 39), la juventud (artículo 48), las personas con discapacidad (artículo 49), los ciudadanos de la tercera edad (artículo 50) o, incluso, los consumidores y usuarios (artículo 51).

Junto a los anteriores y para completar las condiciones necesarias que garanticen una adecuada calidad de vida y el bienestar de los ciudadanos, se impone asimismo a los poderes públicos la obligación de promover la cultura, la investigación y la ciencia (artículo 44), de velar por la utilización racional de los recursos naturales y por la preservación del medio ambiente (artículo 45), de proteger el patrimonio histórico-artístico y cultural (artículo

46), de ordenar la utilización del suelo de manera racional (artículo 47), pero también de desarrollar unas políticas económicas que aseguren un nivel de renta y, por lo tanto, de vida, adecuado y justo.

La consecución de los objetivos anteriores no se concreta únicamente en la aprobación de normas (legales o reglamentarias) sino también y especialmente, en la interpretación y aplicación de las mismas, siendo esta una tarea que incumbe especialmente a las Administraciones Públicas que, de este modo, aparecen como sujetos protagonistas, aunque no únicos, en la articulación del Estado Social.

En este sentido la Administración está llamada a desplegar una acción positiva mediante la regulación y la prestación de servicios de todo tipo que permitan alcanzar una calidad de vida digna en los términos ya indicados, especialmente a los sujetos y grupos más desfavorecidos, pero también ordenando y promoviendo actuaciones particulares tanto de los individuos como de los colectivos en que se integran en orden a la plena articulación de los fines propios del Estado Social y, en particular, de los derechos sociales.

6.2. La organización administrativa del Estado Social.

6.2.1. Las competencias de las Administraciones públicas en el desarrollo de la actividad prestacional.

Los objetivos de política socioeconómica que derivan fundamentalmente del Capítulo III del Título I CE y que se vinculan a la cláusula del Estado Social en su vertiente de actividad prestacional o acción social, no predeterminan las competencias de unas u otras Administraciones Públicas para su consecución, sino que habrá que estar, para determinar las potestades propias de cada una de ellas, al régimen de distribución de competencias que deriva de los artículos 148 y 149 CE, así como de los respectivos Estatutos de Autonomía. Además, en el caso de los Entes Locales, esencialmente Municipios, será necesario tener en cuenta las previsiones de la Ley 7/1985, de 2 de abril, Reguladora de las Bases del Régimen Local y, en ese marco, indagar en la legislación sectorial correspondiente a los efectos de conocer su implicación en la prestación de servicios de carácter social.

Para abordar el análisis de este marco competencial resulta imprescindible, en primer lugar, concretar los conceptos básicos que manejan la Constitución y los Estatutos de Autonomía en este ámbito para, posteriormente, deslindarlos de otras nociones más o menos próximas que se constituyen igualmente como títulos válidos para la actuación en el ámbito de la actividad prestacional que se analiza.

6.2.1.1. El concepto de asistencia social y su evolución hacia el de servicios sociales. Las competencias autonómicas al respecto.

La Constitución, al identificar los ámbitos de actuación propios del Estado y de las Comunidades Autónomas, contiene una referencia en su artículo 148.1.20 a la asistencia social, constituyendo, por tanto, una materia atribuida a la exclusiva competencia de aquéllas.

Ahora bien, siendo claro este planteamiento competencial, el problema deriva de lo que deba entenderse por asistencia social, dado que el texto constitucional no ofrece una delimitación al respecto. De las normas y de la jurisprudencia constitucional resulta que la "asistencia social" es un concepto contingente que varía según las circunstancias y la coyuntura temporal y que responde esencialmente a la voluntad del legislador.

La asistencia social se identificó históricamente con la beneficencia, concretándose en el desarrollo por parte de la Administración y con cargo a sus Presupuestos, de actividades administrativas complementarias a las propias de los seguros sociales que tenían por objeto atender las necesidades más básicas de los ciudadanos, evolucionando el concepto hasta el momento actual en el que, como se indica, se identifica con el conjunto de prestaciones motivadas por las situaciones de necesidad específicas en que se encuentran determinados sujetos a los que no alcanza el régimen protector de la Seguridad Social. En esta línea se manifiesta también la Carta Social Europea[42] que concibe la asistencia social como un mecanismo de protección que proporciona un mínimo de subsistencia respecto a situaciones no cubiertas por el sistema Seguridad social.

Esta dificultad material a la hora de concretar el ámbito de actuación de las Comunidades Autónomas en relación con la asistencia social se incrementa si se tiene en cuenta que a este concepto debe añadirse el de servicios sociales, que ha sido utilizado de manera recurrente por los Estatutos de Autonomía a la hora de asumir las competencias en este ámbito.

Efectivamente, al amparo de lo previsto en el artículo 148.1.20 CE, todas las Comunidades Autónomas asumieron competencias en materia de asistencia social, aunque trasladando esas competencias a sus respectivos Estatutos de Autonomía de manera diversa y amplia[43]. En algunos casos se emplea únicamente el concepto constitucional de asistencia social, al que, en otros, se añade además el de servicios sociales, bienestar social, o variantes de los anteriores e incluso, en ocasiones, no se hace referencia a la asistencia social para referirse únicamente a los servicios sociales de manera genérica o incluso a servicios sociales concretos y específicos y, más recientemente, a la acción social en sentido amplio. Esta diversidad se aprecia aún con más intensidad en las normas dictadas en cada caso para la regulación de esta materia, en las que de manera unánime se emplea el término de servicios sociales frente al de asistencia social[44].

En cualquier caso, los servicios sociales no han sido definidos tampoco de manera unívoca, identificándose con los instrumentos técnicos en los que se materializan los objetivos de política social y que, como señala la Carta Social Europea, "contribuyan al bienestar y al desarrollo de los individuos y de los grupos en la comunidad, así como a su adaptación al medio o entorno social".

No obstante, y pese a estos matices conceptuales que diferencian la asistencia social de los servicios sociales, desde la perspectiva jurídico-administrativa y, en particular, a efectos de concretar el ámbito de acción de unas y otras Administraciones Públicas, no cabe apreciar ninguna divergencia significativa entre ambos conceptos. Incluso se ha propugnado una sistematización de todos ellos en el concepto de acción social.

En consecuencia y a la vista de lo señalado, las Comunidades Autónomas asumen competencias exclusivas en materia de asistencia social y servicios sociales, lo que supone el ejercicio de funciones y potestades plenas (legislativas y ejecutivas) en relación con la actividad prestacional dirigida a proporcionar asistencia y auxilio a las personas y grupos más vulnerables.

---

[42] La Carta Social Europea fue adoptada en el seno del Consejo de Europa de 18 de octubre de 1961 y ratificada por España el 29 de abril de 1980 (BOE núm. 153, de 26 de junio de 1980).

[43] La asunción de competencias en materia de servicios sociales por parte de las Comunidades Autónomas puede derivar, además de esta interpretación amplia del concepto de asistencia social que recoge el artículo 148.1.20 de la Constitución, de la cláusula de cierre que recoge su artículo 149.3, dado que no existe una reserva de competencias exclusivas del Estado en relación con los servicios sociales.

[44] Ley 1/2003, de 24 de febrero, de Servicios Sociales del Principado de Asturias; Ley Foral 15/2006, de 14 de diciembre, de Servicios Sociales de Navarra; Ley 2/2007, de 27 de marzo, de Derechos y Servicios Sociales de Cantabria; Ley 12/2007, de 11 de octubre, de Servicios Sociales de Cataluña; Ley 13/2008, de 3 de diciembre, de Servicios Sociales de Galicia; Ley12/2008, de 5 de diciembre, de Servicios Sociales del País Vasco; Ley 4/2009, de 11 de junio, de Servicios Sociales de las Islas Baleares; Ley 5/2009, de 30 de junio, de Servicios Sociales de Aragón; Ley 7/2009, de 22 de diciembre, de Servicios Sociales de La Rioja; Ley 14/2010, de 16 de diciembre, de Servicios Sociales de Castilla-La Mancha; Ley 16/2010, de 20 de diciembre, de Servicios Sociales de Castilla y León; Ley 14/2015, de 9 de abril, de Servicios Sociales de la Junta de Extremadura; Ley 9/2016, de 27 de diciembre, de Servicios Sociales de Andalucía; Ley 16/2019, de 2 de mayo, de Servicios Sociales de Canarias; Ley 3/2019, de 18 de febrero, de Servicios Sociales Inclusivos de la Comunidad Valenciana; Ley 3/2021, de 29 de julio, de Servicios Sociales de la Región de Murcia y Ley 12/2022, de 21 de diciembre, de Servicios Sociales de la Comunidad de Madrid. Todo ello sin perjuicio de las Leyes que algunas de ellas han dictado en relación con la acción concertada, a las que haremos referencia más adelante.

6.2.1.2. El deslinde entre la actividad prestacional propia de la "Asistencia Social" y la que deriva del Sistema de Seguridad Social.

Frente a la sencillez con que tradicionalmente se trazó la línea divisoria entre las prestaciones propias de la Asistencia Social y de la Seguridad Social[45], la evolución tanto de esta última, con la incorporación al sistema de actividades asistenciales en sentido estricto, como de la propia Asistencia Social que ha adquirido un carácter más objetivo, convirtiéndose en un auténtico derecho subjetivo, han difuminado los contornos propios de uno y otro ámbito, lo que, en principio, no debería tener mayor repercusión, en la medida en que en ambos casos se estaría ante un marco de prestaciones públicas dirigidas a cubrir las carencias de determinadas personas y colectivos, sino fuera por el distinto régimen de distribución de competencias que se aplica al sistema de Seguridad Social frente al propio de la Asistencia Social.

Sin adentrarse en las características y régimen propio de la Seguridad Social, sí es necesario, no obstante, detenerse mínimamente en la actividad asistencial (incluida la prestación de servicios sociales) propia del sistema y en las importantes competencias que corresponden al Estado en este punto, dado que el artículo 149.1.17 CE le atribuye competencias exclusivas sobre la legislación básica y el régimen económico de la Seguridad Social, permitiendo a las Comunidades Autónomas la ejecución de sus servicios.

La identificación no resulta fácil, pero puede distinguirse entre una asistencia social externa al sistema de Seguridad Social que sería el campo de acción propio de las Comunidades Autónomas en el marco del artículo 148.1.20 CE, y otra interna al mismo.

La determinación de lo que forma parte de uno y otro plano es de carácter convencional, una decisión del legislador que, no obstante, por el momento, sigue limitando la asistencia social interna de la Seguridad Social a determinadas contingencias, sin extenderse a una protección general de las situaciones de necesidad de las personas[46]. Junto a esta asistencia social interna a la Seguridad Social, también debe hablarse de los servicios sociales internos al sistema. Se trataría en este caso de medidas protectoras complementarias a las prestaciones básicas de la Seguridad Social y dirigidas a los beneficiarios del sistema o a los perceptores de pensiones no contributivas dentro del mismo.

6.2.1.3. Otros títulos competenciales que permiten la asunción de competencias al Estado en este ámbito: En particular, el artículo 149.1.1 de la Constitución.

Uno de los títulos es el que recoge el artículo 149.1.1 CE que atribuye al Estado la competencia exclusiva para regular las condiciones básicas que permitan garantizar la

---

[45] La diferencia venía establecida por diversos elementos distintivos. En particular, el régimen de Seguridad Social se caracterizó esencialmente por el carácter contributivo de sus prestaciones, sin perjuicio de que ya desde la Ley de Bases de la Seguridad Social de 1963 se previese un régimen complementario de asistencia social que se consolidó definitivamente con lo previsto en el artículo 41 CE. En todo caso, la obtención de las correspondientes prestaciones se configuraba como un derecho subjetivo de sus beneficiarios. Por su parte, la asistencia social se caracterizaba esencialmente por su carácter discrecional, lo que excluía la exigencia de que se acreditase la situación de necesidad de quien accedía a las correspondientes prestaciones y suponía la inexistencia de un derecho subjetivo a obtenerlas. Dichas prestaciones se dirigían a atender las necesidades específicas de determinados ciudadanos excluidos del ámbito protector de la Seguridad Social, con cargo a fondos públicos y con carácter extraordinario.

[46] La asistencia social interna al sistema de Seguridad Social queda integrada no solo por aquellos servicios y auxilios de carácter complementario a las prestaciones de la Seguridad Social y, por lo tanto, correspondientes a los beneficiarios del sistema, sino también por las prestaciones de carácter no contributivo (invalidez, jubilación, desempleo o la protección familiar en la modalidad no contributiva, así como de os complementos por mínimos o el ingreso mínimo vital) a las que pueden acceder quienes acrediten el cumplimiento de ciertos requisitos. Mientras que los primeros tienen carácter discrecional y son de concesión potestativa en atención al cumplimiento de ciertos requisitos (la existencia de la situación de necesidad y de recursos públicos disponibles), en cambio, las segundas son de carácter reglado y de concesión obligatoria en cuanto derecho subjetivo.

igualdad de todos los españoles en el ejercicio de los derechos y en el cumplimiento de los deberes constitucionales. Ello supone, en consecuencia, que el Estado pueda ejercer competencias normativas dirigidas a imponer las condiciones que garanticen una homogeneidad en el ejercicio de los derechos constitucionales, aunque no pueda regular el derecho mismo, cuyo ejercicio igualitario se pretende asegurar en todo el territorio nacional. Esto es, el artículo 149.1.1 habilita únicamente para establecer una igualdad de posiciones jurídicas fundamentales pero no puede servir para ampliar las competencias estatales más allá de los estrictos términos del artículo 149.1 CE en sus diversos apartados, ni restringir (fuera de la finalidad a la que sirve) las competencias que las Comunidades Autónomas hayan asumido en sus respectivos Estatutos de Autonomía (exclusivas o compartidas), aunque se admite la posibilidad de que en base a este título el Estado condiciones el ejercicio de las competencias autonómicas[47].

Debe hacerse referencia también a la intervención en materia de inmigración en la medida en que la Constitución en su artículo 149.1.2 reserva al Estado la competencia exclusiva al respecto. No obstante, la realidad de los flujos migratorios en nuestro país determinó la intervención decidida de las Comunidades Autónomas en este ámbito, inicialmente por la vía del ejercicio de sus competencias en materia de asistencia social y servicios sociales y, más recientemente, asumiendo en los Estatutos de Autonomía competencias exclusivas sobre determinados aspectos del fenómeno migratorio, particularmente, los relativos a su integración social[48].

Finalmente, cabe hacer una mínima referencia a la cooperación al desarrollo, ámbito de actuación que encaja dentro de las competencias exclusivas del Estado en materia de relaciones internacionales de acuerdo con lo establecido en el artículo 149.1.3 CE y que se materializan actualmente en la Ley 1/2023, de 20 de febrero, de Cooperación para el Desarrollo Sostenible y la Solidaridad Global. No obstante, también las Comunidades Autónomas tienen un importante papel en esta materia que se ha visto reforzado por la nueva Ley que, precisamente, promueve su intervención sobre la base de la singularidad, la complementariedad y la diversidad de sus políticas respecto de las que lleva a cabo la Administración General del Estado.

6.2.2. La intervención de los Entes Locales en la prestación de servicios sociales.

A diferencia de lo que ocurre con el Estado o con las Comunidades Autónomas la Constitución no ha precisado las competencias que pueden desarrollar los Entes Locales, previendo únicamente su autonomía para la gestión de los intereses que les son propios. Dicha autonomía se concreta en el derecho a intervenir en cuantos asuntos afecten directamente al círculo de intereses locales en atención a las características de la actividad de que se trate y a la capacidad de gestión de la Entidad Local correspondiente[49]. La determinación de los intereses locales en presencia en cada caso y el grado de participación que corresponda a las Entidades Locales sobre ellos es una potestad que corresponde al

[47] Este precepto ha servido como título competencial único para que el Estado dictara la Ley 39/2006, de Promoción de la Autonomía Personal y Atención a las personas en situación de Dependencia, que instaura un Sistema dirigido a prestar asistencia a las personas dependientes a través de la organización de recursos y la prestación de servicios asistenciales y económicos. También se ha recurrido en alguna ocasión al artículo 149.1.1 CE para justificar la intervención del Estado al establecer determinadas ayudas económicas de carácter asistencial y ejercer de este modo, si quiera indirectamente, competencias en la materia. Por último, también se ha recurrido al artículo 149.1.1 CE para justificar la regulación por parte del Estado de las condiciones básicas del ejercicio del derecho de asociación que legitima la constitución de las organizaciones y asociaciones tan abundantes en el ámbito social, así como, en su caso, de las fundaciones con fines sociales

[48] Una buena muestra de ello es la Ley Orgánica 4/2000, de 11 de enero, que desde su reforma en el año 2009 refuerza las competencias de las Comunidades Autónomas a través, básicamente, de su participación en la Conferencia Sectorial de Inmigración, propugnando la integración de los inmigrantes.

[49] Así se recoge en el artículo 2.1 de la Ley 7/1985, de 2 de abril, Reguladora de las Bases del Régimen Local (LRBRL).

legislador, estatal o autonómico, según el ámbito material de competencias a que se refieran aquellos intereses, y de acuerdo con el marco constitucional que deriva de los artículos 148 y 149.

Pues bien, con la finalidad de salvaguardar la intervención local en relación con determinadas materias en las que necesariamente están presentes intereses locales, la propia LRBRL ha enumerado una serie de ámbitos en los que el legislador competente debe reconocer competencias a los Municipios. En concreto, el artículo 25.2.e) se refiere a la competencia de estos para evaluar e informar de situaciones de necesidad social y para abordar una atención inmediata a personas en situación o riesgo de exclusión social que se impone como servicio de obligatoria prestación en los Municipios de más de 20.000 habitantes de acuerdo con el artículo 26.1.c). Se trata de un marco competencial que resultó de la modificación operada por la Ley 27/2013, de racionalización y sostenibilidad de la Administración local (LRSAL) sobre la LRBRL, que con anterioridad a esta reforma contemplaba una competencia plena de los municipios para la prestación de servicios sociales y la promoción y reinserción social.

Por tanto, actualmente, ya no se reconoce a los Municipios una competencia prestacional propia en esta materia, que se ha atribuido por el legislador estatal básico a las Comunidades Autónomas. Únicamente por la vía de la delegación de competencias (autonómicas), en los términos que derivan del artículo 27.3.c) de la LRBRL cabría el ejercicio por los Municipios de competencias de gestión de servicios sociales, y ello siempre que concurran los requisitos previstos en ese precepto, esto es, siempre que con esa delegación se mejore la eficiencia de la gestión pública, se eliminen duplicidades administrativas y se cumplan las exigencias que derivan de la legislación de estabilidad presupuestaria y sostenibilidad financiera[50].

De acuerdo con el régimen de distribución de competencias que se ha descrito más arriba, son las Leyes de Servicios Sociales aprobadas por las Comunidades Autónomas las que han concretado el alcance de las potestades municipales en este ámbito que consisten, en términos generales, en la detección y análisis de las necesidades sociales, programación y gestión de servicios sociales generales o de atención primaria y, en su caso, de servicios sociales especializados de titularidad municipal, la gestión de programas y de ayudas económicas propias o que le pueda encomendar otra Administración Pública, en particular, la autonómica, así como el fomento de la participación ciudadana en este ámbito.

6.3. Las estructuras administrativas en el ámbito de la acción social.

Como ocurre en todos los ámbitos de acción administrativa, el cumplimiento de las potestades y atribuciones derivadas de las normas exige la constitución de estructuras administrativas capaces de actuar con la diligencia, la eficacia y la proximidad necesarias para dar satisfacción a los objetivos que tienen encomendados. El ámbito de la acción social no constituye una excepción.

Es básica la distinción de partida entre las Administraciones de carácter territorial y las Entidades instrumentales, primordialmente de carácter institucional que, en el marco del principio de descentralización funcional, ejercen las competencias que les han sido asignadas por las Administraciones territoriales que las crean y a las que se vinculan.

Tratándose de competencias en materia de asistencia social y servicios sociales, su ejercicio se asume, de acuerdo con la distribución de competencias que ha sido analizada, por las Administraciones autonómicas que diseñan la organización administrativa adecuada a tales competencias. En este sentido, del análisis de las normas de organización

50 Además, la delegación, que deberá ser aceptada por el municipio, no podrá preverse para un período temporal inferior a cinco años y deberá incluir, además de los medios personales y materiales que sean necesarios, la dotación presupuestaria adecuada y suficiente. En este precepto, en relación con las competencias que pueden ser delegadas en los municipios, se menciona también promoción de la igualdad de oportunidades y la prevención de la violencia contra la mujer.

aprobadas en cada una de las Comunidades Autónomas y, en su caso, la normativa sectorial dictada al respecto se desprende que en todas ellas existe una Consejería o Departamento especializado en el ámbito de la asistencia social y de los servicios sociales. En el caso del Principado de Asturias, las competencias correspondientes se asumen actualmente por la Consejería de Derechos Sociales y Bienestar que se estructura, a su vez, en diversas Direcciones Generales que ejercen las funciones ejecutivas generales en la materia en todo el territorio autonómico[51].

Debe tenerse en cuenta no obstante, que pese al carácter autonómico de las competencias en el ámbito de la acción social, el Estado mantiene también una organización administrativa especializada que, más allá de la organización y gestión de las prestaciones asistenciales y servicios sociales que se incardinan en el sistema de Seguridad Social (y que no hayan sido traspasados a las Comunidades Autónomas), le permite desarrollar cierta actividad vinculada con la asistencia social en sentido estricto. Como ya se ha indicado más arriba, sobre todo por la vía del ejercicio del poder financiero o de gasto de que dispone el Estado, éste puede programar subvenciones e incluso encargarse de la gestión de las partidas consignadas en los Presupuestos Generales que, excepcionalmente, no puedan ser territorializadas y, por lo tanto, gestionadas por las Comunidades Autónomas. No debe olvidarse, además, la participación del Estado en el nivel mínimo o medio del SAAD. A estas finalidades básicamente responde la Secretaría de Estado de Derechos Sociales, incardinada en el actual Ministerio de Derechos Sociales, Consumo y Agenda 2030[52].

Junto a los órganos indicados que se insertan en las respectivas Administraciones territoriales (Estado y, sobre todo, Comunidades Autónomas) con el alcance que se ha señalado, resulta habitual en el ámbito de la acción social el recurso a la descentralización funcional a la que se ha hecho referencia más arriba, mediante la creación de Entes encargados de la organización y gestión de los servicios sociales. En el ámbito autonómico su creación puede aglutinar el ejercicio de todas las competencias de gestión que corresponden a la Comunidad Autónomas en materia de servicios sociales[53], o bien centrarse en determinados ámbitos sectoriales vinculados a actividades, servicios o prestaciones concretas o a colectivos determinados[54].

También en el Estado se ha recurrido a la creación de Entidades Instrumentales dirigidas al cumplimiento, en ámbitos específicos, de las funciones que mantiene la Administración General del Estado y básicamente, como ya se ha indicado, relativas al fomento, la promoción e impulso de actividades asistenciales o sociales[55].

---

[51] El Decreto 89/2023, de 18 de agosto, establece la estructura orgánica básica de esta Consejería que, sin perjuicio de los órganos de asesoramiento y apoyo especializados a los que luego se hará referencia, cuenta, como órganos centrales para la gestión de las políticas sociales, con varias Direcciones Generales (Innovación y Cambio Social, Promoción de la Autonomía Personal y mayores y Gestión de Derechos Sociales e Infancia y Familias) organizadas a su vez, en diversos Servicios con competencias específicas. Asimismo, a la Consejería se adscribe como Ente descentralizado, Establecimientos Residenciales para Ancianos de Asturias (ERA) y como órgano desconcentrado la Agencia Asturiana de Cooperación del Desarrollo.

[52] El Real Decreto 209/2024, de 27 de febrero, regula la estructura orgánica básica del Ministerio. Su artículo 2 enumera las competencias que corresponden a la Secretaría de Estado de Derechos Sociales. Se integran en esta Secretaría de Estado, tres Direcciones Generales de las que dos se vinculan al ámbito social (de Derechos de las Personas con Discapacidad y de Diversidad Familiar y Servicios Sociales). Queda adscrito al Ministerio a través de esta Secretaría de Estado, el Instituto de Mayores y Servicios Sociales (IMSERSO).

[53] Así, por ejemplo, la Agencia de Servicios Sociales y Dependencia de Andalucía, el Instituto Aragonés de Servicios Sociales, la Gerencia de Servicios Sociales en Castilla y León, el Instituto Murciano de Acción Social o la Agencia Gallega de Servicios Sociales.

[54] En el Principado de Asturias, tanto el Instituto Asturiano de la Mujer como el Instituto Asturiano de la Juventud, son actualmente órganos administrativos desconcentrados de la Consejería de Presidencia, Reto Demográfico, Igualdad y Turismo y de la Consejería de ordenación de territorio, Urbanismo, Vivienda y Derechos Ciudadanos respectivamente, ambos con nivel orgánico de Servicio.

[55] Resulta especialmente significativa además la actividad del IMSERSO. Pueden mencionarse, también, por ejemplo, el Real Patronato de la Discapacidad, el Instituto de la Juventud o del Instituto de las Mujeres.

En ninguno de estos casos en los que se ha recurrido a esta potestad de descentralización de la actividad administrativa (tanto por el Estado como por las Comunidades Autónomas) se han aplicado personificaciones propias del Derecho privado, adoptando estos Entes mayoritariamente la forma de Organismos Autónomos lo que supone, en consecuencia, la sujeción en toda su actividad y funcionamiento a un régimen de Derecho Administrativo en sentido estricto.

Debe señalarse, asimismo, que resulta característico de este ámbito de actuación administrativa la creación de órganos consultivos, de asesoramiento y apoyo a los órganos con competencias activas, en los que se da entrada a personas y colectivos vinculados a las diversas áreas de acción social[56].

6.4. La participación de sujetos privados en la prestación de servicios sociales. En especial, las entidades de iniciativa social.

El Tribunal Constitucional ha asumido un concepto amplio de asistencia social en el que se da entrada a la actividad que en este ámbito realizan los sujetos privados, de manera que, como ha afirmado en su Sentencia 146/1986, de 25 de noviembre, la asistencia social alcanzaría no solo a "la dispensada por entes públicos -que la definen y la prestan- sino también a la dispensada por entidades privadas, caso en que los poderes públicos desempeñan solo funciones de fomento o control".

Ahora bien, dentro de las entidades privadas que participan en el ámbito de la acción social, bien creando centros y prestando servicios o gestionando programas de titularidad pública de acuerdo con lo que se señalará más adelante, deben diferenciarse dos categorías, las entidades de carácter mercantil y las de iniciativa social. Las primeras son entidades privadas con ánimo de lucro que pueden responder a cualquiera de las formas de personificación que permite la legislación civil y mercantil. Las segundas se caracterizan, fundamentalmente, por carecer de ánimo de lucro, aunque pueden revestir muy diversas formas.

Por su generalización y abundancia en el ámbito de la acción social deben destacarse, en primer lugar, las denominadas Entidades del Tercer Sector de Acción Social (ETSAS), reguladas actualmente en la Ley 43/2015, que resulta aplicable a las de carácter estatal, siempre que actúen en más de una Comunidad Autónoma[57].

Se trata de organizaciones de carácter privado que surgen de la iniciativa ciudadana y social y que pueden revestir diversas formas de personificación, esencialmente, la de asociación o fundación[58]. Su constitución responde a criterios de solidaridad y de participación social y asumen fines de interés general, impulsando el reconocimiento y el ejercicio de los derechos civiles, así como de los derechos económicos sociales y culturales

---

[56] En el ámbito estatal, por ejemplo, el Consejo de la Juventud de España, el Consejo Estatal de Personas Mayores o el Consejo Nacional de Discapacidad. Entre los órganos de carácter autonómico pueden sistematizarse la multitud de organizaciones de este tipo que se han constituido hasta en tres categorías, los Consejos Generales de Bienestar Social, de carácter general, los Consejos territoriales de ámbito más reducido (básicamente de carácter local) y los Consejos sectoriales en los que se da entrada a los distintos colectivos vulnerables objeto de las políticas sociales. En el caso de Asturias se pueden mencionar el Consejo Asesor de Bienestar Social, los Consejos locales de Bienestar Social y otros Consejos sectoriales como el Consejo de Personas Mayores, el Consejo Asesor de la Discapacidad, el Consejo del Voluntariado, el Consejo de la Accesibilidad Universal o el Observatorio de la Infancia y la Adolescencia

[57] Ley 43/2015, de 9 de octubre, del Tercer Sector de Acción Social. Algunas Comunidades Autónomas han aprobado normas específicas reguladoras de estas entidades en el respectivo ámbito autonómico. Así, la Ley 6/2016, de 12 de mayo, del Tercer Sector Social de Euskadi; Ley 3/2018, de 29 de mayo, del Tercer Sector de Acción Social de Illes Balears; Ley 10/2018, de 22 de noviembre, del Tercer Sector Social de Extremadura; Ley 1/2020, de 3 de febrero, del Tercer Sector Social de Castilla-La Mancha o la Ley 5/2021, de 14 de septiembre, del Tercer Sector Social en Castilla y León.

[58] Suelen responder a un concepto genérico como es el de Organización No Gubernamental u ONG que, no obstante, es un concepto desprovisto de valor jurídico. Se sujetarán en cuanto a su régimen jurídico a la normativa aplicable en función de su naturaleza intrínseca (disposición adicional primera de la Ley 43/2015).

de las personas y grupos más vulnerables o que se encuentran en riesgo de exclusión social.

Se trata, en definitiva, de Entidades privadas en cuanto a su origen y públicas en cuanto sus fines que carecen, en todo caso, de ánimo de lucro.

A las anteriores deben añadirse las Entidades de Voluntariado (EV), reguladas en la Ley 45/2015 cuando participen, se beneficien o lleven a cabo programas de voluntariado de ámbito estatal o supraautonómico, independientemente de que su actividad se realice fuera de España o cuando desarrollen programas de competencia del Estado[59].

Se trata de entidades dotadas de personalidad jurídica propia que deben estar legalmente constituidas e inscritas en los Registros correspondientes y que carecen de ánimo de lucro. Deben estar integradas por voluntarios, sin perjuicio de que puedan contar con personal asalariado en su estructura si es necesario para el funcionamiento estable o para el desarrollo de actuaciones que requieran un grado de especialización concreto y sus funciones deben quedar vinculadas total o parcialmente al desarrollo de actuaciones que respondan a programas de voluntariado diseñados y gestionados en el marco de actividades de interés general en alguno de los ámbitos específicos reconocidos para la actuación del voluntariado y, entre ellos, el social, el ambiental, el cultural, el deportivo, el educativo, el socio-sanitario, el vinculado al ocio y al tiempo libre, el de carácter comunitario, la protección civil o la cooperación al desarrollo.

Salvo en el caso del voluntariado en el ámbito de la protección civil que se sujetará prioritariamente a su normativa específica, el resto de EV a las que se refiere la Ley 45/2015, se sujetarán a lo establecido en ella.

Desde una perspectiva sensiblemente diferente, deben incluirse entre las entidades de iniciativa social, también a las denominadas Entidades de la Economía Social (EES) a las que se refiere la Ley 5/2011, que resulta aplicable a todas las que actúen dentro del Estado, sin perjuicio de las competencias que asuman las Comunidades Autónomas[60].

La Ley 5/2011 no ofrece una definición de las EES, sino una delimitación, diferenciando dos categorías. Por una parte, la de aquellas entidades que son intrínsecamente EES y, por otra parte, aquellas otras entidades que podrían llegar a ser EES previo cumplimiento de los requisitos legalmente establecidos.

Entre las primeras se incluyen, entre otras entidades, las cooperativas, las mutualidades, las fundaciones y las asociaciones cuando lleven a cabo una actividad económica, las sociedades laborales, las empresas de inserción o los centros especiales de empleo. Entre las segundas quedarían incluidas otras entidades que, desarrollando una actividad económica y empresarial, se sujeten a los principios propios de la economía social y queden incluidas como tales en el catálogo de entidades de economía social. Cada una de ellas se sujeta al régimen jurídico que le resulte de aplicación en función de su forma, naturaleza y características.

---

[59] Ley 45/2015, de 14 de octubre, de Voluntariado, sin perjuicio de las competencias que puedan tener asumidas las Comunidades Autónomas en materia de voluntariado. En este sentido, el artículo 2 de la Ley 45/2015. Todas las Comunidades Autónomas han dictado normas específicas en el marco de sus competencias. Así, Ley Foral 2/1998, de 27 de marzo, del Voluntariado de Navarra; Ley 7/1998, de 6 de mayo, del Voluntariado de La Rioja; Ley 4/1998, de 15 de mayo, del Voluntariado de Canarias; Ley 17/1998, de 25 de junio, del Voluntariado del País Vasco; Ley 4/2001, de 19 de junio, del Voluntariado de la Comunidad Valenciana; Ley 10/2001, de 12 de noviembre, del Voluntariado de Asturias; Ley 5/2004, de 22 de octubre, del Voluntariado de la Región de Murcia; Ley 8/2006, de 10 de octubre, del Voluntariado en Castilla y León; Ley 10/2011, de 28 de noviembre, de Acción Voluntaria de Galicia; Ley 1/2015, de 24 de febrero, de Voluntariado en la Comunidad de Madrid y Ley 25/2015, de 30 de julio, del Voluntariado y del fomento del asociacionismo de Cataluña; Ley 4/2018, de 8 de mayo, del Voluntariado de Andalucía; Ley 6/2018, de 28 de junio, del Voluntariado de Aragón; Ley 11/2019, de 8 de marzo, de Voluntariado Social de las Illes Balears y Ley 12/2019, de 11 de octubre, de Voluntariado de Extremadura.

[60] De hecho, algunas Comunidades Autónomas han aprobado sus propias Leyes. Es el caso de la Ley 6/2016, de 4 de mayo, de Economía Social de Galicia; Ley 3/2022, de 13 de junio, de Economía Social de Canarias; Ley 9/2022, de 20 de julio, de Economía Social de La Rioja y la Ley 7/2022, de 1 de diciembre, de Economía Social de Aragón.

Lo determinante en todos los casos es la realización de una actividad económica, esto es, la producción de bienes o la prestación de servicios a cambio de una contraprestación y, por lo tanto, de acuerdo con el régimen de mercado y de la competencia, pero en el marco de los principios de la economía social, esto es, otorgando primacía a las personas y al fin social perseguido en detrimento del capital, la gestión autónoma, transparente, democrática y participativa, la aplicación de los resultados obtenidos de la actividad económica en función del trabajo aportado y el servicio o la actividad realizada por las socias y socios o por sus miembros y, en su caso, al fin social objeto de la entidad, la promoción de la solidaridad interna y con la sociedad, el compromiso con el desarrollo local, la igualdad de oportunidades entre hombres y mujeres, la cohesión social, la inserción de personas en riesgo de exclusión social, la generación de empleo estable y de calidad, la conciliación de la vida personal, familiar y laboral, el compromiso con el territorio, la sostenibilidad y la independencia respecto a los poderes públicos.

Todos estos tipos de Entidades integrarían el denominado Tercer Sector, como concepto más amplio que el estrictamente referido a la acción social y no necesariamente de carácter altruista y sin ánimo de lucro, siempre que, en ese caso, las entidades correspondientes se inserten en el marco de la economía social[61]. Desde la perspectiva de las Leyes autonómicas este concepto de Tercer Sector excedería del de entidades de iniciativa social que si bien comprende las diversas modalidades analizadas (ETSAS, EV y EES) se concreta únicamente y exclusivamente en las que carezcan de ánimo de lucro[62].

Cualquiera de ellas puede alcanzar un estatus jurídico diferente al que deriva estrictamente de su naturaleza y funciones por la vía de su configuración como Entidades Colaboradoras de la Administración.

En el ámbito de la Administración General del Estado esa condición se prevé en la Ley 43/2015 para las ETSAS y con carácter general en el Real Decreto-Ley 7/2013[63] que se aplica a las organizaciones y entidades legalmente constituidas que desarrollen actividades de interés general, siempre que carezcan de ánimo de lucro o que inviertan la totalidad de sus beneficios en el cumplimiento de sus fines institucionales no comerciales.

El reconocimiento de esta condición habilita a la entidad para colaborar, en este caso, con la Administración general del Estado, en el desarrollo y aplicación de los planes, programas y medidas de fomento de esta, siempre que el objeto de esa colaboración no constituya el objeto propio de un contrato de los regulados en la Ley de Contratos del Sector Público o se efectúe de forma no onerosa para la Administración.

Por su parte, las Comunidades Autónomas también han previsto la condición de entidades colaboradoras, en su respectivo ámbito, de las entidades de iniciativa social. En algún caso a través de las Leyes reguladoras del Tercer Sector que algunas de ellas han aprobado, pero, principalmente, por medio de sus respectivas Leyes de Servicios Sociales que prevén esa condición de colaboradoras exclusivamente a las entidades sin ánimo de lucro.

En concreto, en el ámbito del Principado de Asturias, la condición de colaboradoras para esas entidades sin ánimo de lucro se vincula a la realización de actividades y

---

61 El artículo 2 de la Ley 5/2011 define la economía social como el conjunto de actividades económicas y empresariales que, en el ámbito privado, se desarrollan por entidades que persiguen bien el interés colectivo de sus integrantes, bien el interés general económico o social o ambos, de conformidad con los principios que se enumeran en el artículo 4 de la Ley.

62 En este sentido se ha pronunciado el Tribunal de Justicia de la Unión Europea al definir a las entidades sin ánimo de lucro como "organizaciones o asociaciones que tienen como objetivo desempeñar funciones sociales, carecen de finalidad comercial y reinvierten los eventuales beneficios con el fin de alcanzar el objetivo de la organización o asociación". Véase la STJUE de 21 de marzo de 2019, C-465/17, Falk Rettungsdienste, que además diferencia estas entidades de aquellas organizaciones que son propiedad de su personal o en las que el personal participe directamente en la dirección, idea que responde, más bien a la noción de economía social, según se ha indicado

63 Real Decreto-Ley 7/2013, de 28 de junio, de medidas urgentes de naturaleza tributaria, presupuestaria y de fomento de la investigación, el desarrollo y la innovación, en su artículo 4.

programas en materia de acción social, previéndose, además, la posibilidad de declarar de interés para la Comunidad Autónoma, a entidades sin ánimo de lucro que realicen prestaciones de carácter social e interés general en el ámbito autonómico y que figuren inscritas en Registro de Entidades de Interés Social del Principado de Asturias.

En cualquier caso, y al margen de esta posición de entidades colaboradoras de la Administración todas las Leyes mencionadas promueven e impulsan la creación y la participación de las entidades de iniciativa social en el desarrollo de actividades vinculadas a los servicios sociales en general y en las prestaciones inherentes a los Sistemas Públicos de Servicios Sociales en particular, en este último caso, de conformidad con los mecanismos previstos específicamente en las Leyes de Servicios Sociales a los que se hará referencia más adelante.

6.5. La actividad prestacional en el Estado Social. Los Sistemas de Servicios Sociales.

6.5.1. Los servicios sociales y los servicios sociales públicos.

La actividad prestacional o de servicio público constituye, como ya se ha señalado, uno de los logros del advenimiento del Estado Social, sometiéndose, desde ese momento, a una intensa y continuada evolución. No obstante, coexiste en el ámbito de los servicios sociales con la actividad de fomento y con la actividad de policía que desarrolla la Administración.

Subsiste, en la tradición del Derecho continental, una noción estricta de servicio público que se identifica, en términos generales, con la asunción por la Administración de la responsabilidad de satisfacer determinadas necesidades sentidas como básicas por la sociedad y que se dirigen a garantizar un nivel adecuado de bienestar. Desde un punto de vista estrictamente jurídico, el servicio público es el resultado de una decisión administrativa o *publicatio* en relación con una determinada actividad que pasa a ser realizada por la Administración pública competente y que constituye el título de intervención sobre ella, con el objetivo de satisfacer el interés general vinculado a la misma, bien en régimen de monopolio, bien en concurrencia con los particulares. Se trata de un concepto objetivo o material de servicio público.

No obstante, los procesos de liberalización de actividades impuestos desde la Unión Europea han alumbrado un concepto más amplio o, si se quiere, funcional del servicio público, identificado con los denominados servicios de interés general, entre los que, a su vez, se distingue a los servicios de interés económico general y servicios no económicos de interés general. No se trata de conceptos que definan una nueva institución jurídica a escala europea, sino que se dirigen a acotar el ámbito de aplicación de las normas de Derecho comunitario y, en particular, las reglas relativas a competencia y mercado interior, así como las de contratación pública y, en definitiva, a condicionar el régimen jurídico aplicable a los servicios a los que se refieren, en este caso, las prestaciones sociales.

Los primeros, los servicios económicos de interés general pueden corresponderse con actividades de titularidad pública o privada. De hecho, muchas actividades que encajan en esta noción siguen siendo considerados servicios de titularidad y responsabilidad pública, es decir, como servicios públicos en sentido estricto en los términos que acaban de explicarse. En otro caso, de no ser considerados servicios públicos conforme a esa concepción clásica quedarán sujetos a intensas potestades de regulación y control por parte de la Administración, remitiendo a la noción de servicio público funcional a la que se ha aludido. En cuanto a los servicios no económicos de interés general, por su parte, su titularidad suele atribuirse a una Administración pública en la medida en que no existe o no predomina en ellos una finalidad lucrativa sino otra de naturaleza cívica o social que determina una mayor dificultad de explotación privada.

Proyectando este concepto sobre los servicios sociales no puede concluirse que las actividades que integran la asistencia social encajen automáticamente en el concepto de servicios no económicos de interés general, sino al contrario, en su mayoría deberían ser considerados servicios de interés económico general.

En efecto, habría que considerar servicios sociales no económicos todos aquellos que en el ámbito de los Sistemas Públicos de Servicios Sociales cubren necesidades de carácter vital que no pueden ser satisfechas por sus destinatarios autónomamente por carecer de las condiciones o medios para ello, por lo que deben ser provistas por terceros. Esto es, se trata de servicios que responden al principio de cohesión social y solidaridad. Esa prestación se realiza, además, al margen de una remuneración o de cualquier interés lucrativo, pues incluso en el caso de que los beneficiarios lleguen a contribuir económicamente a la realización de la actividad, tal participación sería completamente insuficiente para cubrir el coste del servicio.

Estos servicios quedan excluidos de las reglas del mercado y la competencia, así como de las vinculadas a la libre prestación de servicios, siempre que se presten directamente por la Administración o indirectamente por encargo de esta y, en su caso, a través de una entidad de iniciativa social. A este respecto, estos servicios quedarían excluidos de las Directivas comunitarias de contratación, aunque, sin embargo, quedarían sujetos a la legislación de contratos española que se extiende a cualquier tipo de contrato que celebre una Administración Pública (si bien con ciertas especialidades, a las que nos referiremos más adelante).

Todos los demás servicios sociales distintos de los anteriores (que en la práctica se corresponden con la mayoría de las prestaciones propias de un Catálogo de servicios) deben ser considerados como servicios sociales económicos. Se incluirían aquí todas las actividades dirigidas a proporcionar bienestar a los ciudadanos que se realizan, bien por la Administración, bien por el sector privado, lucrativo o no, con la finalidad de coadyuvar a los medios y recursos propios de los destinatarios o beneficiarios de la prestación y, por supuesto, también todas aquellas actividades que se realizan en este ámbito a cambio de una contraprestación.

Cuando se asuman por la Administración (en cuanto servicios sociales públicos) esta dispondrá de una amplia libertad para organizar su prestación, gestión y organización, aunque quedan sometidos, en todo caso, a las normas de competencia y a las de mercado interior (libre prestación de servicios), así como a las Directivas comunitarias de contratación cuando superen los umbrales económicos en ellas previstas y, por supuesto, a la legislación española de contratos, aunque se admite modulaciones en el régimen de contratación por tratarse, precisamente, de servicios sociales.

Para el caso de que cualquiera de estos servicios (servicios sociales no económicos y, especialmente, servicios sociales económicos) se presten por la iniciativa privada, al margen de la titularidad y responsabilidad pública (servicio público en el sentido objetivo o material), el papel de la Administración sería diverso e intervendría desde posiciones diferentes.

Por una parte, ejerciendo potestades de planificación, autorización y, en su caso, acreditación e inspección. En este sentido, todas las Leyes de Servicios Sociales admiten, como ya se ha apuntado, la iniciativa privada (lucrativa y no lucrativa) en la realización de servicios sociales. En estos casos, las entidades (privadas) que los presten deberán obtener una previa autorización que reconozca la idoneidad del centro o recurso correspondiente, previa comprobación del cumplimiento de los requisitos mínimos exigidos en la normativa aplicable, además, deberán quedar inscritas en el correspondiente Registro autonómico que acredite las prestaciones que realizan así como las autorizaciones (y, en su caso, acreditaciones) con las que cuentan, y someterse a las inspecciones ordinarias o extraordinarias que se realicen por la Administración para controlar, comprobar y orientar el cumplimiento de la normativa vigente y supervisar el funcionamiento de los centros y servicios de su titularidad y asegurar que todas las actividades se realizan con el nivel de calidad exigido, debiendo someterse en caso contrario a las sanciones que procedan.

Por otra parte, la Administración puede desplegar respecto a los servicios sociales de titularidad privada una intensa actividad de fomento, por la vía, normalmente, del otorgamiento de ayudas y subvenciones adecuadas que promocionen la actividad prestacional en atención al interés social de los diversos servicios, a su complementariedad con la oferta pública de servicios sociales, a la calidad y carácter innovador de las prestaciones y servicios ofertados, a la eficiencia en el empleo de los fondos públicos y a su adecuación a los objetivos fijados por los planes autonómicos en la materia.

Unos y otros (servicios sociales económicos y no económicos, de titularidad y responsabilidad pública o de carácter privado) integran los Sistemas de Servicios Sociales, de los que forman parte, a su vez, los Sistemas Públicos de Servicios Sociales.

6.5.2. Los Sistemas Públicos de Servicios Sociales.

Los servicios públicos en el ámbito de la asistencia social constituyen uno de los elementos básicos del correspondiente Sistema de Servicios Sociales, entendido éste como la red de atención formada por el conjunto de recursos, equipamientos y equipos técnicos, planes, programas y proyectos, así como de prestaciones y actividades, cualquiera que sea su titularidad, destinada a favorecer la integración social y la autonomía de las personas, las familias, los grupos y la comunidad en que se integran, desarrollando una función promotora, preventiva, protectora y asistencial.

Desde esta perspectiva amplia, un Sistema de Servicios Sociales estaría integrado, por una parte, por el conjunto de servicios de titularidad privada que participan en la acción social previo cumplimiento de los requisitos exigidos para ello y, por otra, por el Sistema Público de Servicios Sociales que, en concreto, se integra por todos los recursos, equipamientos, planes y prestaciones de carácter asistencial y social que proporciona una Administración pública o, en su caso, una entidad privada con la que la Administración haya celebrado el correspondiente convenio, concierto, contrato o cualquier otro acuerdo de colaboración.

En el caso del Principado de Asturias, el Sistema Público de Servicios Sociales se complementa con el denominado Sistema Asturiano de Garantía de Derechos y Prestaciones Vitales integrado por el conjunto de prestaciones que tienen por finalidad procurar tanto la cobertura económica de las necesidades vitales como la aplicación de medidas de incorporación social y laboral en condiciones de igualdad en todo el territorio. En cualquier caso, las prestaciones (o componentes como se denominan en este caso) integradas en este Sistema se articulan en el marco del Sistema Público de Servicios Sociales[64].

Los Sistemas Públicos de Servicios Sociales se caracterizan por la responsabilidad que asume la Administración competente (con carácter general la Administración autonómica, sin perjuicio de las competencias que las Leyes de servicios sociales atribuyen a los Entes locales) para garantizar la disponibilidad de los servicios y el acceso a los mismos, debiendo articular para ello los recursos humanos, técnicos y financieros necesarios, asegurando su calidad. Ello no impide, no obstante, como venimos diciendo, que la concreta prestación a los ciudadanos se realice por entidades privadas con arreglo a los instrumentos de convenio, contrato o concierto articulados al efecto.

En estrecha relación con lo anterior la Administración debe garantizar la universalidad del acceso a los servicios y prestaciones correspondientes con arreglo a los principios de igualdad, equidad y justicia redistributiva, atendiendo a las características y al

[64] La creación de este Sistema deriva de la Ley 3/2021, de 30 de junio, de Garantía de Derechos y Prestaciones Vitales de Asturias. En los términos que se indicará posteriormente, el Decreto 74/2022, de 2 de diciembre, por el que se aprueba el Catálogo de Prestaciones del Sistema Público de Servicios Sociales incluye los componentes derivados de la Ley 3/2021 en el Catálogo de Prestaciones del Sistema Público de Servicios Sociales.

alcance que tengan los correspondientes servicios de acuerdo con las disposiciones vigentes en cada momento.

Esta universalidad predicable de los servicios sociales obliga, no obstante, a tratar diversas cuestiones.

En primer lugar, debe señalarse que el derecho de acceso universal se concreta en quienes, en cada momento, y según la normativa aplicable, ostenten el derecho a acceder al sistema de servicios sociales. En este sentido, y de acuerdo con lo previsto en las Leyes de Servicios Sociales de las Comunidades Autónomas se reconoce ese derecho, con carácter general, a los españoles, nacionales de los demás Estados miembros de la Unión Europea y a los extranjeros residentes en la correspondiente Comunidad Autónoma[65].

Ese derecho de acceso se configura como un derecho subjetivo, lo que supone que pueda ser exigida su implantación y el acceso al mismo y, en su caso, que sea reclamable tanto en vía administrativa como contencioso-administrativa.

Ahora bien, esta premisa de partida requiere, a su vez, de alguna precisión. Por una parte, es frecuente que no todas las prestaciones incluidas en el correspondiente Catálogo de Servicios sean exigibles por los titulares del derecho y que se prevean servicios especiales, complementarios o no garantizados cuya prestación quede supeditada a la existencia de disponibilidad presupuestaria o al cumplimiento por los destinatarios de determinados requisitos objetivos y, por lo tanto, que no tengan la naturaleza de derecho subjetivo.

Pero, además, por otra parte, el acceso y la correspondiente exigibilidad del derecho, cuando proceda, queda sujeta al cumplimiento de los requisitos y condiciones específicas previstas en cada caso, a cuyo efecto se tramitará el correspondiente procedimiento administrativo en el que se valorarán las circunstancias de los eventuales usuarios del servicio o prestación, la situación de necesidad objetiva en que se encuentren y los demás requisitos normativamente establecidos.

Por último, la accesibilidad garantizada no excluye el que pueda exigirse la participación del usuario en la financiación parcial de la prestación mediante la técnica del copago que, en todo caso, deberá ajustarse a los principios generales de equidad, proporcionalidad, solidaridad o progresividad. A tal efecto, deberá determinarse para cada prestación el grado de participación de los ciudadanos teniendo en cuenta la naturaleza del servicio, su coste o el grado de utilización por el usuario, así como la capacidad económica de éste, principalmente su nivel de renta, o sus circunstancias sociales para la fijación concreta de la cuantía a pagar en cada caso.

Reconocido el derecho de acceso al conjunto de servicios y prestaciones puestos a disposición de los ciudadanos, éstos ostentan una serie de derechos y obligaciones respecto a tales servicios cuyo cumplimiento determina la efectivad de la prestación.

6.5.2.1. Organización funcional y territorial de los servicios sociales públicos.

Los Sistemas Públicos de Servicios Sociales se organizan desde un punto de vista funcional y territorial.

Desde la primera perspectiva se concretan, con carácter general, en dos niveles de actuación, los Servicios sociales generales, también denominados en las distintas normas como servicios sociales básicos, comunitarios, de atención primaria o de primer nivel, y los

---

[65] En Asturias, la Ley 1/2003 identifica a los titulares de este derecho en el artículo 4, refiriéndose a los nacionales de los Estados Miembros de la Unión Europea empadronados en cualesquiera de los concejos de Asturias y a los transeúntes en las condiciones que reglamentariamente se establezcan, atendiendo siempre las situaciones de emergencia social. Asimismo, se reconoce este derecho a los emigrantes asturianos y sus descendientes y a quienes no siendo nacionales de ningún Estado Miembro de la Unión Europea se encuentren en el Principado de Asturias, así como a los refugiados y apátridas de acuerdo con lo que se disponga en los Tratados Internacionales y en la legislación sobre derechos y deberes de los extranjeros, atendiendo en su defecto al principio de reciprocidad.

servicios sociales especializados o de segundo nivel. Los primeros se configuran como el primer nivel de asistencia, el punto de acceso inmediato al Sistema y el más próximo a los usuarios o beneficiarios. Los segundos, los servicios especializados, abordan intervenciones de mayor complejidad, dando respuesta a situaciones y necesidades que requieren o bien una mayor especialización técnica o intensidad o bien una mayor disposición de recursos, vinculándose normalmente a personas o grupos específicos.

Esta distinción se traduce en una funcionalidad diversa. Así, los servicios generales o básicos se centran, con carácter general, en la prevención y detección de situaciones de necesidad, la información, orientación, valoración, diagnóstico y asesoramiento en cuanto a las prestaciones y recursos a los que puede acceder la población atendida, el desarrollo de programas de intervención dirigidos a proporcionar los recursos y medios que favorezcan la integración y la participación social de personas, grupos y familias en situación de riesgo, la prestación de servicios de diverso tipo, tales como ayuda a domicilio, teleasistencia, alojamiento temporal, apoyo a la unidad familiar o de convivencia y la gestión de prestaciones de emergencia social, incluso pueden encargarse de aplicar protocolos de detección, prevención y atención ante malos tratos a las personas de los colectivos más vulnerables.

Por su parte, los servicios especializados, además de dar apoyo a los servicios básicos, se encargan de ofrecer tratamientos especializados a las personas que no puedan atender los servicios de base, realizar actuaciones preventivas de situaciones de riesgo y necesidad social en su ámbito de competencia, ofrecer atención especializada, valorar y determinar el acceso a prestaciones económicas propias de este nivel de actuación o gestionar centros, equipamientos, programas, proyectos y prestaciones específicos.

Desde el punto de vista territorial la organización administrativa es diversa en los distintos territorios autonómicos y, por lo tanto, de difícil sistematización, previéndose distintos ámbitos de actuación que se superponen para abarcar un mayor número de prestaciones o servicios. Por lo general, existen unas unidades territoriales primarias que suelen identificarse con las denominadas zonas básicas, que se agrupan para constituir espacios territoriales de mayor dimensión que, a su vez, pueden organizarse escalonadamente en áreas, distritos, demarcaciones o, incluso zonas especiales. La determinación de los ámbitos concretos de actuación se concreta vía reglamentaria, mediante la aprobación de Mapas de Servicios Sociales.

En el Principado de Asturias esa estructura territorial se organiza en tres ámbitos generales: las áreas, los distritos y las zonas básicas, a las que se puede añadir un cuarto, las zonas especiales. Las áreas constituyen las estructuras territoriales en las que se organizan y distribuyen los centros y programas de los servicios sociales especializados y de apoyo a los servicios sociales generales. Las zonas básicas, por su parte, en cuanto unidades primarias de organización, integran demarcaciones de entre 3.000 y 20.000 habitantes que se corresponderán bien con un concejo, bien con la agrupación de varios. Finalmente, los distritos se implantan para la atención de ámbitos de más de 20.000 habitantes que, englobarán una o varias zonas básicas. En todo caso y como se ha adelantado, aquellos ámbitos que, por sus características geográficas, demográficas o de medios de comunicación no puedan constituirse como zona básica, tendrán la condición de zona especial[66].

Evidentemente tanto desde el punto de vista funcional como desde el territorial deben establecerse mecanismos de cooperación y, sobre todo, de coordinación, no solo de carácter orgánico sino también funcional, mediante actuaciones conjuntas y complementarias que permitan una respuesta integral e integrada a las situaciones de necesidad. Asimismo, se prevén sistemas de información que permitan obtener datos

---

[66] Además de en los artículos 14 y siguientes de la Ley de Servicios Sociales de Asturias, el Decreto 108/2005, de 27 de octubre, aprueba el Mapa Asturiano de Servicios Sociales y regula los diversos ámbitos de prestación.

actualizados y coordinados, tanto por las instituciones públicas y los profesionales como, en su caso, por los usuarios del Sistema.

6.5.2.2. La actividad prestacional pública. El Catálogo de prestaciones

Las prestaciones se identifican con cada una de las actuaciones, intervenciones, programas y proyectos, medios y ayudas económicas, materiales y tecnológicas que se ofrecen a las personas usuarias de los Sistemas de Servicios Sociales y que se destinan a la consecución de los objetivos de política social en la correspondiente Autonomía. Esta pluralidad de elementos puestos a disposición de los beneficiarios de los servicios sociales se recoge en las diversas Leyes autonómicas, que las sistematizan de diverso modo y con arreglo a distintos criterios. En unos casos se atiende preferentemente al carácter garantizado o no de la prestación, en otros casos se prefiere utilizar como elemento distintivo el contenido material de la actividad asistencial, incluso algunas normas, sobre todo las anteriores en el tiempo, prefieren recurrir a una clasificación sustentada sobre las necesidades a las que sirven o a las personas o grupos destinatarios de las mismas. A veces se integran varios de estos elementos.

En todo caso, una nota característica de las regulaciones que ofrecen las distintas Leyes es la de la incorporación a las mismas de las prestaciones que derivan de la Ley 39/2006, y que forman parte del SAAD, pues la atención específica a la dependencia se articula a través de la red de servicios sociales autonómicos[67].

Del conjunto de prestaciones desarrolladas por las redes de servicios sociales públicos, una parte de las mismas tiene carácter garantizado o esencial, lo que determina su exigibilidad por los ciudadanos, según se ha indicado. Otras, en cambio, se caracterizan por su complementariedad respecto a las anteriores, esto es, por no resultar esenciales y, en consecuencia, por quedar condicionadas en su realización efectiva a la disponibilidad presupuestaria (sin perjuicio, evidentemente, del cumplimiento de los requisitos que en cada caso se establezcan). Junto a las anteriores, es común la previsión de prestaciones de emergencia o de urgencia social dirigidas a hacer frente a las necesidades más perentorias.

Con carácter general, y sin perjuicio de la diversa sistematización a la que se ha aludido, suele distinguirse entre prestaciones de carácter técnico, de carácter económico y de carácter tecnológico, aunque no siempre las que se incluyen en una y otra categoría son homogéneas en las distintas Comunidades Autónomas.

Las prestaciones técnicas o de servicio se identifican con las realizadas por profesionales y orientadas al diagnóstico, prevención, atención e inserción y promoción de la autonomía de las personas, familias, unidades de convivencia o grupos en función de sus necesidades sociales. Por su parte, las prestaciones económicas se concretan en aportaciones dinerarias dirigidas a atender situaciones de necesidad cuando las personas no disponen de recursos suficientes. Por último, las prestaciones tecnológicas son los recursos no económicos que suelen resultar complementarios de las prestaciones de servicio y cuya función es la de permitir o facilitar la realización de determinadas acciones que contribuyan a la autonomía de las personas en su entorno.

La mayor parte de las normas autonómicas plasman la preferencia respecto a las prestaciones de servicios o carácter técnico sobre las de carácter económico e incluso sobre las de carácter tecnológico, salvo en los casos en los que como se ha indicado, éstas últimas puedan servir de soporte a las prestaciones técnicas que se prescriban.

Su concreción se realiza a través de los denominados Catálogos o Carteras de Servicios Sociales que aprueban las Comunidades Autónomas en desarrollo de la Ley respectiva, y que se configuran como uno de los instrumentos básicos de los Sistemas Públicos de Servicios Sociales en la medida en que en tales Catálogos debe concretarse la

[67] En el caso del Principado de Asturias, se integran también en el Catálogo de Prestaciones, las propias del Sistema Asturiano de Garantía de Derechos y Prestaciones Vitales.

delimitación de cada prestación y su naturaleza, en particular, su carácter garantizado o no, su contenido e intensidad, la población a la que va dirigida, las condiciones y requisitos para el acceso a las mismas, el establecimiento o equipo profesional que debe gestionarla o prestarla, los estándares de calidad, así como su forma de financiación y, en su caso, la aportación que corresponda al usuario.

En Asturias, esa concreción se contiene en el reglamento que ha aprobado el Catálogo de Prestaciones del Sistema Público de Servicios Sociales en desarrollo de los artículos 19 y siguientes de su Ley de Servicios Sociales[68]. En este Catálogo las prestaciones correspondientes se organizan en cuatro grandes áreas de actuación, relativas al acceso al sistema, apoyo y primera acogida, a la autonomía personal y atención a la dependencia, a la garantía de derechos y prestaciones vitales y a la garantía de derechos, prevención y preservación familiar en la infancia y adolescencia, así como la protección de los menores. En cada una de estas áreas se integran de manera sistematizada el conjunto de prestaciones técnicas, económicas y tecnológicas, ofreciendo respecto a cada una de ellas el conjunto de información relevante[69].

6.6. La gestión de los servicios sociales públicos

Las prestaciones del Catálogo de servicios de los Sistemas Públicos de Servicios sociales deben ser realizadas por la Administración en el marco de su actividad de servicio público.

Esa intervención administrativa en la prestación de servicios sociales públicos puede adoptar cualquiera de las formas que recogen las Leyes de Servicios Sociales. Todas ellas admiten, carácter general, la gestión directa por la Administración, con cargo a sus propios medios y recursos que, en muchos casos es considerada la forma de provisión preferente, la gestión indirecta, por la vía de la contratación pública con terceros, la acción concertada, como modalidad de prestación por un tercero al margen de fórmulas contractuales e, incluso, a través de otras fórmulas e instrumentos de colaboración previstas en el ordenamiento jurídico.

6.6.1. La gestión directa.

De entre las diversas prestaciones que integran los Sistemas Públicos de Servicios Sociales, algunas deben gestionarse necesariamente por la Administración (ya sea la autonómica, primariamente competente, o la local, en su caso), sin posibilidad de recurrir a terceros.

Sin perjuicio de las determinaciones establecidas en cada Comunidad Autónoma, con carácter general esas prestaciones se vinculan, con mayor o menor alcance, a los servicios relativos a la entrada en el sistema, tales como los de información, valoración, orientación, asesoramiento y otros similares, los que determinan el recurso o servicio aplicable en cada caso, esto es, las prestaciones relativas a la elaboración de los planes individuales o personalizados de intervención social, incluido su seguimiento e intervención, la gestión de las prestaciones de carácter económico, así como todas aquellas medidas o actuaciones que impliquen ejercicio de autoridad como ocurre, en particular, con los servicios de protección y adopción de menores o de internamiento no voluntario.

A las anteriores habría que añadir algunas de las prestaciones análogas a las anteriores pero vinculadas al SAAD, como los servicios de valoración de la situación de dependencia, la prescripción de servicios y prestaciones o la gestión de las prestaciones económicas correspondientes, de acuerdo con los previsto en el artículo 28 de la Ley

---

[68] Decreto 74/2022, de 2 de diciembre, por el que se aprueba el Catálogo de Prestaciones del Sistema Público de Servicios Sociales

[69] Respecto a las prestaciones de carácter económico ha de tenerse en cuenta la regulación que deriva de la ya citada Ley 3/2021 de 30 de junio, de Garantía de Derechos y Prestaciones Vitales de Asturias.

39/2006, que se reitera también en la legislación de servicios sociales de algunas Comunidades Autónomas.

Por supuesto, es siempre competencia de las Administraciones Públicas el otorgamiento de autorizaciones y acreditaciones, la función de registro y el ejercicio de las potestades inspección control y sanción.

6.6.2. La gestión indirecta

Tal y como se ha indicado, los servicios sociales públicos incluidos en los Sistemas Públicos de Servicios Sociales autonómicos pueden gestionarse indirectamente a través de un tercero con el que se suscribe un contrato administrativo, un concierto social o un convenio o instrumento de colaboración similar.

Ese tercero, puede ser una entidad de iniciativa mercantil o una entidad de iniciativa social a la que se favorece, especialmente, en el caso de la acción concertada o concierto social y en los supuestos de los convenios que se suscriban, sin perjuicio de las especialidades (reservas) que también pueden preverse en los procedimientos de contratación en sentido estricto.

6.6.2.1. Contratación pública

Cuando las Leyes de Servicios Sociales contemplan el recurso a la contratación para la gestión indirecta de los servicios sociales remiten a la normativa de contratos, esto es, a la Ley 9/2017, de 8 de noviembre, de Contratos del Sector Público (LCSP), por la que se han transpuesto a nuestro ordenamiento jurídico tanto la Directiva de Contratos[70], como la Directiva de Concesiones[71].

Salvo en el supuesto de las Illes Balears que ha establecido diversas previsiones respecto a los contratos de servicios sociales que se celebren por la Administración[72], son pocas las Leyes de Servicios Sociales que contienen alguna previsión muy puntual al respecto, por ejemplo, considerándola un mecanismo secundario respecto al concierto social, priorizando la adjudicación a favor de entidades de iniciativa social (y, en su caso, entidades de economía social, cooperativas o pequeñas y medianas empresa), o previendo en los contratos que se adjudiquen cláusulas sociales, tales como las relativas al cumplimiento por parte de la entidad prestadora del requisito de atención continuada, o su presencia previa en la zona en la que vaya a prestar el servicio o, con carácter general, todas aquellas que promuevan el desarrollo sostenible, al responsabilidad social y la transparencia.

La articulación de un contrato administrativo por parte de una Administración Pública prestadora de servicios sociales (Administración autonómica o, en su caso, local y, eventualmente, un Organismo Público) requiere la tramitación de un procedimiento administrativo ajustado a los principios de libertad de acceso a las licitaciones, publicidad y transparencia de los procedimientos, y no discriminación e igualdad de trato entre los licitadores y en el que se seleccionará al contratista más adecuado para la prestación. Ese procedimiento deberá finalizar con un acto de adjudicación a cargo de la Administración Pública convocante en el que se concrete el sujeto adjudicatario encargado de la gestión del servicio, el alcance de la prestación en relación con su naturaleza, contenido y duración, de conformidad con la oferta presentada por el licitador que haya resultado finalmente adjudicatario y el importe de la contraprestación a cargo de la Administración. Una vez

---

70 Directiva 2014/24/UE del Parlamento Europeo y del Consejo, de 26 de febrero de 2014, sobre contratación pública y por la que se deroga la Directiva 2004/18/CE.

71 Directiva 2014/23/UE del Parlamento Europeo y del Consejo, de 26 de febrero de 2014, relativa a la adjudicación de contratos de concesión.

72 La Ley 12/2018, de 15 de noviembre, de servicios a las personas en el ámbito social en la Comunidad Autónoma de las Illes Balears, recoge en su Capítulo II reglas singulares para la contratación en este ámbito.

adjudicado el contrato deberá formalizarse en documento administrativo suscrito por el órgano de contratación y el adjudicatario.

Excede de este trabajo el análisis del procedimiento de contratación y debemos limitarnos a la concreción de las fórmulas o tipos contractuales que pueden emplearse para la prestación de servicios sociales públicos.

Son, en concreto, dos las modalidades contractuales a las que puede recurrirse, la concesión de servicios o el contrato de servicios.

La concesión de servicios es un contrato en virtud del cual un poder adjudicador encomienda a título oneroso a una o varias personas físicas o jurídicas, la gestión de un servicio de su titularidad o competencia a cambio de una contraprestación que puede consistir en el derecho a explotar el servicio objeto del contrato o bien en ese derecho acompañado del de percibir un precio (artículo 15 LCSP) y siempre previo traslado al concesionario del riesgo operacional de la explotación correspondiente.

Se trata, por tanto, de un contrato que se adjudica por una Administración Pública respecto a un servicio público de su titularidad o competencia, concepto que encaja en el de servicio público (tanto desde la perspectiva objetiva o material como desde la funcional que se ha explicado).

Debe tratarse, obviamente, de servicios públicos susceptibles de explotación económica por parte de los particulares, esto es, que puedan generar un rendimiento al concesionario prestador que funcione como contraprestación a su actividad, por lo que, esta modalidad contractual se vincula con los servicios sociales económicos.

Lo característico, en todo caso, de la concesión de servicios es la transferencia del riesgo operacional de la actividad o servicio al concesionario, lo que supone que no queda garantizado por la Administración adjudicataria que el contratista vaya a recuperar las inversiones realizadas para la explotación del servicio o, ni siquiera, a cubrir los costes en que pueda incurrir como consecuencia de esa explotación. Este riesgo operacional puede consistir en el riesgo de demanda, esto es, el que se vincula a la demanda real por los usuarios del servicio ofertado, en el riesgo de oferta, es decir, el riesgo de suministro de los servicios objeto del contrato y en particular el riesgo de que la prestación de los servicios no se ajuste a la demanda, o en ambos.

En definitiva, en una concesión de servicios, el concesionario queda plenamente expuesto a la incertidumbre del mercado y ello independientemente de que la retribución por la prestación del servicio provenga directamente de los usuarios o de la Administración, pues en este último caso esa remuneración queda estrictamente vinculada a la demanda y oferta efectiva del servicio. No habría, en cambio, transferencia de riesgo operacional si la Administración cubriera de cualquier modo las pérdidas en que pudiera incurrir el concesionario, garantizando unos ingresos mínimos equivalentes a los costes en los que incurriera.

Es precisamente este traslado del riesgo operacional el elemento diferenciador de la concesión de servicios respecto al contrato de servicios.

Este último se define como aquel cuyo objeto son prestaciones de hacer que consisten en el desarrollo de una actividad o en la obtención de un resultado distinto a una obra o suministro (artículo 17 LCSP).

En este caso la contraprestación que recibe el contratista no queda vinculada al desarrollo de la actividad objeto del contrato, sino que se establece en el propio contrato de modo cierto, fijo e independientemente del grado de utilización del servicio por parte de los usuarios.

Dentro de los contratos de servicios la LCSP identifica una modalidad que se refiere a los contratos que conllevan servicios o prestaciones directas a las personas. Estos presentan una gran similitud con las concesiones de servicios, pero se diferencian de estas precisamente en la inexistente transferencia del riesgo operacional.

Al margen de esta diferencia, en las dos modalidades contractuales se requiere que, con carácter previo a la contratación del servicio de que se trate, se establezca el régimen jurídico del servicio, se declare expresamente que la actividad de que se trate queda asumida por la Administración respectiva como propia de la misma, se determine el alcance de las prestaciones en favor de los administrados, y se regulen los aspectos de carácter jurídico, económico y administrativo relativos a la prestación del servicio[73].

Tratándose, además, de un servicio público, el concesionario o contratista queda obligado a prestar el servicio con la continuidad convenida y a garantizar a los particulares el derecho a utilizarlo en las condiciones que hayan sido establecidas a cambio de la contraprestación económica fijada, que puede proceder de los usuarios o de la propia Administración. Será responsable, asimismo, de cuidar del buen orden del servicio y de indemnizar los daños que se causen a terceros como consecuencia de las operaciones que requiera la prestación del servicio, con la salvedad de aquellos que sean producidos por causas imputables a la Administración[74].

En todo caso, e independientemente de la concesión o contratación del servicio, la Administración conservará los poderes de policía necesarios para asegurar la buena marcha de los servicios de que se trate[75].

La LCSP ofrece también algunas previsiones adicionales para la contratación (por la vía de la concesión de servicios o del contrato de servicios) cuando el objeto de la misma sean servicios sociales (públicos). Esas especialidades derivan, en particular, de las disposiciones adicionales cuadragésima séptima (47ª) y cuadragésima octava (48ª).

La primera de las disposiciones permite incluir modulaciones en los procedimientos de licitación[76] de determinados contratos de concesión de los servicios sociales y contratos de servicios de carácter social (de entre los enumerados en el Anexo IV de la Ley) imponiendo la necesidad de que los órganos de contratación velen durante su desarrollo y a lo largo de todas sus fases por la necesidad de garantizar la calidad, la continuidad, la accesibilidad, la asequibilidad, la disponibilidad y la exhaustividad de los servicios, así como por la toma en consideración de las necesidades específicas de las distintas categorías de usuarios, incluidos los grupos desfavorecidos y vulnerables, por la implicación de los usuarios de los servicios y por la innovación en la prestación del servicio.

Se permite, pues, el establecimiento de una regulación particular para las concesiones y contratos de servicios que tienen por objeto servicios sociales, aunque se renuncia a establecer un marco normativo común para estos supuestos, remitiendo a lo que en cada caso estime conveniente el órgano de contratación.

Por su parte, la disposición adicional 48ª prevé la reserva de ciertos contratos relativos a servicios sociales que los órganos de contratación pueden articular en favor de determinadas organizaciones.

Se refiere la norma a determinados contratos de servicios de carácter social de los que enumera el Anexo IV de la Ley[77] que, como se indica, se pueden reservar a organizaciones que cumplan todas las condiciones que se establecen. De esos requisitos, la mayoría se refiere a las características internas de la organización y su finalidad. Así el objetivo de estas organizaciones debe ser la realización de una misión de servicio público vinculada a la prestación de los servicios indicados, los beneficios que obtenga deberán ser

---

[73] Artículo 284.2 LCSP en relación con la concesión de servicios y artículo 312.a) LCSP en relación con el contrato de servicios.

[74] Artículo 288 LCSP respecto a la concesión de servicios y artículo 312, b) LCSP para el contrato de servicios.

[75] Artículo 287 LCSP en relación con la concesión de servicios y artículo 312.e) LCSP respecto al contrato de servicios.

[76] Sin perjuicio de que deba respetarse la aplicación de la LCSP en particular en relación con el establecimiento de las prescripciones técnicas, de las condiciones mínimas de solvencia, de los criterios de adjudicación y de las condiciones especiales de ejecución.

[77] De entre ellos, en atención a su código CPV, todos los vinculados a los servicios sociales y a la asistencia social, como, por ejemplo, servicios de bienestar social, para personas mayores, menores o discapacitados, servicios de asistencia social sin alojamiento, servicios de centros de día, servicios de orientación y asesoramiento, servicios de planificación familiar, etc.

reinvertidos con el fin de alcanzar el objetivo de la organización o en caso de que se distribuyan o redistribuyan, la distribución o redistribución deberá realizarse con arreglo a criterios de participación, además, las estructuras de dirección o propiedad de la organización deberán basarse en la propiedad de los empleados, o en principios de participación, o requerir la participación activa de los empleados, los usuarios o las partes interesadas. A los anteriores requisitos se añade otro respecto a la actividad contractual previa de la organización, pues se requiere que no haya sido adjudicataria de otro contrato de servicios de los anteriormente identificados, adjudicado por la misma Administración en los tres años precedentes.

Se trata, en definitiva, de entidades de iniciativa social o entidades del tercer sector (lo que incluiría más allá de las ETSAS también a las EES), que podrán resultar adjudicatarias de estos contratos en el marco de un procedimiento de contratación reservado a ellas cuya duración máxima no podrá exceder de tres años.

La previsión analizada de la disposición adicional 48ª se establece y aplica, como en ella se indica, sin perjuicio de otra reserva que deriva de la disposición adicional cuarta de la Ley, referida a determinados grupos vulnerables. En esta disposición se prevé la posibilidad de que pueda reservarse el derecho a participar en los procedimientos de adjudicación de determinados contratos o de determinados lotes de los mismos a Centros Especiales de Empleo de iniciativa social y a empresas de inserción, o que tales contratos puedan reservarse para su ejecución en el marco de programas de empleo protegido, siempre que los trabajadores con discapacidad o en situación de exclusión en unos y otros casos, alcance unos porcentajes mínimos.

6.6.2.2. Acción concertada

Las Directivas de la Unión Europea sobre contratación pública y sobre concesiones, paradójicamente, impulsaron la posibilidad de recurrir a instrumentos no contractuales en ámbitos que tradicionalmente han requerido la formalización de contratos en sentido estricto, como es el caso de los servicios sociales públicos.

Este planteamiento se trasladó a la LCSP cuyo artículo 11.6 excluye del ámbito de aplicación de esta norma la prestación de servicios sociales por entidades privadas, siempre que esta se realice sin necesidad de celebrar contratos públicos, a través, entre otros medios, de la simple financiación de estos servicios o la concesión de licencias o autorizaciones a todas las entidades que cumplan las condiciones previamente fijadas por el poder adjudicador, sin límites ni cuotas, y que dicho sistema garantice una publicidad suficiente y se ajuste a los principios de transparencia y no discriminación.

Actualmente todas las Comunidades Autónomas, bien por la incorporación a las respectivas Leyes de Servicios, bien mediante la aprobación de Leyes específicas contemplan la acción concertada como fórmula adecuada para la prestación de servicios sociales.

En todas ellas se define el concierto social (o la acción concertada como se prefiere denominar por algunas Comunidades Autónomas) en base a sus notas caracterizadoras, como un mecanismo de carácter organizativo, dirigido a la prestación de servicios sociales de titularidad o responsabilidad pública, que utiliza para ello a entidades cuya financiación, acceso y control sean públicos y dirigidos a la satisfacción de objetivos sociales.

En todos los casos, además, el recurso a esta fórmula se sostiene sobre principios de solidaridad, igualdad, participación de las personas usuarias y promoción de la iniciativa social, pero también de otros directamente vinculados a la prestación, tales como la correcta atención a las especificidades y necesidades de los usuarios, arraigo de estos en su entorno social, calidad asistencial o atención continuada e integral de la persona.

El concierto se formaliza a través de acuerdos suscritos por la Administración titular o responsable del servicio y por la entidad concertada en los que se recogerán con exactitud todas las condiciones que se hubieran establecido, en particular, el contenido objetivo, subjetivo y temporal de la acción concertada, los derechos y obligaciones de cada parte en cuanto a la ejecución de la prestación del servicio, su régimen económico, el número de unidades concertadas y el resto de determinaciones que contribuyan a delimitar el alcance del concierto.

Uno de los aspectos que ha suscitado más dudas en torno al concierto social es el de la posibilidad de restringir el acceso al mismo solo a las entidades de iniciativa social, excluyendo a las entidades de iniciativa lucrativa. Algunas de las regulaciones autonómicas contemplan la prioridad para la concertación a favor de las entidades de iniciativa social, cuando existan análogas condiciones de eficacia, calidad y rentabilidad social respecto a otros eventuales interesados (con ánimo de lucro). No obstante, en varias Comunidades Autónomas el concierto se circunscribe únicamente a este tipo de entidades, con exclusión de cualquier otro sujeto. En el extremo contrario se encuentran las que no contemplan ninguna restricción y prevén la posibilidad de suscribir conciertos sociales con cualquier entidad privada, independientemente de su naturaleza.

En relación a esta cuestión se ha pronunciado el Tribunal de Justicia de la Unión Europea resolviendo cuestiones prejudiciales planteadas por la Asociación Estatal de Entidades de Servicios de Atención a Domicilio respecto a la exclusión en determinadas Comunidades Autónomas de las entidades sin ánimo de lucro para la prestación de toda clase de servicios sociales, cualquiera que sea su valor estimado y a cambio del mero reembolso de los costes, a través de un mecanismo no contractual como es el concierto social[78].

De estos pronunciamientos ha resultado un cierto cambio de perspectiva respecto a la acción concertada que aún debe ser asumido por los legisladores autonómicos. Por una parte, por el encuadre del concierto social en el concepto de contrato si reúne los requisitos propios de la contratación, en particular, la selección del prestador o la onerosidad de la actividad que este realiza. Por otra parte, se admite, en cualquier caso, la reserva de la acción concertada (y de la contratación) en favor de las entidades de iniciativa social siempre que se cumplan ciertos requisitos, fundamentalmente el respeto a los principios de transparencia, publicidad y competencia, que el marco legal de esas entidades contribuya a los objetivos de solidaridad y eficiencia presupuestaria. Queda por ver, cuál será la evolución de las disposiciones reguladoras del concierto social.

Por el momento, en el Principado de Asturias la acción concertada se regula en la Ley 3/2019, de 15 de marzo que restringe la acción concertada a las entidades de iniciativa social sin ánimo de lucro y configura este mecanismo como un instrumento organizativo para la prestación de servicios sociales de carácter extracontractual (artículo 2).

Las Entidades que concurran al concierto deberán disponer de la correspondiente autorización, acreditación o habilitación administrativa exigida, tendrán que estar inscritas en los registros correspondientes cuando sea necesario y encontrarse al corriente en el pago de las obligaciones tributarias y de la Seguridad Social. Además, las bases de las convocatorias de cada acción concertada que apruebe el órgano concertante deberán incluir los requisitos específicos que deban cumplir estas entidades en relación con su solvencia, experiencia y con los medios que aporten a la prestación.

La concertación con estas entidades se realizará en base al procedimiento que regula la Ley, que culminará con el Acuerdo del órgano competente, previa propuesta de la comisión de valoración que será la encargada de valorar el cumplimiento de todos los requisitos y condiciones establecidos en la correspondiente convocatoria, de manera que procedería la suscripción de los correspondientes Acuerdos con todas las entidades que cumplieran las determinaciones previstas. No obstante, se prevé la posible necesidad de seleccionar de entre todas las que concurran a las entidades con las que finalmente se suscribirá el concierto cuando ello sea necesario debido a las limitaciones presupuestarias o

[78] Se trata, en particular de la Sentencia de 14 de julio de 2022, C-436-20, conocida como ASADE I, y del Auto de 31 de mayo de 2023, C-676/20, conocido como ASADE II.

al número o características de las prestaciones susceptibles de la acción concertada, estableciéndose los criterios selección que serán tenidos en cuenta con esa finalidad.

El recurso a la acción concertada, por lo demás, se circunscribe a determinadas prestaciones sociales, en concreto, a las medidas dirigidas a prevenir la exclusión social y a promover la autonomía de las personas, a las actuaciones que garantizan la protección de los menores, el apoyo familiar o a las personas dependientes, así como a las medidas y ayudas técnicas para la atención, rehabilitación y el fomento de la inserción social de personas con necesidades especiales por causa de su discapacidad y las dirigidas a la protección jurídica de las personas que tengan disminuida su capacidad de obrar y les impida valerse por sí mismas. Asimismo, podrán ser objeto de acción concertada, en su caso, las medidas preventivas y promocionales en el ámbito de las adicciones y las medidas de carácter sociosanitario y socioeducativo que se consideren susceptibles de complementar, desde estos ámbitos, a las prestaciones sociales del Sistema Público de Servicios Sociales[79].

Por el contrario, queda expresamente excluida del ámbito de la acción concertada, la provisión de servicios sociales de atención residencial, de centros de día y de ayuda a domicilio para personas mayores (artículo 5).

6.6.2.3. Otras fórmulas de colaboración público-privadas.

Algunas Comunidades contemplan otras fórmulas de colaboración con terceros en la prestación de servicios sociales de los Sistemas Públicos de Servicios Sociales.

El hecho de que el objeto de estas fórmulas sean servicios sociales públicos excluye que puedan articularse por la vía de subvenciones o ayudas otorgadas a entidades sin ánimo de lucro para que presten esos servicios, pues estos mecanismos responden a la actividad de fomento de la Administración. En su caso, la colaboración por la vía de la subvención puede orientarse a la consecución de los objetivos de asistencia social incluidos en la planificación de la correspondiente Administración, de manera que se promueva entre el sector privado (lucrativo o no) una actividad complementaria a la propia del Sistema Público de Servicios Sociales.

En consecuencia, cuando se alude a otras formas de participación de la iniciativa privada en la prestación de servicios sociales públicos, necesariamente debe atenderse a fórmulas en las que operen los principios de publicidad, transparencia, no discriminación e igualdad de trato. De hecho, así se contempla para las ETSAS, pues cualquier actuación pública en la que participen debe quedar sujeta al principio de concurrencia pública y a la aplicación de criterios objetivos y transparentes de concesión y adjudicación[80].

En particular la celebración de acuerdos de colaboración resulta problemática como medio para articular prestaciones que puedan ser propias de la contratación administrativa, pues cuando ello sea así deberán sujetarse al régimen propio de los contratos de acuerdo con lo establecido con carácter básico en el artículo 47 de la Ley 40/2015. Quizá por ello, las Leyes autonómicas que han previsto el recurso a convenios o acuerdos de colaboración con entidades sin ánimo de lucro para encomendarles directamente la prestación de servicios sociales de los Sistemas Públicos de Servicios Sociales, lo hacen vinculado estos instrumentos a la acción concertada y como alternativa a ella.

En todos los casos, el recurso a estos acuerdos o convenios de colaboración directos se sostiene en razones de urgencia, en la singularidad de la actividad o de la prestación de que se trate o en su carácter innovador y experimental, motivos que, según exigen las normas que los prevén, deben quedar adecuadamente motivados. Fuera de estos casos, no

---

[79] Artículo 5 apartados 1 y 2. En el marco de los servicios que den cobertura a estas prestaciones, la acción concertada podrá incluir la reserva y ocupación de plazas para su uso exclusivo de las personas usuarias o la gestión integral de las prestaciones sociales, servicios, programas, recursos y centros (artículo 6).

[80] En este sentido en la disposición adicional quinta de la Ley 43/2015.

se admitirían acuerdos o convenios singulares para la prestación de servicios sociales públicos.

Tema 7. Políticas fiscales de protección de la vulnerabilidad

José Pedreira Menéndez[81]

7.1. La financiación de los gastos sociales: incentivos fiscales o subvenciones.

La protección de los grupos vulnerables es un objetivo constitucionalmente protegido, como puede verse en el Capítulo III del Título I de la Constitución de 1978, que regula los principios rectores de la política social y económica. Entre estos principios se encuentran la protección a la familia y a la infancia (artículo 39), el fomento del empleo y la economía social (artículo 40), la atención a los emigrantes (artículo 42), la protección de la salud, el fomento de la educación sanitaria, la educación física y el deporte (artículo 43), la tutela del acceso a la cultura y la promoción de la ciencia y la investigación (artículo 44), la defensa del medio ambiente (artículo 45), la conservación y promoción del patrimonio histórico-artístico (artículo 46), el fomento de la vivienda (artículo 47), el desarrollo de la juventud (artículo 48), la atención a los disminuidos físicos (artículo 49) y el bienestar de la tercera edad (artículo 50), como puede apreciarse, los campos en los que suelen encuadrarse la mayoría de grupos vulnerables.

Ahora bien, a la hora de dar cumplimiento a esta protección, desde la vertiente del Derecho Financiero y Tributario, se puede hacer por dos vías. La primera, a través de la creación de incentivos o estímulos fiscales para adecuar la capacidad contributiva de estos grupos o para fomentar la colaboración con los mismos o con aquellas entidades que cubren sus necesidades. La segunda, a través de ayudas directas, generalmente subvenciones, que implican un destino concreto de los recursos públicos a fines específicos.

El Derecho Financiero y Tributario regula la actividad financiera de los entes públicos, tanto desde la vertiente de los ingresos, es decir, de la recaudación tributaria, basada en los impuestos, tasas y contribuciones especiales, como desde la perspectiva del gasto público, en el que debe velarse porque se apliquen los criterios de eficiencia y economía previstos en el artículo 31.2 de la Constitución.

En España, tradicionalmente, cuando se ha querido beneficiar a algún colectivo o a las entidades que colaboran con el mismo, se ha optando por concederle beneficios o incentivos fiscales o por subvencionarlo. El resultado, desde la perspectiva de la actividad financiera es el mismo, se produce una merma de los recursos públicos, que son transferidos al sector privado, con la necesidad de controlar el buen uso de los mismos. El control de los recursos siempre se ha manifestado de forma más evidente desde la perspectiva de las subvenciones, pero también debería abarcar a los incentivos fiscales. En este sentido, todo incentivo, desde la perspectiva de la recaudación tributaria, supone una merma de ingresos, es un gasto fiscal, de ahí la necesidad de controlar los mismos y de determinar su eficiencia, como exige la Constitución. En consecuencia, todo gasto fiscal que asume el legislador, al establecer un régimen especial, debe tener como objetivo conseguir unos fines de interés general para la comunidad. Así, por ejemplo, cuando se establece un régimen fiscal especial para las entidades que colaboran con los grupos vulnerables, a través de la *Ley 49/2002, de 23 de diciembre, de régimen fiscal de las entidades sin fines lucrativos y de los incentivos fiscales al mecenazgo*, se les está concediendo un tratamiento tributario privilegiado porque complementan o, incluso, sustituyen a los poderes públicos en ciertos campos que deberían o podrían ser cubiertos por éstos, pero para los cuales no existen recursos o lo son en cuantía insuficiente. De tal modo que estas entidades están liberando al Estado de prestar ciertos servicios o permitiéndole hacerlo en una menor intensidad, lo que va a repercutir, lógicamente, en un ahorro del gasto público.

---

[81] Este trabajo se realiza en el marco del proyecto de investigación MCI-21-PID2020-116096RB-100 “El desafío de la buena administración en un contexto digital”.

Estamos ante la tradicional discusión sobre si es mejor recaudar y después destinar los recursos necesarios a paliar necesidades por la vía de las subvenciones o si debe generarse un incentivo fiscal que aminore la carga fiscal de determinados colectivos o entidades, que así dispondrán de una mayor renta neta para cubrir sus necesidades o destinarlas a sus objetivos o finalidades.

La Constitución española de 1978 comienza declarando en su artículo primero que "*España se constituye en un Estado Social...*". Esta "*socialidad*" del Estado, como indica el profesor PAREJO ALFONSO, supone un deber para los poderes públicos de actuar positivamente sobre el orden social, conformándolo[82]. En consecuencia, se exige una intervención de los poderes públicos para que fomenten un Estado más justo socialmente, corrigiendo las desigualdades existentes entre los ciudadanos. La construcción del Estado Social, entendido como Estado preocupado por lograr el bienestar de sus ciudadanos, tuvo su origen a principios del siglo XX debido a las grandes crisis sociales, económicas y políticas. Como afirma DE OTTO Y PARDO, "*en ellas se pone de manifiesto que los mecanismos de la sociedad civil no bastan por sí solos para garantizar un mínimo de armonía social y bienestar económico*"[83]. Tal situación se agravó, sobre todo, después de la II Guerra Mundial. Es en ese período temporal cuando se consagra constitucionalmente en Alemania el Estado Social, dando lugar a una rápida introducción del concepto en otros países europeos. Fruto de ello es la inclusión en los artículos 39 a 52 de la Constitución española de 1978 de una serie de principios rectores de la política social y económica. Con ellos el Estado se convierte en un ente prestador de servicios con el objeto de satisfacer las necesidades de sus ciudadanos. Se produce una evolución desde un Estado de Derecho, que tan sólo se ocupaba de la seguridad, el orden público y tangencialmente de la asistencia social a las clases desfavorecidas, a un Estado Social que asume como propia la tarea de llevar a cabo una política socioeconómica, de manera sistemática y consciente, interviniendo en la sociedad y el mercado. Todo esto con el objetivo de cubrir nuevas demandas de los ciudadanos, como, por ejemplo, la cultura y el bienestar.

El aumento del número de prestaciones que se reclaman al Estado y la creciente diversidad de los campos de actuación en los que éste opera, le impiden poder satisfacerlas todas e incluso, en algunos casos, debe rebajar las cotas ya alcanzadas, por los gastos que conllevan y lo reducidos que son los ingresos públicos. Debe recordarse el mandato establecido en el artículo 31.2 de la Constitución que indica que: "*El gasto público realizará una asignación equitativa de los recursos públicos y su programación y ejecución responderá a los criterios de eficiencia y economía*". A esta obligación de satisfacer los gastos públicos atendiendo a los principios de justicia, solidaridad y eficiencia, renunciando por tanto a la cobertura de ciertos servicios, se ha referido el Tribunal Constitucional en su Sentencia 77/1985, de 27 de junio, cuando señala que: "*El legislador se encuentra ante la necesidad de conjugar, no sólo diversos valores y mandatos constitucionales entre sí, sino también tales mandatos con la insoslayable limitación de recursos disponibles*". Toda decisión sobre el gasto público, entre los que se encuentran los gastos sociales, necesita una valoración conjunta y simultánea de los ingresos públicos, ya que se trata de vertientes interdependientes de la actividad financiera. De ahí la necesidad que tiene el poder ejecutivo de establecer un orden de prioridad entre los gastos públicos, puesto que su capacidad de gasto está limitada por la cuantía de sus ingresos y por la política tributaria que quiera llevar a cabo.

Si tenemos en cuenta lo que acabamos de indicar, no es de extrañar que la actual integración económica de España en la Unión Europea haya supuesto una importante limitación a la hora de tomar decisiones de gasto por parte de las Administraciones públicas. A lo que se ha unido la situación de crisis económica, en la que se ha optado por priorizar la estabilidad financiera y la confianza de los mercados financieros, produciéndose, a mi juicio,

---

[82] Cfr. *El concepto del Derecho Administrativo,* Editorial Jurídica Venezolana, Caracas, 1984, pág. 199.

[83] *Derecho Constitucional. Sistema de Fuentes,* Ariel, Barcelona, 1987, págs. 41 y 42.

un peligroso retroceso sobre los planteamientos del Estado Social, con el riesgo que ello conlleva, sobre todo, para los grupos vulnerables. Buena muestra de ello ha sido la reforma del artículo 135 de la Constitución y en especial su apartado tercero, en el que el pago de los intereses y el capital de la deuda pública tiene "*prioridad absoluta*" sobre cualquier otro compromiso de gasto. Igualmente, puede verse la *Ley Orgánica 2/2012, de 27 de abril, de Estabilidad Presupuestaria y Sostenibilidad Financiera.* De hecho, la crisis del COVID-19 ha puesto de manifiesto esta situación siendo preciso levantar las restricciones al gasto público para evitar una crisis social inasumible en el seno de la Unión Europea. No obstante, la inflación existente en 2023 va a suponer una vuelta al régimen de restricción presupuestaria, que ya había iniciado la Unión Europea.

El desarrollo de los principios rectores de la política social y económica, que han sido fijados constitucionalmente para alcanzar el Estado Social, precisa de un fuerte desembolso económico que el Estado no puede asumir actualmente, de una forma directa, por sí solo. Sobre todo, cuando se empieza a cuestionar la subsistencia del Estado Social, entendido como único ente que presta los servicios que son reclamados por la población y que la Constitución establece como de necesaria satisfacción para los ciudadanos.

Por todo ello, en materia de "*gastos sociales*", (teniendo en cuenta que son una transferencia unilateral de renta efectuada por una Administración Pública a favor de algún sujeto, sin que exista ninguna contrapartida por parte de este último, con una clara finalidad de redistribución de la renta con el objeto de crear una transformación social que permita alcanzar mayores cotas de bienestar a los sectores más necesitados de la sociedad), la preocupación sobre su control y disminución es aún mayor, puesto que siguen teniendo un peso muy importante en el presupuesto del Estado español y de todas las Comunidades Autónomas. Tal circunstancia implica la necesidad de buscar fórmulas que los aminoren y una de ellas puede ser, como no, la asunción de manera directa de parte de las actividades que los generan por los propios ciudadanos. En este sentido, pueden verse las medidas que han ido adoptando las Administraciones, tales como el copago de medicamentos, la implantación de tasas en los hospitales, la reducción de becas de estudios, etc.

Hoy en día se puede afirmar que la construcción del Estado Social ya no es una tarea exclusiva de los poderes públicos. La Administración prestadora de servicios sociales puede ser una manifestación del Estado Social, pero no tiene por qué agotar el concepto[84]. Tiene que procurar el desarrollo del Estado Social, pero puede servirse para ello de los ciudadanos y de las organizaciones creadas por los mismos. Considero que ésta es la interpretación que cabe extraer del contenido del artículo 9.2 de la Constitución cuando establece como una obligación de los poderes públicos *"el facilitar la participación de todos los ciudadanos en la vida política, económica, cultural y social"*. Al amparo de este precepto, cabe llegar a la conclusión de que existen mandatos constitucionales en una dirección muy concreta respecto de la urgencia de fomentar y facilitar acciones sociales provenientes de la iniciativa de los individuos y los grupos, que supongan una participación en las políticas sociales de diversa naturaleza respecto de las que las Administraciones deben responder principal, pero no exclusivamente.

La línea argumental expuesta hasta este momento, encuentra su reflejo en la jurisprudencia del Tribunal Constitucional cuando, en el fundamento jurídico tercero, de la Sentencia 18/1984, de 7 de febrero, se afirma que:

"...es propio del Estado social de Derecho la existencia de entes de carácter social, no público, que cumplen fines de relevancia constitucional o de interés general. (...) se viene así a culminar una evolución en la que la consecución de los fines de interés general no es absorbida por el Estado, sino que se armoniza con una actuación mutua Estado-Sociedad".

La Sentencia nos indica explícitamente cuál es el espacio que debe ocupar hoy en día la sociedad civil, y más concretamente las entidades sin fines lucrativos, en el Estado Social de Derecho. No cabe ninguna duda de que se les reserva un lugar junto al Estado en la resolución de las necesidades de interés general demandadas por la sociedad. Y, es más, podemos afirmar que su existencia y el desarrollo de su función de apoyo garantiza una pluralidad en el desenvolvimiento del Estado Social y Democrático de Derecho, al permitir a las minorías que constituyan sus propias organizaciones para alcanzar aquellos fines de interés general que ellas consideran prioritarios y que el poder político imperante en cada momento desdeña, con lo que se fortalece la libertad y el espíritu democrático.

Por todo ello coincido con en que estas organizaciones civiles (asociaciones, fundaciones, etc.) se enmarcan dentro de las actuales tendencias sociales que impulsan a todos los ciudadanos, en la medida de sus posibilidades, a contribuir al desarrollo social y económico en estrecha colaboración con el Estado. De este modo se convierten en *agentes de acción social* para llevar a cabo los parámetros del Estado Social de Derecho. Por tanto, podemos afirmar que la colaboración de los particulares en la cobertura de las necesidades públicas a través de diversas formas de organización social se manifiesta cada vez más importante.

Como indicaba al inicio de este trabajo, los grupos vulnerables encuentran su protección en los artículos 39 a 52 de la Constitución. Ahora bien, estos preceptos sólo fijan unos principios u objetivos a conseguir por los poderes públicos[85], pero no fijan los medios a través de los cuales han de alcanzarse. La protección que se les otorga en el artículo 53.3 de la Constitución, al establecer que: *"El reconocimiento, el respeto y la protección de los principios reconocidos en el Capítulo Tercero, informará la legislación positiva, la práctica judicial y la actuación de los poderes públicos. Sólo podrán ser alegados ante la Jurisdicción ordinaria de acuerdo con lo que dispongan las leyes que los desarrollen"*; ha motivado que algún sector doctrinal les haya atribuido el carácter de meros principios programáticos sin ningún valor normativo, con lo que no podemos estar conformes. No obstante, tal situación es la que autoriza para que en determinados supuestos se satisfagan esas metas de manera directa, o bien que recurran al fomento de sectores privados, y en especial de entidades sin fines lucrativos, para dar cumplimiento a dichos principios. Siguiendo la doctrina sentada por las STC 14/1984, de 3 de febrero; STC 18/1984, de 7 de febrero; STC 23/1984, de 20 de febrero y STC 48/1988, de 22 de marzo, el profesor TOMAS Y VALIENTE, F., había concluido que *"La configuración del Estado como social de Derecho viene así a culminar una evolución en la que la consecución de los fines de interés general no es absorbida por el Estado de modo exclusivo y excluyente, sino que se armoniza en una acción mutua Estado-Sociedad"*[86]. En consecuencia, y entroncando con lo que señalaba al principio de este epígrafe, se puede utilizar el incentivo fiscal como un medio para fomentar la colaboración ciudadana con las entidades no lucrativas que prestan servicios a los grupos vulnerables, sería una forma de actuación, totalmente justificada, para llegar a alcanzar los objetivos que según nuestra Carta Magna deben perseguir los poderes públicos, sin necesidad de una intervención directa de los mismos.

La Administración debe conseguir la satisfacción del máximo número de necesidades manifestadas por los ciudadanos en cada momento. Aunque como ya he dicho, la limitación de los recursos públicos va a impedir que se puedan cubrir la totalidad de las demandas sociales. Por todo ello, el Estado debe fomentar, en la medida de lo posible, que la propia sociedad colabore con recursos privados a cubrir parte de esas necesidades. La cooperación público-privada puede permitir que los recursos destinados a los grupos vulnerables sean mayores que la acción directa de las subvenciones.

---

[85] He de señalar que el Tribunal Constitucional ha rechazado cualquier interpretación de la Constitución que pueda conducir a distinguir dentro de ella entre auténticas normas jurídicas y normas programáticas, declarando de forma indubitada el carácter jurídico del texto constitucional en su integridad. Pueden consultarse al respecto, entre otras, la STC 16/1982, de 28 de abril (FJ 1º) y la STC 80/1982, de 20 de diciembre (FJ 1º).

[86] Vid. "La constitución española y las fundaciones", *Consideraciones sobre el tratamiento jurídico y fiscal de las fundaciones,* Centro de Fundaciones-BBV, Bilbao, 1994, pág. 32.

Ahora bien, ¿Cuáles son las fórmulas que debe utilizar el sector público para fomentar la actividad privada destinada a la satisfacción de necesidades de los grupos vulnerables? A mi juicio, la solución ya fue aportada por TOMÁS Y VALIENTE al referirse a la impotencia del Estado Social para cumplir todas las prestaciones sociales demandadas por la Constitución, la función social del derecho de propiedad, la libertad de disponer de lo propio, el derecho de fundación para fines de interés general y la interrelación entre Estado y sociedad. Así, este autor, llegó a la conclusión de que se encontraba ante una serie de conceptos y de aspiraciones que se dan cita, por ejemplo, en la configuración constitucional del derecho de fundación. De ahí que se preguntara ¿Cómo orientar los estímulos? ¿Cómo premiar, pues de eso se trata, a quien realice *"actuaciones altruistas"*? ¿Cómo fomentarlas para que, sin dejar de encerrar ese ánimo generoso, sean más frecuentes por la sensibilidad positiva hacia el estímulo? Para concluir afirmando que *"la respuesta en nuestro tiempo es clara: con un régimen de incentivos fiscales"*[87].

Por tanto, junto a los incentivos fiscales directamente relacionados con específicos grupos vulnerables, a los que se les exonera de parte de su carga tributaria en atención a la mayor necesidad de renta neta para cubrir sus necesidades vitales. El ordenamiento también ha establecido un régimen fiscal especial para las organizaciones que cooperan con la Administración en la cobertura de los grupos vulnerables. La razón de ser de este régimen tributario especial encontraría su fundamento en que las entidades no lucrativas prestan realmente un servicio a la comunidad a través de la realización de actividades de interés general. La utilización del sistema fiscal para incentivar las actividades de las organizaciones no lucrativas, con el objeto de alcanzar los principios rectores de la política social y económica fijados constitucionalmente, es una opción política utilizable por los poderes públicos. Opción que encuentra amparo en la STC 37/1987, de 26 de marzo (FJ 13º), cuando se afirma que *"tanto el sistema tributario en su conjunto como cada figura tributaria concreta forman parte de los instrumentos de que dispone el Estado para la consecución de los fines económicos y sociales constitucionalmente ordenados"*. De esta forma justifican su régimen fiscal privilegiado porque están complementando o supliendo al Estado en aquellos campos de las necesidades sociales que éste no puede cubrir o lo hace insuficientemente, originando, por tanto, un ahorro en el gasto público, por lo que se debe favorecer su existencia a través del incentivo fiscal.

Nos encontramos pues ante una nueva modalidad de *"privatización"* de funciones públicas, que el Estado protege, a la vez que controla, mediante la concesión de diversos beneficios tributarios a quienes colaboran económicamente en ciertos y determinados actos o actividades de interés general. En efecto, los particulares, a través de estas instituciones y de las acciones de mecenazgo, asumen la realización de actividades que son necesarias para alcanzar el Estado Social y lo hacen a costa de su propio patrimonio, por lo que la Administración dispondrá de una mayor cantidad de recursos públicos para hacer frente a otras finalidades. Por consiguiente, y en conclusión, es el ahorro público el que motiva, a mi entender, la existencia de este régimen fiscal privilegiado, ya que se está cubriendo de forma eficiente un campo del interés social que, en otro caso, no se cubriría o se haría de forma deficiente.

La solidaridad voluntaria es el verdadero origen y razón de ser de la menor imposición sobre estas organizaciones con el fin de evitar una merma en sus recursos, los cuales, esencialmente, están destinados a aquellos campos que la ciudadanía estima necesario impulsar o mejorar. En un determinado momento se puede producir la existencia de una serie de carencias que la sociedad considera importante cubrir, encontrándose ante una situación que no puede ser satisfecha suficientemente, ni por el mercado, ni por los poderes públicos que no puede abordar todas las demandas sociales y tiene que dar prioridad a las que considera más importantes. En consecuencia, las organizaciones sin fin de lucro realizarían una labor complementaria actuando allí donde el mercado no interviene, porque

---

[87] Cfr. *ibidem*.

los beneficios serían escasos o nulos, así como donde el Estado tampoco puede llegar por lo limitados que son sus recursos.

Además, no debe olvidarse que el origen de la imposición tributaria se encuentra en la satisfacción de las necesidades públicas, en consecuencia, quien ya las está cubriendo de manera directa no debería de contribuir o por lo menos debería hacerlo en menor medida que el resto de los sujetos pasivos. El fundamento de la exención está en la comprensión integral del fenómeno financiero. Si es el gasto público el que justifica los mecanismos tendentes a la financiación, ha de tener consecuencias en nuestra disciplina (el Derecho Financiero) la realización de actividades que de otro modo asumiría el Estado; la ausencia de capacidad contributiva, entendida como la no obligación de financiar el gasto público, sería la causa inmediata de la exención subjetiva de estas entidades.

Estas instituciones desempeñan un importante papel, que en muchos sectores no es el de simple complemento de la acción de los poderes públicos, sino que son verdaderos cooperadores de los mismos. La actividad de estas organizaciones privadas, por tanto, en principio, debería significar una disminución del gasto público y una mejor y más amplia cobertura de los objetivos sociales fijados constitucionalmente.

Hasta ahora nos hemos estado refiriendo al régimen fiscal de las entidades sin fines lucrativos, pero la Ley 49/2002 se complementa con una segunda parte destinada al mecenazgo. En ella se busca encauzar los donativos privados de un modo más eficaz, ofreciendo a cambio una serie de estímulos fiscales para ello. Con este régimen lo que se pretende es la colaboración directa de los ciudadanos y de las empresas para que destinen parte de sus rentas, bien sea directamente o bien a través de una entidad de mecenazgo, a la satisfacción de necesidades que son demandadas por la sociedad. A cambio, se les concede no tributar por dichas cantidades o que lo hagan de forma atenuada, al ser deducibles íntegra o parcialmente de la cuota del impuesto que grava la renta. Por consiguiente, se está permitiendo que sean los propios contribuyentes los que decidan a qué tipo de gastos sociales van a ir destinados parte de sus impuestos. De este modo se produce una asignación directa de lo que serían algunos de los ingresos tributarios a actividades de interés general, sin necesidad de la intermediación de las Administraciones públicas.

En definitiva, toda actuación que influya sobre los ingresos o los gastos públicos va a tener una repercusión directa en el sistema financiero, lo que obliga a tener una visión integral del fenómeno financiero, es decir, se debe fijar la capacidad contributiva de los sujetos atendiendo tanto a los ingresos que pueden facilitar al Estado como a la disminución de los gastos públicos que son capaces de generarle.

A partir de este razonamiento, si las entidades sin fines lucrativos o los incentivos directos a algún grupo vulnerable generan un ahorro en los gastos del Estado, a través del desarrollo de sus actividades, se convierten en merecedores de una minoración en su contribución tributaria al sostenimiento de los gastos públicos, por la correlación que hemos dicho que existe entre éstos y los ingresos tributarios. Por tanto, debería modularse su capacidad contributiva mediante la concesión de un conjunto de beneficios (exenciones, bonificaciones y desgravaciones). Como reconocía ALBIÑANA GARCÍA-QUINTANA la capacidad económica de las entidades jurídicas no puede ser aisladamente considerada a efectos tributarios, sino que ha de apreciarse si aplican sus rentas y demás disponibilidades económicas a fines de carácter social o público, sean generales o sectoriales, y, en su virtud, declarar que están exoneradas del pago de tributos[88].

La petición de beneficios debe partir del hecho de que en el ordenamiento jurídico-tributario español a la hora de fijar la capacidad contributiva se observa ésta desde unos índices directos como la posesión de bienes o la percepción de rentas o bien desde unos índices indirectos como son fundamentalmente la circulación y el consumo de riqueza.

[88] Cfr. "La financiación de las iglesias", *Revista Española de Derecho Financiero*, núm. 14, 1977, págs. 334 y 335.

Ahora bien, no por ello podemos dejar de considerar que *también se debería establecer dicha capacidad atendiendo al poder de disposición sobre esa renta o riqueza para aplicarla a la consecución de aquello que el sujeto gravado estime oportuno, es decir, apreciando el grado de discrecionalidad existente a la hora de aplicar la renta.* Conforme a esta visión del principio de capacidad económica o contributiva, las organizaciones no lucrativas, como es sabido, no son libres para disponer de las rentas e ingresos que obtienen puesto que por imposición legal deben darles un determinado destino. Y ese destino no es otro que la realización de fines de interés general para la sociedad, esto es, la satisfacción de necesidades que deberían ser cubiertas por el Estado Social y a las cuales éste no puede dar respuesta en la medida adecuada. En definitiva, desde tal punto de vista, *las* entidades sin fines lucrativos no muestran una capacidad contributiva plena, puesto que la decisión sobre el destino al que va a ser aplicado un determinado porcentaje de su renta neta es fijado por el legislador y no por ellas mismas. Por tanto, esas cantidades no deberían estar sujetas a tributación.

Sin embargo, la tesis expuesta no es aceptada unánimemente en la doctrina. Así, CRUZ AMORÓS no acepta estos argumentos y se plantea hasta qué punto al Estado le interesa que las necesidades demandadas socialmente sean cubiertas por estas entidades o por actuaciones de mecenazgo, ya que los beneficios tributarios que se les conceden implican una disminución de los ingresos públicos y, en consecuencia, una menor posibilidad de llevar a cabo esas actividades por la propia Administración[89].

Por tanto, volvemos al punto de partida, y al eterno debate, sobre si es mejor la concesión de incentivos tributarios a los grupos vulnerables y a quienes colaboren con ellos, o si es mejor otorgarles directamente subvenciones. En mi opinión, es más correcto el sistema de incentivos fiscales, siempre que esté bien estructurado, ya que evita la discrecionalidad que algunas veces se produce en la concesión de subvenciones, ya que los peticionarios suelen ser más que los recursos existentes y no siempre el baremo de adjudicación es lo suficientemente objetivo. Además, las subvenciones conllevan una serie de gastos de control por parte de la Administración, que también ha de ser tenido en cuenta.

Para defender la deducibilidad de los donativos entregados a las entidades sin ánimo de lucro, hemos de indicar que estas aportaciones son separadas económica y jurídicamente de la masa patrimonial de quien las realiza para pertenecer en lo sucesivo al objeto social y fin estatutario de interés colectivo de la entidad que los recibe. Por lo que pensamos que el reconocimiento de beneficios fiscales a las entidades no lucrativas y a sus mecenas está perfectamente justificado dada la vinculación que se va a producir de unos bienes inicialmente privados a unos fines de interés general.

Asimismo, consideramos que, aunque los contribuyentes se deduzcan una cantidad por las aportaciones que realicen a las entidades sin ánimo de lucro, generalmente esto no va a significar una merma en el conjunto del sistema tributario, ya que se estarán destinando a actividades de interés general unas cuantías superiores a las que habría podido ingresar el Estado con la finalidad de destinarlas a esas mismas actividades. Puesto que, como tendré ocasión de exponer, en la mayoría de los supuestos solamente se deduce un porcentaje de la cantidad que ha sido donada, por lo que la disminución obtenida en la tributación muchas veces no compensa el desembolso que está haciendo el contribuyente.

---

[89] Cfr. "Presente y Futuro de las entidades no lucrativas de carácter social y humanitario desde una perspectiva fiscal", *Las entidades no lucrativas de carácter social y humanitario*, La Ley, Colección Solidaridad núm. 1, Madrid, 1991, pág. 289. En relación con los beneficios tributarios BAYONA DE PEROGORDO, J. J., señala que el establecimiento de los mismos *"responde a una voluntad explícita de satisfacción de una necesidad pública que, en vez de acometerse por el procedimiento general del gasto público, se confía a los sujetos titulares del beneficio tributario, los cuales actúan en este caso como agentes del ente público en la satisfacción de la necesidad"*, *El Derecho de los Gastos Públicos*, Instituto de Estudios Fiscales, Madrid, 1991, pág. 110. Por tanto, de la tesis de este autor puede desprenderse que realmente siguen siendo los poderes públicos los que deciden prestar un servicio y corren con ese gasto cuando establecen el beneficio fiscal, pero ya son conscientes de ello.

Y esto es así porque el altruismo del donante en un gran número de ocasiones no se debe a intereses fiscales, sino al verdadero ánimo de liberalidad o a la obtención de una rentabilidad social o publicitaria.

El nivel de gravamen tributario es una cuestión de política social que se resolverá según los criterios de política fiscal imperantes en cada momento. La solución se inclinará a favor de concederles beneficios tributarios si se considera más rentable y económica para el Estado la labor social que efectúan, con el consiguiente ahorro de los servicios públicos que aquéllas prestan, en relación con los ingresos que se pueden obtener por su gravamen tributario. Por tanto, se puede concluir afirmando, que el fundamento de los beneficios que el Estado les otorga se encuentra en que con sus actividades (benéficas, asistenciales, culturales, científicas) contribuyen a la satisfacción de las necesidades públicas colectivas. Si se opina que las Administraciones Públicas deben asumir la realización de todos los bienes sociales, no procederá darles un trato de favor. Pero si con otra opción política se piensa en la conveniencia de un pluralismo ideológico y de una acción limitada del Estado, parece que sí es conveniente concederles beneficios y estímulos.

En definitiva, nos encontramos ante dos modelos de protección de la vulnerabilidad desde la perspectiva del Derecho Financiero. La primera, por la vía de la concesión de incentivos tributarios y la segunda a través de la concesión de subvenciones. En el resto del trabajo vamos a desbrozar cuáles son los incentivos fiscales que pueden aplicar determinados grupos vulnerables de contribuyentes. También haré referencia a los incentivos existentes para las organizaciones que colaboran con los grupos vulnerables y para las personas, tanto físicas como jurídicas, que apoyan su labor a través de donaciones o aportaciones. Por último, haremos una breve reseña a la normativa reguladora de las subvenciones, para determinar los principales aspectos vinculados a su concesión, justificación y control.

7.2. Las medidas tributarias de protección de la vulnerabilidad.

Desde la perspectiva de los ingresos tributarios sólo existen incentivos o medidas concretas que atenúan la carga impositiva de un grupo vulnerable muy concreto, el de los discapacitados. Sin embargo, no existe una concienciación fiscal de la necesidad de proteger a otros posibles grupos vulnerables, salvo en la prestación de algunos servicios en el ámbito del IVA. Partiendo de esta premisa, vamos a analizar cuáles son los incentivos fiscales que podemos encontrar en cada una de las normas tributarias que regulan los principales impuestos estatales. Para ello, partiremos de la tradicional distinción entre impuestos directos, que gravan un índice de capacidad económica real y manifiesta, como la renta o la posesión de un patrimonio, y los impuestos indirectos, que esencialmente gravan el consumo. Por último, nos referiremos a los impuestos locales.

7.2.1. La imposición directa: el IRPF.

Los artículos 1 y 2 de la *Ley 35/2006, de 28 de noviembre, del Impuesto sobre la Renta de las Personas Físicas y de modificación parcial de las Leyes de los Impuestos sobre Sociedades, sobre la Renta de No Residentes y sobre el Patrimonio* (en adelante LIRPF), establecen que el objeto del impuesto es gravar la renta del contribuyente persona física. Por tanto, toda persona física que sea residente fiscal en España deberá contribuir por este impuesto en función de las rentas obtenidas en cualquier lugar del mundo, salvo que sea aplicable algún Convenio de Doble Imposición que exonere a esa renta de gravamen en España por estar sometida a tributación en otro Estado.

El impuesto tiene un carácter generalista, de tal modo que para modular su incidencia se han establecido varios ajustes en su normativa. Así, en primer lugar, el artículo 7 declara la exención de determinadas rentas, en atención a las personas que las perciben. Entre las rentas exentas podemos destacar las percibidas por las víctimas del terrorismo, pensiones por incapacidad permanente absoluta o gran invalidez, pensiones por lesiones o mutilaciones sufridas en la guerra civil, ayudas a afectados por el VIH, determinadas prestaciones familiares percibidas por menores incapacitados, por acogimiento de personas con discapacidad mayores de 65 años, becas públicas y otorgadas por entidades sin ánimo de lucro para la formación en cualquiera de los grados del sistema educativo, anualidades por alimentos percibidas de los padres en virtud de decisión judicial, prestaciones procedentes de patrimonios protegidos de personas con discapacidad o prestaciones públicas vinculadas a la Ley de promoción de la autonomía personal y atención a las personas en situación de dependencia.

El IRPF grava la renta en función de cinco bloques: las rentas del trabajo, las rentas del capital (inmobiliario y mobiliario), las rentas de actividades económicas, las ganancias y pérdidas patrimoniales y, por último, las imputaciones de renta, que son auténticas ficciones legales de obtención de renta por posesión de bienes o derechos. Pues bien, sólo las rentas del trabajo contemplan una modulación del rendimiento obtenido por los declarantes de este tipo de renta que tenga algún grado de discapacidad reconocido, como puede verse en el artículo 19.2.f) LIRPF, donde se permite una reducción como gasto deducible de 3.500 euros adicionales si son trabajadores activos, elevándose a 7.750 euros si acreditan necesitar ayuda de terceras personas o movilidad reducida, o un grado de discapacidad igual o superior al 65 por 100. El artículo 60.3 LIRPF aclara que: "*A los efectos de este impuesto, tendrán la consideración de personas con discapacidad los contribuyentes que acrediten, en las condiciones que reglamentariamente se establezcan, un grado de minusvalía igual o superior al 33 por 100. En particular, se considerará acreditado un grado de minusvalía igual o superior al 33 por 100 en el caso de los pensionistas de la Seguridad Social que tengan reconocida una pensión de incapacidad permanente total, absoluta o gran invalidez en el caso de los pensionistas de clases pasivas que tengan reconocida una pensión de jubilación o retiro por incapacidad permanente para el servicio o inutilidad. Igualmente, se considerará acreditado un grado de minusvalía igual o superior al 65 por 100, cuando se trate de personas cuya incapacidad sea declarada judicialmente, aunque no alcance dicho grado*". Las formas de acreditación del grado de discapacidad se contemplan en el artículo 72 del *Real Decreto 439/2007, de 30 de marzo, por el que se modifica el Reglamento del Impuesto sobre la Renta de las Personas Físicas y se modifica el Reglamento de Planes y Fondos de Pensiones, aprobado por Real Decreto 304/2004, de 20 de febrero.*

Fuera del supuesto mencionado anteriormente, la LIRPF modula la carga tributaria de los contribuyentes en función de su situación personal y familiar en los artículos 56 a 61 LIRPF. En estos preceptos se regulan unas reducciones en la base imponible del impuesto, por considerar que estamos en presencia de una renta mínima de subsistencia que no debe ser gravada. Las reducciones, al operar sobre la base imponible minoran la progresividad del impuesto, ya que reducen la aplicación de los marginales máximos. Las reducciones que se contemplan, a parte del mínimo de renta personal, están determinadas en función de que el contribuyente sea mayor de 65 años o tenga algún tipo de discapacidad. Igualmente, hay reducciones añadidas si tiene hijos al cargo o ascendientes, incrementándose su importe si sufren algún tipo de discapacidad.

Los artículos 53 y 54 LIRPF también contemplan reducciones por aportaciones y contribuciones a sistemas de previsión social constituidos a favor de personas con discapacidad y por aportaciones a patrimonios protegidos de las personas con discapacidad.

Por otra parte, el 81 LIRPF ha establecido una deducción por maternidad a la que pueden acogerse las mujeres con hijos menores de tres años que sean trabajadoras. La deducción puede practicarse en la cuota del IRPF, es decir, en el importe íntegro resultante del cálculo del tributo, o bien solicitar su percepción de forma anticipada, la llamada paga de cien euros mensuales, en caso de practicarse la deducción serían 1.200 euros anuales hasta que el descendiente cumpla tres años, prorrateándose mensualmente.

Finalmente, se ha introducido un artículo 81.bis LIRPF que establece una deducción por familia numerosa o persona con discapacidad a cargo, que tiene el mismo funcionamiento que la deducción por maternidad.

En definitiva, como puede verse, los incentivos en el IRPF están esencialmente vinculados a la discapacidad, la tercera edad y los menores de tres años, no existiendo ningún otro grupo especialmente protegido.

7.2.2. La imposición directa: el Impuesto de Sucesiones y Donaciones.

La *Ley 29/1987, de 18 de diciembre, del Impuesto de Sucesiones y Donaciones*, prevé en su artículo 20 una serie de reducciones, aplicables en el supuesto de sucesiones, a las personas físicas con discapacidad que sean sujetos pasivos del tributo por haber recibido una herencia o legado. Los importes de las reducciones son acumulativos a los que ya se tuviera derecho en función del grado de parentesco con el causante, incrementándose, además, en función del grado de minusvalía con el que se cuente.

Quiero llamar la atención sobre el hecho de que este impuesto se haya totalmente cedido a las Comunidades Autónomas, que además tienen competencias normativas sobre el mismo, pudiendo establecer bonificaciones añadidas a las mencionadas o bien incrementar sus importes[90].

Por lo general, casi todas las CCAA han incrementado el régimen de bonificación aplicable a los menores de 21 años y a los discapacitados. De nuevo nos encontramos con que los únicos grupos vulnerables protegidos fiscalmente son los menores y los discapacitados.

7.2.3. La imposición indirecta: el IVA.

La *Ley 37/1992, de 28 de diciembre, del Impuesto sobre el Valor Añadido* (en adelante LIVA), grava las entregas de bienes y prestaciones de servicios efectuadas por empresarios o profesionales en el ámbito territorial del impuesto, las adquisiciones intracomunitarias de bienes y las importaciones[91]. Ahora bien, este impuesto, aunque configura como sujeto pasivo al empresario o profesional que entrega el bien, presta el servicio o realiza la importación, prevé que la carga económica del impuesto sea repercutida a los consumidores, destinatarios finales de los productos[92].

Dada la configuración del impuesto, las exenciones existentes en el mismo pretenden beneficiar a los terceros repercutidos, evitando que se cobre el IVA a los consumidores o usuarios.

7.2.3.1. *Exenciones en operaciones interiores.*

El artículo 20 LIVA contempla una serie de exenciones que serían aplicables a determinados grupos vulnerables. Así, por ejemplo, en el apartado Uno.8º, se declaran exentas las prestaciones de servicios de asistencia social, que se lleven a cabo por Administraciones públicas o entidades privadas de carácter social, vinculadas a la protección de la infancia y la juventud, asistencia a tercera edad, personas con discapacidad, minorías étnicas, refugiados y asilados, transeúntes, personas con cargas familiares no compartidas, acción social y comunitaria, asistencia a exreclusos, reinserción

---

[90] Sobre este particular véase el artículo 32 de la *Ley 22/2009, de 18 de diciembre, por la que se regula el sistema de financiación de las Comunidades Autónomas de régimen común y ciudades con Estatuto de Autonomía.*

[91] El ámbito territorial del impuesto se define en el artículo 3 LIVA y en el supuesto de España excluye Canarias, Ceuta y Melilla.

[92] El artículo 5 LIVA define el concepto de empresario o profesional y los artículos 88 y 89 LIVA regulan la repercusión.

social y prevención de delincuencia, asistencia a alcohólicos y toxicómanos, cooperación al desarrollo. El artículo 20.Tres LIVA califica como entidades de carácter social a aquellas en las que concurran los siguientes requisitos: 1º Carezcan de finalidad lucrativa y dedique, en su caso, los beneficios eventualmente obtenidos al desarrollo de actividades exentas de idéntica naturaleza. 2º Los cargos de presidente, patrono o representante legal deberán ser gratuitos y carecer de interés en los resultados económicos de la explotación por sí mismos o a través de persona interpuesta. 3º Los socios comuneros o partícipes de las entidades o establecimientos y sus cónyuges o parientes hasta el segundo grado inclusive, no podrán ser destinatarios principales de las operaciones exentas ni gozar de condiciones especiales en la prestación de los servicios. Este requisito no se aplicará cuando se trate de las prestaciones de servicios de carácter social o deportivo.

Además de los grupos vulnerables que acabamos de indicar, el artículo 20.Uno LIVA contiene exenciones para los servicios educativos, de guardia y custodia de niños, servicios deportivos, servicios culturales, las prestaciones de servicios y entregas de bienes accesorias a las mismas efectuadas directamente a sus miembros por organismos o entidades sin ánimo de lucro y el transporte de enfermos y heridos. El artículo 14 de la *Ley 58/2003, de 17 de diciembre, General Tributaria*, no admite la analogía para extender más allá de sus términos estrictos el ámbito del hecho imponible, de las exenciones y demás beneficios o incentivos fiscales. Esta circunstancia determina, por ejemplo, que no quepa considerar amparada por la exención la prestación del servicio de transporte de discapacitados, al no estar expresamente recogido en el artículo 20.Uno LIVA, como claramente señala la contestación de 4 de julio de 2007 (V1462-07) de la Dirección General de Tributos. Ahora bien, no hay que confundir la extensión analógica con la interpretación lógica. Así, por ejemplo, las contestaciones de la Dirección General de Tributos de 24 de septiembre de 2007 (V1989-07) y de 28 de junio de 2010 (V1460-10) consideran arrendamiento de vivienda el efectuado por entidades sin ánimo de lucro para dar cobijo a grupos vulnerables, ya que realmente se está alquilando una vivienda y esa va a ser su finalidad última, aunque el arrendatario sea una persona jurídica.

Al estar ante un impuesto plurifásico, que grava el valor añadido en cada fase, si en un determinado momento no se produce la traslación económica del tributo, como ocurre cuando hay una exención, el último empresario o profesional que presta el servicio se convierte en el sujeto que soporta todo el coste fiscal de la operación, ya que no puede deducir el impuesto que ha soportado previamente. Esta circunstancia se hubiera solucionado mediante el establecimiento de un tipo cero, pero en este caso la Administración tributaria no recaudaría nada, ya que debería devolver íntegramente las cuotas soportadas al último empresario o profesional. Por tanto, hay que tener en cuenta esta situación ya que las exenciones introducen una importante distorsión en el funcionamiento ordinario del impuesto. La distorsión que se produce queda claramente reflejada en las contestaciones de la Dirección General de Tributos las consultas vinculantes de 30 de agosto de 2007 (V1792-07) y de 12 de mayo de 2011 (V1211-11).

Cabe concluir, que el IVA establece exenciones concretas que pueden beneficiar los servicios recibidos por algunos grupos vulnerables.

7.2.3.2. *Exenciones a la importación.*

Cuando se introduce un bien dentro del territorio de la Unión Europea se produce un gravamen a la importación por IVA. No obstante, se establecen algunas exenciones que pueden afectar a colectivos vulnerables o entidades que trabajan con los mismos. Así, el artículo 44 LIVA contiene una exención a la importación de bienes destinados a organismos caritativos o filantrópicos. El artículo 45 LIVA concede una exención a la importación de bienes en beneficio de personas con minusvalía. Y, por último, el artículo 46 LIVA declara exentas las importaciones de bienes en beneficio de las víctimas de catástrofes.

7.2.3.3. *Tipos de gravamen reducidos.*

En el IVA ha sido tradicional, junto a las exenciones, el establecimiento de tipos de gravamen reducidos que pretenden beneficiar a los consumidores de determinados bienes o servicios. El artículo 90 LIVA prevé un tipo general del 21 por 100, que se aplica con carácter general, salvo que la operación se pueda encuadrar en alguno de los supuestos de tipos reducidos previstos en el siguiente precepto.

El artículo 91.Uno.1.6º.c) LIVA fija un tipo del 10 por 100 para la entrega de Los equipos médicos, aparatos y demás instrumental, relacionados en el apartado octavo del anexo de esta Ley, que por sus características objetivas, estén diseñados para aliviar o tratar deficiencias, para uso personal y exclusivo de personas que tengan deficiencias físicas, mentales, intelectuales o sensoriales.

El artículo 91.Uno.2.7º LIVA establece la aplicación del tipo del 10 por 100 a los servicios de asistencia social que no estén exentos, por no ser prestados por una Administración pública o una entidad de carácter social, y a los que no les sea de aplicación el tipo del 4 por 100 previsto en el art. 91.Dos.2.3º LIVA. Son los servicios de teleasistencia, ayuda a domicilio, centro de día y de noche y atención residencial, a que se refieren las letras b), c), d) y e) del apartado 1 del artículo 15 de la *Ley 39/2006, de 14 de diciembre, de Promoción de la Autonomía Personal y Atención a las Personas en situaciones de dependencia*, que se presten a las personas en situación de dependencia, siempre que lo sean en plazas concertadas en centros o residencias o mediante precios derivados de un concurso administrativo adjudicado a las empresas prestadoras, o como consecuencia de una prestación económica vinculada a tales servicios que cubra más del 75 por 100 de su precio, en aplicación, en ambos casos, de lo dispuesto en dicha Ley.

El artículo 91.Dos.1.3º LIVA fija el tipo en el 4 por 100 para los medicamentos de uso humano.

El artículo 91.Dos.1.4º LIVA establece un tipo del 4 por 100 para los vehículos de personas con movilidad reducida. La adquisición de vehículos para personas con movilidad reducida ha dado lugar a numerosas polémicas, que encuentran su resolución en diversas contestaciones a consultas de la Dirección General de Tributos, entre las que podemos destacar las siguientes: la de 21 de diciembre de 2009 (V2802-09), la de 14 de septiembre de 2010 (V2003-10) y la de 30 de septiembre de 2010 (V2174-10).

El artículo 91.Dos.1.5º LIVA otorga el tipo del 4 por 100 a las prótesis, ortesis e implantes internos para personas con discapacidad.

El artículo 91.Dos.2.1º LIVA también concede el tipo del 4 por 100 a los servicios de reparación de los vehículos de personas con movilidad reducida y a las sillas de ruedas.

Por último, el artículo 91.Dos.2.2º LIVA también establece un tipo de 4 por 100 para arrendamientos con opción de compra de viviendas de protección oficial.

Como puede apreciarse, los tipos reducidos están ligados esencialmente a la discapacidad y al acceso a la vivienda protegida.

7.2.4. La imposición indirecta: el Impuesto especial sobre determinados medios de transporte.

En el Impuesto especial sobre determinados medios de transporte, comúnmente conocido como Impuesto de Matriculación, encontramos de nuevo la protección de un grupo vulnerable muy concreto, el de los discapacitados. En este sentido, el artículo 65.1.a).6º de la *Ley 38/1992, de 28 de diciembre, de Impuestos Especiales* (en adelante LIIEE), declara la no sujeción a gravamen de los vehículos para personas con movilidad reducida. La no sujeción a este impuesto hay que relacionarla con la aplicación del tipo superreducido del IVA. En relación con la no sujeción de estas operaciones de matriculación puede verse la contestación de la Dirección General de Tributos a la consulta de 11 de mayo de 2010 (V0980-10).

Por su parte, el artículo 66.1.d) LIIEE contempla una exención para los coches matriculados a nombres de minusválidos para su uso exclusivo, siempre que concurran los siguientes requisitos:

1.º) Que hayan transcurrido al menos cuatro años desde la matriculación de otro vehículo en análogas condiciones. No obstante, este requisito no se exigirá en supuestos de siniestro total de los vehículos, debidamente acreditado.

2.º) Que no sean objeto de una transmisión posterior por actos «inter vivos» durante el plazo de los cuatro años siguientes a la fecha de su matriculación.

El apartado segundo del artículo 66 exige la previa certificación de la minusvalía o invalidez por el órgano administrativo correspondientes y su justificación ante la AEAT. En este sentido, el artículo 136 del *Real Decreto 1165/1995, de 7 de julio, por el que se aprueba el Reglamento de los IIEE*, exige la presentación de un impreso específico de solicitud de la no sujeción o exención previo a la matriculación.

El Modelo 06 de la Agencia Estatal de la Administración Tributaria (AEAT), que está regulado en la *Orden EHA/3851/2007 de 26 de diciembre, por la que se aprueba el modelo 576 de autoliquidación del Impuesto Especial sobre Determinados Medios de Transporte, y el modelo 06 de declaración del Impuesto Especial sobre Determinados Medios de Transporte, exenciones y no sujeciones sin reconocimiento previo, y en la Orden EHA/3496/2009, de 17 de diciembre, por la que se aprueba el modelo 568 de solicitud de devolución por reventa y envío de medios de transporte fuera del territorio, el lugar, forma y plazo de presentación y se establecen las condiciones generales y el procedimiento para su presentación telemática por Internet y se modifica la Orden EHA/1981/2005, de 21 de junio, por la que se aprueba el modelo 576 de declaración-liquidación del Impuesto Especial sobre Determinados Medios de Transporte, el modelo 06 de declaración del Impuesto Especial sobre Determinados Medios de Transporte, exenciones y no sujeciones sin reconocimiento previo, se establecen las condiciones generales y el procedimiento para la presentación telemática por Internet de las declaraciones correspondientes al modelo 576 y se modifica la Orden de 30 de septiembre de 1999, por la que se establecen las condiciones generales y el procedimiento para la presentación telemática de las declaraciones-liquidaciones correspondientes a los modelos 110, 130, 300 y 330.*

7.2.5. La imposición local.

7.2.5.1. *El Impuestos sobre Vehículos de Tracción Mecánica.*

El artículo 93.1.e) del *Real Decreto Legislativo 2/2004, de 5 de marzo, por el que se aprueba el Texto Refundido de la Ley Reguladora de las Haciendas Locales*, concede la exención en el Impuesto sobre Vehículos de Tracción Mecánica (antiguamente conocido como la "*viñeta*") a los vehículos para personas de movilidad reducida a que se refiere el apartado A del anexo II del Reglamento General de Vehículos, aprobado por el Real Decreto 2822/1998, de 23 de diciembre (Son vehículos cuya tara no sea superior a 350 kg, y que, por construcción, no puede alcanzar en llano una velocidad superior a 45 km/h, proyectados y construidos especialmente (y no meramente adaptados) para el uso de personas con alguna disfunción o incapacidad física. En cuanto al resto de sus características técnicas se les equiparará a los ciclomotores de tres ruedas) y a los que estén matriculados a nombre de minusválidos para su uso exclusivo. La exención sólo es aplicable a un vehículo por discapacitado, siendo preciso que su grado de discapacidad sea igual o superior al 33 por 100. Sobre los criterios de aplicación de esta exención puede verse la contestación de la Dirección General de Tributos a la consulta de 6 de abril de 2011 (V0921-11).

Esta exención, como puede apreciarse, está ligada a que el vehículo haya estado exento o no sujeto al Impuesto Especial sobre Determinados Medios de Transporte.

7.2.5.2. *El Impuesto de Construcciones Instalaciones y Obras.*

En el ámbito de las Haciendas Locales existe la potestad de que los Ayuntamientos establezcan un Impuesto sobre Construcciones Instalaciones y Obras, que grava aquellas obras o instalaciones para las que sea preciso obtener una licencia urbanística o de obras. El impuesto existe en prácticamente el 85 por 100 de los municipios españoles.

Pues bien, el artículo 103.2.e) TRLHL prevé la posibilidad de que las ordenanzas fiscales reguladoras del impuesto que establezca cada Ayuntamiento puedan conceder una serie de bonificaciones. Entre ellas, debemos destacar una bonificación de hasta el 90 por 100 a favor de las construcciones, instalaciones u obras que favorezcan las condiciones de acceso y habitabilidad de los discapacitados. Esta bonificación se configura como acumulable, por lo que se aplicaría en último lugar sobre la cuota resultante de aplicar otras bonificaciones previas, como puede ser la del 50 por 100 existente por la realización de obras en viviendas de protección oficial. Esta circunstancia puede reducir de manera muy significativa la cuota tributaria, siempre que el Ayuntamiento decida establecer las bonificaciones tal y como vienen configuradas en el TRLHL y en sus porcentajes máximos.

7.3. Incentivos fiscales a las entidades no lucrativas que colaboran con grupos vulnerables.

Considero preciso hacer una breve referencia a la *Ley 49/2002, de 23 de diciembre, de régimen fiscal del sector no lucrativo y de incentivos fiscales al mecenazgo*, ya que aunque no es una norma directamente relacionada con los grupos vulnerables, sí que otorga unos importantes incentivos fiscales a las instituciones que habitualmente colaboran con estos grupos.

La Ley 49/2002 se caracteriza por conceder una exención casi total en el Impuesto sobre Sociedades a las entidades que puedan acogerse a la misma, ya que sólo tributarán por los rendimientos de algunas explotaciones económicas. Asimismo, se les concede la exención en el Impuesto de Bienes Inmuebles para todos los inmuebles de los que sean titulares y lo mismo si tuvieran que pagar el Impuesto sobre el Incremento de Valor de los Terrenos de Naturaleza Urbana. Igualmente, si alguna entidad no lucrativa acogida a este régimen tuviera un volumen de operaciones superior a un millón de euros y pudiera ser sujeto pasivo del Impuesto sobre Actividades Económicas, también se le concede la exención si la explotación económica está exenta de tributar en el Impuesto sobre Sociedades. Por último, las declara exentas de tributar en el Impuesto de Transmisiones Patrimoniales y Actos Jurídicos Documentados. Como puede apreciarse, es un régimen fiscal realmente interesante para las instituciones que puedan acogerse al mismo.

Ahora bien, este régimen especial de la Ley 49/2002 no es aplicable a cualquier entidad no lucrativa, sólo pueden optar al mismo: fundaciones, asociaciones declaradas de utilidad pública, ONGs, federaciones deportivas de ámbito nacional y las territoriales integradas en las mismas, confesiones religiosas que tengan suscritos acuerdos con el Estado español, la ONCE, la Cruz Roja, la Obra Pía de los Santos Lugares y las asociaciones de las entidades mencionadas anteriormente. Por tanto, quedan excluidas de este régimen las asociaciones que no tengan la declaración de utilidad pública. Las asociaciones no acogidas o excluidas de la Ley 49/2002 tributan conforme al régimen especial de entidades parcialmente exentas regulado en los artículos 120 a 122 del *Real Decreto Legislativo 4/2004, de 5 de marzo, por el que se aprueba el Texto Refundido de la Ley del Impuesto sobre Sociedades.*

El hecho de tener esta forma jurídica tampoco implica una aplicación automática del régimen especial, ya que es preciso cumplir un decálogo de condiciones que vienen impuestas en el artículo 3 de la Ley 49/2002. Por tanto, si se cumplen estas condiciones y se tiene la forma jurídica adecuada se puede ejercer la opción por este régimen especial, que es de solicitud voluntaria por parte de las entidades no lucrativas. El ejercicio de la opción se realizará a través de la oportuna declaración censal y surtirá efectos a partir de su presentación para las operaciones devengadas con posterioridad y para los ejercicios fiscales que no estén cerrados.

Las entidades que se acojan al régimen fiscal de la Ley 49/2002 también tendrán la condición de entidades beneficiarias del mecenazgo, por lo que las personas físicas y jurídicas que colaboren con ellas a través de donativos tendrán derecho a practicarse unas deducciones en las cuotas de sus impuestos. En este sentido, con carácter general, si el donativo lo efectúa una persona física se podrá deducir el 25 por 100 del importe del mismo en su cuota íntegra, siempre que no supere el 10 por 100 de su base liquidable. Por tanto, una parte de la donación la recupera al minorar la cantidad a ingresar en la Administración Tributaria. En el caso de personas jurídicas, la deducción en cuota del Impuesto sobre Sociedades es del 35 por 100 del importe del donativo, condicionado a no superar el 10 por 100 de base imponible. En el supuesto de que se sobre pase este límite o hubiese una insuficiencia de cuota las personas jurídicas podrían trasladar las cantidades no deducidas a los diez ejercicios siguientes.

Estos son los principales incentivos, de forma resumida, que pueden encontrarse en la Ley 49/2002.

7.4. Las subvenciones.

Como ya indicamos al inicio de este trabajo, frente a los incentivos fiscales como forma de protección de los grupos vulnerables, la Administración puede recurrir, desde la perspectiva financiera, a la concesión de ayudas por la vía de las subvenciones, que pueden ser percibidas por los beneficiarios o por entidades colaboradoras que las reparten posteriormente.

Para finalizar este trabajo considero conveniente realizar una breve referencia a los elementos esenciales de la *Ley 38/2003, de 17 de noviembre, General de Subvenciones* (en adelante LGS), y del *Real Decreto 887/2006, de 21 de julio, por el que se aprueba el Reglamento de la Ley General de Subvenciones* (en adelante RGLS).

El artículo 2 LGS define el concepto de subvención, que se caracteriza por tres notas. La primera, que es una entrega realizada sin contraprestación directa de los beneficiarios, la Administración no va a percibir nada a cambio. La segunda, que la entrega está sujeta al cumplimiento de un objetivo, ya realizado o por desarrollar. Y la tercera, que la acción, conducta o situación financiada tendrá por objeto el fomento de una actividad de utilidad pública o interés social.

El artículo 11 LGS regula la figura de los beneficiarios, fijándose en el artículo 14 LGS cuáles son sus principales obligaciones.

Como ya he señalado, las subvenciones pueden ser percibidas por entidades colaboradoras, que están reguladas en el artículo 12 LGS. Estas entidades tienen que cumplir con las obligaciones fijadas en los artículos 15 y 16 LGS, en el último se regula el contenido de los convenios de colaboración a suscribir entre la Administración y la entidad gestora de las subvenciones.

Las subvenciones, en tanto que ayudas económicas que suponen una detracción de recursos públicos, deben concederse conforme a unas bases reguladoras, que deberán cumplir con lo establecido en el artículo 17 LGS. La Administración tiene la obligación de dar publicidad suficiente de las subvenciones concedidas, como señala el artículo 18 LGS.

El artículo 19 LGS establece reglas sobre la financiación de las actividades subvencionadas: posibilidad de exigir un importe de financiación propia, compatibilidad con otras subvenciones, imposibilidad de que las subvenciones superen el coste de las actividades, destino de los rendimientos financieros que se generen por los fondos librados. El artículo 34 RGLS regula las situaciones de exceso de financiación.

El artículo 22 LGS establece los procedimientos para la concesión de las subvenciones, ya sean por concurrencia competitiva o directas.

Especial consideración merece el artículo 30 LGS que fija cómo se ha de llevar a cabo la justificación de las subvenciones públicas, lo que se desarrolla en el artículo 72 RLGS. Debe existir una declaración de las actividades realizadas que han sido financiadas con la subvención y su coste, con el desglose de cada uno de los gastos incurridos.

También resulta esencial el artículo 31 LGS que regula los gastos subvencionables.

El artículo 32 LGS se refiere a la comprobación de las subvenciones, y tiene su desarrollo más detallado en el artículo 84 RGLS, que fija los criterios para la comprobación de la adecuada justificación de la subvención.

En el artículo 37 LGS se regulan las causas de reintegro, especial interés tienen los apartados del número primero c) relativo al incumplimiento de la obligación de justificación o la justificación insuficiente, y d) sobre el incumplimiento de la obligación de adoptar medidas de difusión de la subvención percibida, ya que son las dos principales causas de reintegro de subvenciones. El artículo 31 RGLS establece las condiciones de publicidad que debe llevar a cabo el beneficiario.

Por último, hay que señalar que el artículo 46 LGS establece una obligación de colaboración para el control efectivo de las subvenciones.

Estos preceptos consideramos que contienen los principales aspectos de la regulación de las subvenciones.

Bibliografía básica.

CARRANCHO HERRERO, M. T., "El problema del ejercicio de actividades económicas por las fundaciones", *Revista de Derecho Privado*, Febrero, 1991.

DE LORENZO GARCÍA, R., *El nuevo Derecho de Fundaciones*, Marcial Pons-Fundación ONCE, Colección Solidaridad, núm. 3, Madrid, 1993.

GARCÍA AÑOVEROS, J., en "El presupuesto y el gasto público en la Constitución", *El sistema económico de la Constitución Española*, XV Jornadas de Estudio. Dirección General del Servicio Jurídico del Estado, Volumen II, Ministerio de Economía y Hacienda, Madrid, 1994.

GARRORENA MORALES, A., *El Estado español como Estado Social y Democrático de Derecho,* Tecnos, 1ª reimpresión, Madrid, 1987.

LÓPEZ AGUILAR, J. F., "La presencia del Derecho de Fundación en la Constitución Española de 1978", *El Sistema Económico en la Constitución Española,* XV Jornada de Estudio. Dirección General del Servicio Jurídico del Estado, volumen I, Ministerio de Justicia, Madrid, 1994.

LOZANO SERRANO, C., *Exenciones tributarias y derechos adquiridos*, Tecnos, Madrid, 1988.

MARTÍN MATEO, R., *Liberalización de la economía. Más Estado, menos Administración*, Trivium, Madrid, 1988.

MARTÍNEZ GARCÍA-MONCÓ, A., *Los gastos sociales en el Derecho español,* Lex Nova, Valladolid, 1990.

ORÓN MORATAL, G., *La configuración constitucional del gasto público*, Tecnos, Madrid, 1995.

PEDREIRA MENÉNDEZ, J., *El régimen fiscal del sector no lucrativo y del mecenazgo,* Civitas, Madrid, 2003.

- "El IVA y el sector no lucrativo: análisis particular de las exenciones", *Jurisprudencia Tributaria Aranzandi,* núm. 7-8, septiembre, 2005.

PEDREIRA MENÉNDEZ, J. y ÁLVAREZ GONZÁLEZ, L.I., *La Responsabilidad Social de la Mediana y Gran Empresa Asturiana,* Septem Ediciones, Oviedo, 2007.

PEREZ LUÑO, A. E., *Derechos Humanos, Estado de Derecho y Constitución*, Tecnos, Madrid, 1984.

PÉREZ RON, J. L., *Las exenciones en el Impuesto sobre la Renta de la Personas Físicas,* Tirant lo Blanch, Valencia, 1999.

RODRÍGUEZ CABRERO, G., "Estado de Bienestar y sociedad civil en España: hacia una división pluralista del bienestar", *Hacienda Pública Española*, Monografías, núm. 1, 1995.

SESMA SÁNCHEZ, B., *Las subvenciones públicas,* Lex Nova, Valladolid, 1998.

TRONCOSO REIGADA, A., *Privatización, Empresa pública y Constitución*, Marcial Pons, Madrid, 1997.

VICENTE-ARCHE DOMINGO, F., "Notas sobre el gasto público y contribución a su sostenimiento en la Hacienda Pública", *Revista Española de Derecho Financiero,* núm. 31, 1974

Tema 8. Tutela jurisdiccional de los derechos de las personas y los grupos vulnerables en el proceso civil, penal y laboral

José María Roca Martínez

8.1. Vulnerabilidad y tutela jurisdiccional

Dos son los elementos a tener en cuenta y a relacionar entre sí a la hora de delimitar el objeto del presente capítulo: la protección jurisdiccional y los grupos vulnerables. El primero requiere una doble aclaración; la distinción entre protección jurídica y jurisdiccional y la extensión de esta segunda a los instrumentos alternativos al proceso. El segundo, encierra en sí mismo una relatividad que no permite fijar con carácter apriorístico dónde está la vulnerabilidad, en otras palabras, qué grupos o colectivos han de considerarse vulnerables.

Si la protección jurídica cumple una finalidad principalmente preventiva a través del reconocimiento de derechos, la protección jurisdiccional está prevista como mecanismo o instrumento de tutela frente a la lesión de tales derechos; aunque no cabe desconocer cierta aspiración disuasoria, es indudable que la protección jurisdiccional entra en juego habitualmente como reacción frente a la lesión.

La condición de vulnerable viene relacionándose con la situación de desventaja en la que un individuo o grupo se encuentra respecto al resto de la sociedad; la relatividad es inherente a dicha condición en la medida en que se determina por comparación con el resto; pero, además, ha de hacerse dentro de cada contexto social. Lo que quiero destacar es que las opiniones más o menos unánimes acerca de la condición de vulnerable de un grupo o colectivo determinado vienen referidas a un momento histórico determinado y dentro de un ámbito social concreto y pueden resultar absolutamente inadecuadas en otro contexto.

Pero incluso puede hablarse de situaciones de *doble vulnerabilidad* y dentro de un grupo o colectivo, de por sí vulnerable, se producen nuevas situaciones de vulnerabilidad respecto a alguno de los pertenecientes al grupo. Así puede entenderse que sucede, por ejemplo, con las mujeres dentro del colectivo gitano, en la medida en que a la vulnerabilidad por razones étnicas se une la vulnerabilidad por razón de sexo. En los últimos tiempos esta situación ya ha comenzado a cuestionarse dentro del propio colectivo con alguna manifestación de asociacionismo (p. ej. en 2014 se presentó la asociación Gitanas Feministas por la Diversidad)[93].

La vulnerabilidad se relaciona habitualmente con la desigualdad o discriminación en la que se encuentra un colectivo; los factores causantes de una potencial (vulnerable) o efectiva (vulnerado) situación de desventaja pueden ser inherentes al grupo (endógenos) o deberse a su relación con el entorno (exógenos). Entre los primeros, se citan la edad (con incidencia en niños y ancianos), el sexo y la discapacidad (ya sea física, mental o sensorial); entre los segundos, destacan los condicionantes sociales (convicciones, religión, orientación sexual, raza, nacionalidad), económicos (pobreza e indigencia, subempleo) y jurídicos (privación de libertad).

¿Qué respuesta ofrece el Sistema Procesal frente a la vulnerabilidad?

8.2. El acceso a la Justicia

Tan importante, al menos, como el reconocimiento de derechos en favor de los grupos vulnerables resulta la posibilidad de reclamar la eficacia de los mismos; lo contrario supondría un esfuerzo baldío por quebrar las desigualdades, dejando los derechos en meras

---

[93] En el año 2014, coincidiendo con la celebración del Dia Internacional del Pueblo Gitano (8 de abril), se llevó a cabo la presentación de la asociación Gitanas Feministas por la Diversidad (http://amecopress.net/spip.php?article10943).

declaraciones carentes de efectividad a modo de fuegos de artificio[94]. El libre acceso a la justicia como cauce institucionalizado de tutela jurisdiccional de los derechos se recoge en tratados internacionales (Declaración Universal de los Derechos del Hombre de 1948 –art. 10–, el Convenio Europeo para la Protección de los Derechos Humanos y de las libertades fundamentales de 1950 –art. 6.1)– el Pacto Internacional de los Derechos Civiles y Políticos de 1966 –art. 14.1–, la convención americana sobre Derechos Humanos de 1969 –arts. 8.1 y 25.1–) y se reconoce y garantiza en el artículo 24.1 de la Constitución Española de 1978 (CE) como manifestación del más general derecho a la tutela judicial efectiva. Pero el propio derecho de acceso a la justicia está sujeto a condicionantes que dificultan su ejercicio; se trata de obstáculos de carácter general sin que, en mi opinión vengan referidos de forma específica a los grupos vulnerables, pero es indudable que la vulnerabilidad habitualmente actúa como agravante hasta el punto de que los obstáculos pueden convertirse en auténticas limitaciones.

A efectos expositivos he estructurado los condicionantes del libre acceso a la justicia en culturales, económicos, organizativos y procesales.

8.2.1. Condicionantes culturales: acceso a la información.

Para poder ejercitar los derechos es preciso conocerlos; ese conocimiento ha de extenderse no solo a los propios derechos, sino también a los instrumentos de tutela de los mismos. Es necesario que el ciudadano disponga de una información clara y accesible acerca de cuáles son sus derechos y cómo hacerlos efectivos. Esta exigencia general puede hacerse especialmente delicada cuando se trata de colectivos o grupos con dificultades de acceso a la información. El desconocimiento o la falta de información acerca de la existencia de derechos y de instrumentos de protección es una grave causa de desequilibrio y discriminación.

En las actuaciones que se realizan con la finalidad de adoptar medidas de protección de los colectivos en situación de vulnerabilidad es constante la preocupación por el acceso a una información clara y comprensible (100 Reglas de Brasilia –26, 45 y 46, 51 a 79–); las barreras a la información y la comunicación constituyen una de las circunstancias más discriminatorias y excluyentes (Guía de buenas prácticas del CGPJ, 2011).

Resulta importante hacer una distinción entre los diversos ámbitos de información; no se trata de establecer distintos niveles, por cuanto todos ellos son de igual o similar trascendencia, sino de poner de manifiesto la necesidad de garantizar que la información facilitada sea completa y llegue a los destinatarios de tal manera que sea fácilmente comprensible. En este sentido, al menos ha de suministrarse información suficiente sobre los derechos reconocidos, sobre los instrumentos de protección disponibles y sobre el funcionamiento de dichos instrumentos; los tres aspectos aun suponiendo cierta ordenación temporal, son igualmente importantes y se complementan.

Tras el reconocimiento formal de derechos, en un primer momento el eje central de la información ha de tener como objetivo lograr que los colectivos más vulnerables tomen conciencia de sus derechos y de los instrumentos de protección de los mismos (regla 26 de Brasilia); correspondiendo fundamentalmente a los poderes públicos promover tales actuaciones, con la imprescindible colaboración de otras instituciones y asociaciones más próximas a los destinatarios de la información. La información sobre el funcionamiento de los instrumentos procesales de protección de los derechos ha venido siendo objeto de

---

94 Esencial en esta materia es el monumental estudio dirigido por CAPPELLETTI, *Access to Justice*, 4 vols., Milano, 1978-79. El pensamiento del autor italiano se resume en la siguiente frase: «El acceso efectivo a la justicia se puede considerar como el requisito más básico –el derecho humano más fundamental- en un sistema igualitario moderno, que pretenda garantizar y no solamente proclamar los derechos de todos». En esta ocasión la cita ha sido tomada de CAPPELLETTI Y GARTH, *El acceso a la justicia. La tendencia en el movimiento mundial para hacer efectivos los derechos*, Fondo de Cultura Económica, 1ª ed. en español, México D.F., 1996, p. 12-13.

diversas actuaciones con la finalidad última de facilitar el acceso a la justica. El Pleno del Congreso de los Diputados aprobó el 16 de abril de 2002 por unanimidad de todos los Grupos Parlamentarios la proposición no de ley «Carta de Derechos de los ciudadanos ante la Justicia» que tras desarrollar los principios de transparencia, información y atención adecuada, dedica la segunda parte a la necesidad de prestar una especial atención y cuidado en la relación de la Administración de Justicia con aquellos ciudadanos que se encuentran más desprotegidos: víctimas del delito, menores, discapacitados e inmigrantes.

Otro aspecto importante en el que se debe incidir desde el punto de vista de la información es el relativo a la discriminación asimilada. Es relativamente frecuente que las personas víctimas de discriminación lo hayan sido en repetidas ocasiones a lo largo de su vida, llegando a considerar como algo normal tal situación. Solo a través de una información clara y accesible se puede quebrar esa tendencia.

8.2.2. Condicionantes económicos: el coste de la justicia.

Los condicionantes económicos se refieren fundamentalmente al coste del proceso: el proceso judicial tiene un coste y el Estado debe determinar cómo ha de sufragarse ese coste. Las posturas habrán de moverse entre cobrar el coste efectivo y real y la absoluta gratuidad. Ambas posturas han de considerarse extremas y poco recomendables (la absoluta gratuidad spondría aumento de litigiosidad y el abono íntegro quebraría la igualdad y limitaría el libre acceso). El problema consiste en determinar qué coste debe asumir el justiciable y en qué supuestos debe ser soportado directamente por el Estado.

Nuestro legislador constituyente, consciente del problema, tras reconocer el libre acceso a la justicia como derecho fundamental (24.1 CE), estableció su carácter gratuito «cuando así lo disponga la ley y, en todo caso, respecto de quienes acrediten insuficiencia de recursos para litigar» (119 CE). Estamos un derecho prestacional de configuración legal; determinar cuándo se considera que se carece de recursos para litigar corresponde al legislador.

La relación con el derecho a la tutela judicial ha sido puesta de manifiesto en el ámbito comunitario, de manera que dentro del reconocimiento del derecho a la tutela judicial efectiva se establece la necesidad de prestar asistencia jurídica gratuita a quienes no dispongan de recursos suficientes siempre y cuando dicha asistencia sea necesaria para garantizar la efectividad del acceso a la justicia. En la misma línea, el TC ha considerado que la proclamación de la gratuidad de la justicia responde a una doble finalidad: garantizar el acceso a la justicia de quienes carezcan de recursos económicos y garantizar que nadie resulte privado del acceso a la justicia por falta de recursos económicos, estimando que se encuentra «comprendido en el derecho a la tutela judicial efectiva sin indefensión la imposibilidad de que una persona quede procesalmente indefensa por carecer de recursos para litigar, supuestos para el que el artículo 119 de la Constitución garantiza la gratuidad de la justicia» (STC 138/1988, de 8 de junio). En definitiva, la falta de recursos económicos no debe suponer un obstáculo y ningún ciudadano tendría que aquietarse ante situaciones de vulneración de sus derechos por no poder hacer uso de los instrumentos procesales de protección de los mismos por razones económicas.

Pero, además, el coste del proceso debe ser analizado en clave de rentabilidad. A la pregunta de si resulta rentable acudir al proceso ha respondido RAMOS MÉNDEZ fijando lo que denominó umbral económico de la litigiosidad. En reclamaciones de mínima o escasa cuantía el proceso probablemente no sea rentable porque el resultado es posible que no cubra siquiera la inversión; para cuantías muy elevadas tampoco es esperable una rentabilidad óptima por lo impredecible de su desarrollo y conclusión.

8.2.2.1. Derecho de asistencia jurídica gratuita.

La asistencia jurídica gratuita se configura como un derecho público subjetivo, de naturaleza procesal, con fundamento constitucional y configuración legal, en virtud del cual se exime a determinadas personas de los gastos derivados de su intervención como parte en un proceso judicial. La previsión constitucional sobre la gratuidad de la Justicia se limita a su reconocimiento cuando lo disponga la ley y, en todo caso, a quienes carezcan de recursos para litigar (119 CE). Su desarrollo legal se encuentra en el art. 20 LOPJ, en la Ley 1/1996, de 10 de enero, de asistencia jurídica gratuita (LAJG) y en el RD 141/2021, de 9 de marzo, por el que se aprueba el Reglamento de asistencia jurídica gratuita (RAJG); en el Principado de Asturias ha de tenerse en cuenta el Decreto 13/2020, de 7 de mayo, por el que se aprueba el Reglamento de Asistencia Jurídica Gratuita en el Principado de Asturias (BOPA núm. 93 de 15 de mayo de 2020). Se trata de una materia especialmente sensible pues su conexión con el derecho de acceso a la Justicia es indudable. La Exposición de Motivos de la LAJG establece que "nuestra Norma Fundamental diseña un marco constitucional regulador del derecho a la tutela judicial que incluye, por parte del Estado, una actividad prestacional encaminada a la provisión de los medios necesarios para hacer que este derecho sea real y efectivo incluso cuando quien desea ejercerlo carezca de recursos económicos". El condicionante económico a la hora de acceder a la Justicia es indudablemente uno de los inconvenientes más graves, teniendo en cuenta que puede suponer la privación del derecho a recabar la tutela judicial de los derechos y libertades. El Congreso de los Diputados registró en 2014 un Proyecto de Ley de Asistencia Jurídica Gratuita que no concluyó su tramitación, si bien, algunos aspectos del mismo, relacionados con situaciones de vulnerabilidad fueron introducidos en la LAJG por la reforma llevada a cabo por el RDL 3/2013. El debate sobre la necesidad de actualización de la legislación sobre asistencia jurídica gratuita mantiene su plena actualidad, siendo uno de los objetivos prioritarios del CGAE.

El ámbito subjetivo del derecho se extiende tanto a las personas físicas como jurídicas, siendo el criterio general la insuficiencia de recursos para litigar; sin embargo, tal criterio debe complementarse con otra serie de circunstancias de variada índole, entre las que se han ido incorporando a la LAJG referencias expresas a las situaciones de vulnerabilidad.

La primera mención se nos presenta en el apartado final del art. 1 que para la aplicación de la LAJG obliga a tomar en consideración las necesidades específicas de las personas que se encuentren en situación de vulnerabilidad. No se incluye ninguna aclaración acerca de qué ha de entenderse por situación de vulnerabilidad; sin embargo, las posteriores menciones de la LAJG permiten identificar algunos supuestos, como, la condición de víctima en determinados delitos, la menor edad y la discapacidad o las secuelas y limitaciones funcionales derivadas de accidentes.

Entre las personas físicas, con independencia de la existencia de recursos para litigar, el derecho de asistencia jurídica gratuita se reconoce a:

- las víctimas de violencia de género, de terrorismo y de trata de seres humanos en aquellos procesos que tengan vinculación, deriven o sean consecuencia de su condición de víctimas
- a las personas menores de edad y las personas con discapacidad necesitadas de especial protección cuando sean víctimas de delitos de homicidio, de lesiones de los artículos 149 y 150, en el delito de maltrato habitual previsto en el artículo 173.2, en los delitos contra la libertad, en los delitos contra la libertad e indemnidad sexual y en los delitos de trata de seres humanos.

A estos efectos, la condición de víctima se adquiere con la denuncia o querella, o cuando se inicie un procedimiento penal, por alguno de los delitos a que se refiere esta letra, manteniéndose mientras permanezca en vigor el procedimiento penal o cuando, tras su finalización, se hubiere dictado sentencia condenatoria. El beneficio de justifica gratuita se pierde tras la firmeza de la sentencia absolutoria, o del sobreseimiento definitivo o provisional por no resultar acreditados los hechos delictivos, sin la obligación de abonar el coste de las prestaciones disfrutadas gratuitamente hasta ese momento.

Este reconocimiento se extiende a los causahabientes en caso de fallecimiento de la víctima, siempre que no fueran partícipes en los hechos.

También se reconoce el derecho a quienes a causa de un accidente acrediten secuelas permanentes que les impidan totalmente la realización de las tareas de su ocupación laboral o profesional habitual y requieran la ayuda de otras personas para realizar las actividades más esenciales de la vida diaria, cuando el objeto del litigio sea la reclamación de indemnización por los daños personales y morales sufridos.

Por lo que se refiere a las personas jurídicas, también con independencia de la existencia de recursos para litigar, se reconoce el derecho

- a las asociaciones que tengan como fin la promoción y defensa de los derechos de las víctimas del terrorismo, señaladas en la Ley 29/2011, de 22 de septiembre, de reconocimiento y protección integral a las víctimas del terrorismo
- a las asociaciones que tengan como fin la promoción y defensa de los derechos de las personas con discapacidad señaladas en el art. 4 del Texto Refundido de la Ley General de derechos de las personas con discapacidad y de su inclusión social, aprobado por el Real Decreto Legislativo 1/2013, de 29 de noviembre (BOE núm. 289 de 3 de diciembre) (en adelante LGDPD), para el ejercicio de acciones en defensa de los intereses que les son propios

Por último, se prevé el reconocimiento excepcional del derecho a la asistencia jurídica gratuita en atención a las circunstancias de salud del solicitante o a su discapacidad, siempre que se trate de procedimientos que guarden relación con las circunstancias de salud o discapacidad que motiven el reconocimiento.

Pero volviendo al criterio general de contenido económico, hemos de destacar que la reforma de la LAJG de 2013 introdujo la aplicación del Indicador Público de Renta de Efectos Múltiples (IPREM)[95] en lugar del SMI para fijar el umbral económico de la asistencia jurídica gratuita; ello ha supuesto una disminución de dicho umbral de manera que se ha reducido el ámbito subjetivo en un 17,48%.

8.2.2.2. Las tasas judiciales.

Las tasas judiciales son un tributo estatal a través del cual se grava la promoción del ejercicio de la actividad jurisdiccional por sujetos particulares. Por un lado, cumplen una finalidad disuasoria, persiguiendo la concienciación de los ciudadanos acerca de la utilización razonable del sistema; por otro lado, permite al Estado recuperar parte de la inversión realizada en Justicia, contribuyendo a la financiación del Sistema, vinculando esta recaudación a la financiación del sistema de justicia gratuita (11 LTJ).

Los ingresos obtenidos mediante las tasas judiciales han de dirigirse a la "mejora en la financiación del sistema judicial y, en particular, de la asistencia jurídica gratuita" (exposición de motivos LTJ) y han de ser el soporte económico de la gratuidad de la justicia, proporcionando "los recursos presupuestarios imprescindibles" para el sostenimiento del modelo.

Las tasas fueron suprimidas en 1986 (Ley 25/1986, de 24 de diciembre), se recuperaron de forma tímida en 2002 (Ley 53/2002, de 30 de diciembre) y se generalizaron con la Ley 10/2012, de 20 de noviembre (LTJ), posiblemente una de las leyes que ha concitado mayor y más unánime grado de oposición. Tras las críticas vinieron los hechos y hubo de pronunciarse el Tribunal Constitucional, que declaró la inconstitucionalidad parcial,

---

95 Se trata del índice utilizado para la asignación de ayudas y subsidios en función de los ingresos. La Ley de Presupuestos Generales del Estado para 2023 lo ha fijado en 20,00 €/día, 600,00 €/mes, 7.200,00 €/año (12 pagas) y 8.400,00 €/año (14 pagas).

reduciendo de forma significativa su ámbito de aplicación que quedó limitado a las personas jurídicas y al proceso civil (STC 140/2016, de 21 de julio).

En definitiva, en el actual modelo de tasas judiciales, en relación a situaciones de vulnerabilidad, ha de tenerse en cuenta:

- Solo se aplican al orden jurisdiccional civil
- Están excluidas las demandas en las que se pretenda la protección de derechos fundamentales
- Están exentas las personas físicas y los beneficiarios del derecho de asistencia jurídica gratuita.

8.2.3. Condicionantes organizativos: superación del individualismo

La insuficiencia de los planteamientos individuales ya se ha apuntado en relación a la importancia de la información; pero la necesidad de superar el individualismo es mucho más evidente desde el punto de vista de los intereses en juego. Aunque la vulnerabilidad pueda analizarse desde la vertiente individual, lo cierto es que su verdadera importancia se plantea al tomar en consideración al individuo en tanto integrante de un grupo o colectivo en riesgo de exclusión. El tratamiento individual hace prácticamente imposible el acceso a la justicia; a la falta de información y a la carencia de medios económicos hay que añadir el desconocimiento de la eventual existencia de otros afectados y la descoordinación entre ellos. Si en general «la unión hace la fuerza» para los colectivos en riesgo de exclusión ésta es una máxima vital.

Es indudable que con la superación del individualismo y el desarrollo de movimientos asociativos aumentan los niveles de protección; pero no es hasta su reconocimiento procesal cuando realmente los instrumentos de protección jurisdiccional se ponen al alcance del individuo a través de la legitimación colectiva. El punto de partida se encuentra en el artículo 7.3 de la Ley 6/1985, de 1 de julio, del Poder Judicial (LOPJ) que para la protección de los derechos colectivos reconoce la «legitimación de las corporaciones, asociaciones y grupos que resulten afectados o que estén legalmente habilitados para su defensa y promoción» (GÓMEZ DE LIAÑO GONZÁLEZ). A partir de ahí, se han ido introduciendo disposiciones legales en las distintas leyes procesales que desarrollan dicha previsión y a ello se hará referencia más adelante.

8.2.4. Condicionantes procesales y el peligroso fenómeno de «huida»

La insatisfacción del ciudadano ante la justicia no es algo nuevo, como no lo es la preocupación de la doctrina procesal por la eficacia del sistema. Esa situación de desencanto ocasiona un cierto fenómeno de huida hacia soluciones alternativas, tanto potenciadas por el propio sistema (MASC), como externas al mismo (p. ej. para garantizar el cobro –alquiler seguro–, para gestionar impagos –cobrador del frac, el payaso cobrador, el torero del moroso, el monasterio del cobro, el cobrador del norte, el buda del moroso, etc.–, para conseguir desalojos –Desokupa, FueraOkupas–).

En los últimos años se está extendiendo un erróneo diagnóstico sobre la situación de la Administración de Justicia, posiblemente consecuencia de la interesada y peligrosa configuración de la Justicia como servicio público. Este es el mensaje que insistentemente se transmite desde el Ministerio de Justicia (de la Presidencia, Justicia y Relaciones con las Cortes) y que se desliza indefectiblemente en todas sus iniciativas legislativas. El diagnóstico es el siguiente: a) el sistema de Justicia padece desde hace décadas de insuficiencias estructurales; b) hay déficit de recursos, pero no parece que esa sea la causa principal de nuestros problemas crónicos, c) la causa es más bien la escasa eficiencia de las soluciones implantadas para reforzar la Administración de Justicia como servicio público. Se trata, en mi opinión, de un diagnóstico recurrente e incompleto; pero lo verdaderamente preocupante son las consecuencias que se extraen de tal diagnóstico y las soluciones propuestas. La preocupación por la eficacia ha ido mutando hacia la eficiencia, bajo un prisma utilitarista poco recomendable. Con ello se está formando una conciencia de incapacidad del sistema para absorber la demanda existente y justificar así la implantación de instrumentos alternativos al proceso judicial (los pomposamente denominados MASC). El peligro es evidente y mucho más grave cuando el usuario es vulnerable. Cualquier obligatoriedad en la configuración de los MASC va en contra del libre acceso a la justicia y supone, por más justificaciones que se busquen, una limitación al mismo.

Entre las razones habituales para el descontento destaca la excesiva duración del proceso, que desaconseja embarcarse en un incierto viaje que ni se sabe cómo va a terminar, ni cuánto va a durar. Cuál ha de ser la duración razonable y qué debe entenderse como dilación indebida no es una cuestión ni mucho menos clara, pese a los múltiples pronunciamientos del Tribunal Europeo de Derechos Humanos (SSTEDH 13 de julio de 1983, asunto Zimmermann y Steiner; 25 de junio de 1987, asunto Capuano; 7 de julio de 1989, asunto Unión Alimentaria Sanders, S.A.) y del TC (SSTC 81/1989, 8 de marzo, 73/1992, 13 de marzo, 324/1994, 1 de diciembre, 7/1995, 24 de enero, 20/1995, 24 de enero, 144/1995, 3 de octubre, 10/1997, 14 de enero, 109/1997, 2 de junio, 21/1998, 27 de enero) y prueba de ello son los vaivenes a que nos han acostumbrado. Y lo habitual será que quién no pueda esperar sea la persona vulnerable.

Qué pensar, en fin, cuando el TC, garante último de los derechos constitucionales, tiene que reconocer el 22 de mayo de 2012 su propio funcionamiento anormal por la existencia de dilaciones indebidas en la tramitación de un recurso de amparo registrado el 14 de junio de 1996 y que no fue admitido a trámite hasta el 24 de julio de 2001 ¡por haber extraviado las actuaciones! (ATC Pleno 106/2012, de 22 de mayo).

La reiterada negativa del TC a «constitucionalizar» los plazos procesales y la consolidación de la diferencia entre plazos propios e impropios según se refieran a actuaciones de las partes o para el órgano jurisdiccional no hacen sino complicar la situación y conllevan la necesidad de acudir a criterios de razonabilidad, a menudo importados del TEDH: complejidad del litigio, conducta procesal de la parte, márgenes ordinarios de duración de litigios similares, conducta de los órganos judiciales, consideración de los medios disponibles (¡como si el justiciable tuviera la culpa de la limitación de los medios disponibles!, RAMOS MÉNDEZ).

8.3. Iniciativas institucionales.

8.3.1. Carta de derechos de los ciudadanos ante la justicia.

En el ámbito del *Pacto de Estado para la Reforma de la Justicia* (suscrito por PP y PSOE el 28 de mayo de 2001), se aprobó la Carta de derechos de los ciudadanos ante la Justicia (https://sedejudicial.justicia.es/carta-de-derechos-de-los-ciudadanos). La carta se estructura en cuatro partes. La primera desarrolla los principios de transparencia, información y atención adecuada; la segunda se centra en la necesidad de prestar una especial atención y cuidado en la relación de la Administración de Justica con aquellos ciudadanos que se encuentran más desprotegidos; la tercera se ocupa de los derechos característicos de la relación del ciudadano con los Abogados y Procuradores; por último, la cuarta trata de las previsiones relativas a las condiciones necesarias para su eficacia. Aunque todo el contenido de la carta incluye aspectos interesantes desde el punto de vista de la protección de la vulnerabilidad, es la parte segunda la que específicamente hace referencia a los colectivos vulnerables. Bajo el epígrafe "Una justicia que protege a los más débiles", se recogen medidas de protección de las víctimas del delito, de los menores, de los discapacitados y de los inmigrantes. Los ejes sobre los que se basa esa protección son el derecho a la información, la protección de la dignidad y de la intimidad y la prohibición de la discriminación.

La eficacia de la Carta se hace descansar sobre tres elementos: el derecho a exigir el cumplimiento de los derechos que reconoce, la vinculación a la misma de todos los que intervienen en la Administración de Justicia (jueces y magistrados, fiscales, secretarios judiciales, médicos forenses, funcionarios públicos, abogados, procuradores y demás personas que cooperan con la administración de Justicia) y la obligación de las Administraciones Públicas y organismos (Ministerio de Justicia y Comunidades Autónomas, Consejo General del Poder Judicial, Fiscalía General del Estado, Colegios profesionales competentes) de adoptar las disposiciones oportunas y proveer los medios necesarios para garantizar la efectividad y el pleno respeto de los derechos reconocidos en la Carta.

A partir de los datos que facilita el CGPJ resulta sorprendente el ínfimo número de reclamaciones y quejas planteadas en relación al apartado de la Carta relativo a la protección de los más débiles (en 2022, solo el 0,64% de las quejas guardaban relación con "Una justicia que protege a los más débiles"). Una de dos: las cosas funcionan muy bien o los ciudadanos no reclaman; creo que es esto último lo que explica la situación y refuerza lo anteriormente expuesto en relación a la falta de información y los condicionantes culturales.

8.3.2. Foro Justicia y Discapacidad.

En diciembre de 2003, dentro del CGPJ se creó el Foro Justicia y Discapacidad con la finalidad básica de coordinar las instituciones jurídicas del Estado para lograr una protección efectiva de los Derechos fundamentales de las personas con discapacidad; en particular tiene como objetivo favorecer el acceso de las personas discapacitadas a la Justicia en condiciones de igualdad y garantizar su protección jurídica. Dos de sus líneas de actividad son de especial interés para la protección frente a la vulnerabilidad: la especialización judicial y la potenciación de la orientación jurídica. La preocupación por la especialización judicial ha dado fruto con la creación de Juzgados nuevos y la especialización material de otros preexistentes, así como la especialización en la segunda instancia. Respecto a la orientación jurídica de las personas con discapacidad, también desde el Foro se viene impulsando la creación de un Servicio de Orientación Jurídica a personas con discapacidad y familiares, destacando en este sentido el Convenio de colaboración entre la Comunidad de Madrid y el Ilustre Colegio de Abogados de Madrid.

Entre los trabajos elaborados por el Foro Justicia y Discapacidad hay que destacar la Guía de buenas prácticas sobre el acceso y tutela de los derechos de las personas con discapacidad en sus relaciones con la Administración de Justicia, a la luz de la Convención de la ONU y de las Reglas de Brasilia (2011). Se trata de un extenso documento en el que se aborda la cuestión desde los puntos de vista que ofrecen los distintos profesionales cuya actividad guarda relación con la Administración de Justicia (abogados, fiscales, notarios, registradores de la propiedad), concluyendo con un apartado final referido a la perspectiva judicial en el que se realiza una valoración separada de los distintos órdenes jurisdiccionales.

8.4. Proceso judicial y protección de derechos fundamentales.

Si por algo se caracteriza el Sistema Procesal español es por la ausencia de instrumentos específicos de tutela de las personas y grupos vulnerables; la situación de vulnerabilidad se liga a la discriminación y, en consecuencia, al derecho fundamental a la igualdad (igualdad de trato) con lo que su protección deriva hacia la general de los derechos fundamentales.

Así como respecto a la constitucionalidad de las leyes nuestro sistema ha optado decididamente por un control concentrado ante el Tribunal Constitucional, en relación a la protección de los derechos fundamentales se puede decir que ha instaurado una protección mixta (difusa y concentrada) en la que los tribunales ordinarios tienen la primera palabra y el

TC la última, dando paso a la identificación de un amparo ordinario y un amparo constitucional.

La previsión sobre la protección jurisdiccional de los derechos fundamentales se contiene en el artículo 53.2 CE, que dispone que "cualquier ciudadano podrá recabar la tutela de las libertades y derechos reconocidos en el artículo 14 y la Sección primera del Capítulo II ante los Tribunales ordinarios por un procedimiento basado en los principios de preferencia y sumariedad y, en su caso, a través del recurso de amparo ante el Tribunal Constitucional". Consagra este precepto el denominado principio de subsidiariedad en la protección de los derechos fundamentales que atribuye a los Juzgados y Tribunales ordinarios la primera palabra (a través del procedimiento preferente y sumario) y al TC la última (a través del recurso de amparo). Nuestro sistema se caracteriza, de ese modo, por la necesidad de invocar ante la jurisdicción ordinaria la vulneración del derecho fundamental y agotar todos los medios de impugnación previstos por las normas procesales para el caso concreto dentro de la vía judicial (art. 44.a LOTC). El TC solo entra en escena cuando ya no es posible actuación alguna ante la jurisdicción ordinaria.

En relación al proceso civil, la LEC en su DD única 2.3ª deroga los artículos 11 a 15 de la LPJDF pero no regula un procedimiento especial de protección de los derechos fundamentales ante los juzgados y tribunales civiles, sino que al delimitar el ámbito del juicio ordinario, realiza una atribución procedimental, estableciendo en el artículo 249.1.2º que se decidirán a través de dicho juicio ordinario las demandas que pretendan la tutela judicial civil de cualquier derecho fundamental (excepto el derecho de rectificación), debiendo darle tramitación preferente. A lo largo de la LEC se contienen algunas especialidades que permiten hablar de procedimiento ordinario con especialidades. Tales especialidades son:

La *competencia* se fija con carácter imperativo en favor del Juzgado de Primera Instancia del domicilio del demandante, y cuando no lo tuviera en territorio español, al del lugar donde se hubiera producido el hecho que vulnere el derecho fundamental; al tratarse de un fuero imperativo su control se realiza de oficio, no siendo válida la sumisión, ya sea expresa o tácita. El Ministerio Fiscal ha de ser siempre parte, debiendo darle traslado de la demanda desde su admisión.

El *objeto* del proceso viene determinado por la vulneración de alguno de los derechos constitucionales que indica el artículo 53.2 CE (los reconocidos en los arts. 14 al 29 y en el 30.2). Ha de ser siempre parte el Ministerio Fiscal, ostentando *legitimación activa* quien afirme la titularidad del derecho fundamental cuya vulneración se alega, así como quien afirme ostentar un interés legítimo; debe tenerse en cuenta lo dispuesto específicamente respecto al derecho de igualdad de trato y no discriminación genérica (art. 11.bis LEC) y específica por razón de orientación e identidad sexual, expresión de género o características sexuales (art. 11.ter LEC). La *legitimación pasiva* le corresponde al sujeto a quien se atribuye ser el causante de la lesión; conviene aclarar que la vía civil solo puede utilizarse cuando la lesión proviene de un particular que actúa sometido a normas de Derecho Privado (con exclusión expresa de las normas laborales); cuestión distinta es que si el Poder Judicial no satisface la pretensión de amparo civil, se podrá acudir al TC una vez agotada la vía ordinaria, aunque invocando la vulneración del derecho a la tutela judicial efectiva.

Por último, cuando la pretensión verse sobre la lesión de un derecho fundamental siempre es posible recurrir en casación aun cuando no exista interés casacional (477.2 LEC).

La protección de los derechos fundamentales en el proceso laboral, al contrario que en el proceso civil, sí dispone de una tramitación específica, regulada en los arts. 177-184 LJS, que tiene la consideración de urgente y se le da tramitación preferente respecto a todos los que se sigan en el juzgado o tribunal.

Con la necesaria síntesis, se analizan a continuación las especialidades de este procedimiento. La legitimación activa corresponde al trabajador y al sindicato, que podrá también personarse como coadyuvante; en los de discriminación, también pueden ser coadyuvantes las Entidades públicas o privadas entre cuyos fines se encuentre la promoción y defensa de los intereses legítimos afectados. Siempre será parte el Ministerio Fiscal. La pasiva corresponde el empresario, así como a cualquier otro sujeto que resulte responsable, con independencia del tipo de vínculo que le una el empresario (177.4 LJS). En los supuestos de acoso, la legitimación activa corresponde exclusivamente a la víctima y no es necesario demandar junto al empresario al posible causante directo de la lesión, a menos que se pretenda su condena o pudiera resultar afectado directamente por la resolución como responsable del acoso o de la lesión; además, si se solicita el testimonio de la víctima, el órgano jurisdiccional velará por las condiciones de su práctica.

La demanda, además de los requisitos generales (80 LJS) ha de expresar con claridad los hechos constitutivos de la vulneración, el derecho o libertad infringidos y la cuantía de la indemnización pretendida, en su caso, con la adecuada especificación de los diversos daños y perjuicios.

Respecto a las medidas cautelares se prevé su solicitud con la demanda, aunque también podrán solicitarse antes y después de ella (730 LEC, en relación a 79 LJS); para su adopción se prevé un incidente de extrema celeridad (audiencia preliminar para alegaciones y prueba, con resolución oral), pudiendo adoptarse sin dar audiencia al demandado en supuestos de urgencia excepcional. En los casos de acoso y de violencia de género se prevé la posibilidad de solicitar medidas cautelares específicas, adecuadas a preservar la efectividad de la sentencia que pudiera dictarse (como la suspensión de la relación o la exoneración de prestación de servicios, el traslado de puesto o de centro de trabajo, la reordenación o reducción del tiempo de trabajo, e incluso aquellas que pudieran afectar al presunto acosador o vulnerador de los derechos o libertades objeto de tutela).

Una vez justificada la existencia de indicios de la vulneración del derecho fundamental o libertad pública, corresponde al demandado la aportación de una justificación objetiva y razonable, suficientemente probada, de las medidas adoptadas y de su proporcionalidad (la doctrina del TC se resume en la STC 168/2006, 5 de junio).

La sentencia declarará haber lugar o no al amparo judicial y, en caso de estimación, se detallan, con defectuosa redacción, los posibles pronunciamientos (182.1 LJS).

Dedica especial atención la LJS a la problemática de las indemnizaciones. La demanda habrá de incluir la cuantía de la indemnización pretendida y en las conclusiones debe fijarse de manera líquida, sin que pueda reservarse tal determinación para la ejecución de sentencia, de manera que, en caso de omitir dicha determinación, el Tribunal debe requerir al demandante para que la haga (87.4 LJS). De apreciarse la existencia de vulneración, el Juez debe pronunciarse en la sentencia sobre la cuantía de la indemnización en función tanto del daño moral unido a la vulneración del derecho fundamental, como de los daños y perjuicios adicionales derivados. Cuando resulte demasiado difícil la prueba del importe exacto, debe valorarse prudencialmente para resarcir suficientemente a la víctima y restablecer a ésta en la integridad de su situación anterior a la lesión, así como para contribuir a la finalidad de prevenir el daño. Esta indemnización es compatible con la que pudiera corresponder como consecuencia de la modificación o extinción del contrato de trabajo u otras que pudieran corresponder al trabajador conforme al ET y demás normas laborales. El artículo 183.4 LJS termina con una disposición relativa al ejercicio de la acción de daños y perjuicios derivada de unos hechos constitutivos de delito o falta cuyo objetivo es evitar el ejercicio simultáneo de la petición indemnizatoria ante el orden social en tanto esté pendiente de resolución por el orden penal; el objetivo es evitar que coexista la reclamación de daños ante la jurisdicción penal y la jurisdicción social, pero su redacción es muy deficiente.

8.5. Protección procesal frente a la discriminación

En el contexto internacional viene apreciándose una gran sensibilidad en torno a la igualdad de oportunidades y a la no discriminación por cualquier condición o circunstancia personal o social, trasladándose la preocupación al ámbito interno en el que, en lo que llevamos de siglo XXI, en materia de igualdad y no discriminación, hemos venido asistiendo a la aprobación de diferentes leyes sectoriales en las que se introducen medidas procesales de protección frente a la discriminación (cronológicamente: Ley 62/2003, de 30 de diciembre Ley Orgánica 3/2007, de 22 de marzo, Ley 15/2022, de 12 de julio y la Ley 4/2023, de 28 de febrero. Estamos ante un modo de legislar a impulsos, caracterizado por la descoordinación y alejado de cualquier atisbo de planificación; medidas sectoriales ocurrentes y oportunistas que, sin razón ni justificación, unas veces modifican la legislación procesal y otras se limitan a introducir medidas en la propia legislación especial, sin modificar la legislación procesal general. Para el legislador el papel lo admite todo (me refiero a los prometedores preámbulos), aunque con los hechos contradiga frontalmente su contenido. Siendo disculpable inicialmente el tratamiento sectorial de la protección contra la discriminación (primero por origen racial o étnico, luego en el trabajo, después entre hombres y mujeres), la Ley 15/2022 de protección integral para la igualdad de trato (recalco esto), debería haber superado la sectorización; lejos de alcanzar su proclamado objetivo de convertirse en el «mínimo común normativo» del derecho antidiscriminatorio español (Preámbulo, *II. Justificación de la Ley*), se vio superada por la conocida como Ley Trans (L 4/2023) que recuperó la sectorización.

Las medidas de protección frente a la discriminación que se han ido incorporando a la legislación procesal son las siguientes:

Con la L 62/2003, de 30 de diciembre, en el ámbito de la no discriminación por el origen racial o étnico y de la no discriminación en el trabajo, se reconoció la *legitimación* colectiva (31 L 62/2003) y la distribución de la carga de la prueba (32, 36 y 40.1 L 62/2003). Lo curioso fue la dispar forma de articular estas medidas, para los procesos civil y contencioso administrativo en la propia L 62/2003 (sin modificar la LEC ni la LJCA) y para el proceso laboral, modificando el art. 96 de la entonces vigente LPL 1995.

La LO 3/2007, de 22 de marzo, de igualdad efectiva de hombres y mujeres (en adelante LOI) modificó la LEC en relación a la regulación de la legitimación y de la carga de la prueba (217.5 LEC) y abrió la posibilidad de recabar informe o dictamen de los organismos públicos pertinentes (13 LOI).

La L 15/2022 nace con la «vocación de convertirse en el mínimo común normativo» en materia de igualdad de trato y no discriminación y tiene el mérito de poner en valor la trascendencia del Derecho Procesal al reconocer que «la dificultad de la lucha contra la discriminación no se halla tanto en el reconocimiento del problema como en la protección real y efectiva de las víctimas». Debemos deslindar dos ámbitos de protección. Por un lado, la protección del derecho a la igualdad de trato y no discriminación por cualquiera de las causas previstas en el art. 2.1 LPIIT, que tenga su origen en cualquier disposición, conducta, acto, criterio o práctica que atente contra el derecho a la igualdad (4.1 LPIIT); la tutela judicial frente a tales vulneraciones puede exigirse conforme a las leyes procesales, en los términos previstos en el art. 28 LPIIT. Pero, por otro lado, dentro de la propia Administración de Justicia, también se protege el derecho a la igualdad de trato y no discriminación, de manera que los poderes públicos están obligados a velar por la supresión de estereotipos y a promover la ausencia de cualquier forma de discriminación, debiendo favorecer la información y accesibilidad a la justicia de los grupos especialmente vulnerables según las causas establecidas en la ley (19 LPIIT). La tutela judicial que se puede instar comprende la adopción de todas las medidas necesarias para poner fin a la discriminación de que se trate y, en particular, las dirigidas al cese inmediato de la discriminación, pudiendo acordar la adopción de medidas cautelares dirigidas a la prevención de violaciones inminentes o ulteriores, la indemnización de los daños y perjuicios causados y el restablecimiento de la persona perjudicada en el pleno ejercicio de su derecho (28 LPIIT).

En su Título III, la LPIIT crea la Autoridad Independiente para la Igualdad de Trato y la No Discriminación (40 a 45), entidad de derecho público de las previstas en el art. 109 LRJSP. Tras destacar su creación como una de sus principales novedades, el preámbulo se refiere a ella como «organismo independiente, unipersonal, basado fundamentalmente en la *auctoritas* de su titular, que ofrezca protección frente a la discriminación y promueva el cumplimiento del derecho antidiscriminatorio»; lo cierto es que transcurridos más de dos años, la AIITND es tan solo una creación formal a cuyo desarrollo, previsto en la DA 1ª LPIIT, se sigue esperando.

Las medidas procesales específicas de la LPIIT se introducen a través de la reforma la LEC (11.bis, 15.ter, 217.5 y 222.3) y de la LJCA (19.1.i, 60.7). En el proceso civil con la modificación del art. 11.bis, se regula la legitimación para la defensa del derecho a la igualdad de trato y no discriminación (que sustituye a la igualdad entre hombres y mujeres) y se amplían las entidades que pueden intervenir en nombre de los afectados, así como las legitimadas para la defensa de los intereses difusos; en esto supuestos, iniciado el proceso a instancia de alguna de las entidades legitimada, se prevé el llamamiento al mismo de los posibles afectados para que puedan hacer valer su derecho o interés individual, debiendo comunicarse también su iniciación al Ministerio Fiscal para que, de conformidad con las funciones que le son propias, valore la posibilidad de su personación (15.ter LEC).

Las reglas sobre la carga de la prueba son modificadas en un doble sentido. Por un lado, se restablece la exigencia de que quien alegue discriminación aporte indicios sobre su existencia; por otro, se amplía a cualquier tipo de discriminación (217.5 LEC, hasta entonces prevista solo por razón de sexo).

Por último, respecto a la cosa juzgada, se incluye su extensión a los sujetos, no litigantes, titulares de los derechos que fundamenten la legitimación de las partes conforme a lo previsto en el art. 11.bis (222.3 LEC).

La conocida como Ley Trans (L 4/2024) se vuelve a la sectorización y se modifica nuevamente la LEC, introduciendo el art. 11.ter y modificando el art. 217.5. El primero es solo una innecesaria e injustificada especificación de la previsión general del art. 11.bis; el segundo restringe la inversión de la carga de la prueba que estaba prevista para cualquier tipo de discriminación y ahora se limita a la discriminación, por sexo, orientación e identidad sexual, expresión de género o características sexuales. No creo que sea esa la intención del legislador, sino más bien su absoluta torpeza, aderezada con una desmedida carga ideológica y por el desbocado ego ministerial de pasar a la posteridad con una ley cuyas nefastas consecuencias no se han limitado al ámbito penal (con las conocidas rebajas de penas y excarcelaciones), sino que también han distorsionado la carga de la prueba en el proceso civil.

8.6. Protección procesal frente a la discapacidad y la mayor edad

Han tenido que transcurrir tres lustros desde la Convención para que el legislador patrio abordase, por fin, la adaptación de nuestra legislación a sus postulados. Con la Ley 8/2021 se da un vuelco al tratamiento de la discapacidad, con significativa relevancia procesal, instaurando una dualidad procedimental que parece ser deudora de la creciente intencionalidad «desjudicializadora» tan presente en nuestros días. De la reforma puede decirse, de modo sintético, que la profunda transformación que ha operado en el plano sustantivo no ha tenido adecuado reflejo en el procesal. La propuesta hacia la desjudicialización y apuesta por la jurisdicción voluntaria puede resultar insuficiente y la reforma del proceso judicial, más voluntariosa que eficaz, se ha limitado a tímidas medidas cosméticas. La configuración de un modelo procesal dual ha sido poco audaz, dando muestras de excesiva prudencia, próxima a la cobardía. El LAJ vuelve a ser el gran olvidado y el Juez puede caer en un trastorno de doble personalidad según intervenga en un expediente o en un proceso.

En el ámbito de la jurisdicción voluntaria la regulación de los expedientes es demasiado numerosa y, aun así, incompleta. La simplificación hacía un expediente único (si bien con particularidades) en materia de discapacidad debería ser una aspiración futura. El horizonte procesal habrá de ir aclarándose con la aplicación de la nueva regulación. En las situaciones donde no se plantee controversia, la adopción de medidas de apoyo será sencilla (no sé si más que hasta ahora); en presencia de disputas familiares y de oscuros intereses, la decisión judicial seguirá siendo la única solución, como no podía ser de otra manera. Queda pendiente la especialización, tanto de jueces como de fiscales, adquiriendo especial relevancia su formación específica, que ha de extenderse a cuantos profesionales intervengan (DA 2ª L 8/2021); de su sensibilización y compromiso con la discapacidad dependerá, en gran medida, que sigamos avanzando en el apoyo a las personas que lo necesiten.

Sí ha de valorarse de forma positiva la introducción del art. 7.bis en la LEC (y en la LJV), que regula los apoyos a personas con discapacidad, así como su modificación por el RDL 6/2023, que extiende su aplicación a las personas mayores.

8.7. Vulnerabilidad y proceso penal

8.7.1. El estatuto de la víctima

La preocupación por los derechos de la víctima del delito ha asumido un papel protagonista en la evolución del proceso penal, manifestándose así en el ámbito de la Unión Europea a partir de la Decisión Marco 2001/220/JAI del Consejo, de 15 de marzo de 2001. Su seguimiento posterior (Informe de la Comisión Europea de abril de 2009) puso de manifiesto la ausencia de normativa interna en los distintos estados miembros que desarrollase su contenido.

En España, tras distintas leyes sectoriales de protección de las víctimas (en delitos violentos y contra la libertad sexual, de menores, de violencia de género o de terrorismo), la L 4/2015 nace con la vocación de ser el catálogo general de los derechos procesales y extraprocesales de todas las víctimas de delitos.

La aprobación del Estatuto de la Víctima ha de considerarse un hito legislativo importante, por cuanto se supera el tratamiento sectorial y se reconoce un amplio catálogo de derechos a todas las víctimas, sin afectar a las disposiciones específicas ya existentes. Para no quedarse en una mera declaración carente de efectividad práctica, se incluyen en la DF primera numerosas y significativas modificaciones de la LECrim que no hacen sino plasmar a lo largo de la tramitación del proceso penal los derechos y las medidas de protección reconocidas en el EVD. Lo que resulta negativo de la Ley 4/2015 es, quizá, su excesiva e innecesaria reiteración de algunas cuestiones, incluyendo previsiones generales posteriormente repetidas casi literalmente y después incorporadas a la LECrim (por ejemplo, en lo relativo a evitar el contacto entre víctima e infractor, arts. 20 y 25 EVD, 448, 730 LECrim). Los principales aspectos y la estructura del EVD es la siguiente: se delimita un concepto amplio de víctima, distinguiendo entre víctima directa e indirecta; se realiza un reconocimiento integral de derechos, incluidos los extraprocesales y con independencia de la intervención o no en el proceso penal; se extiende el derecho a la información a todo el desarrollo temporal del proceso, incluso aunque la víctima no se muestre parte en el mismo; se establecen medidas de protección frente al perjuicio físico, económico y moral sufrido como consecuencia de un delito y se articulan diversas medidas dirigidas a evitar la victimización secundaria; se fomentan los servicios de justicia restaurativa.

8.7.2. Protección procesal de menores en el proceso penal

La relevancia del Sistema Procesal y su configuración como garantía última para alcanzar la efectividad de los derechos ha sido reconocida por las Naciones Unidas al establecer en la Observación general nº. 14 a la Convención sobre los Derechos del Niño que «Para garantizar la observancia efectiva del derecho del niño a que su interés superior sea una consideración primordial a que se atienda, se deben establecer y aplicar algunas salvaguardias procesales que estén adaptadas a sus necesidades». Salvaguardias procesales especialmente importantes cuando el menor es víctima de un delito, pues su relevancia aumenta al objeto de proporcionarle una adecuada protección, evitando las consecuencias negativas que pudieran derivarse del hecho de verse sometido a un proceso judicial. Adelanto mi inquebrantable opinión en favor de la necesidad de proporcionar un tratamiento especial al menor que sea víctima (directa o indirecta) de un delito, adoptando medidas específicas de protección que, incluso, deberían extenderse, en gran medida, a los supuestos en que el menor intervenga únicamente en calidad de testigo. No obstante, personalmente considero que la tipología delictiva de la que sea víctima el menor, no tendría que condicionar la respuesta procesal (aunque sí, quizás, otro tipo de apoyos extraprocesales), debiendo aspirar a la máxima protección, con independencia del tipo de delito.

El EVD dedica especial atención a los menores víctimas de delitos y entre las medidas que regula está la posibilidad de grabar las declaraciones de la fase de instrucción para su reproducción en el juicio como prueba preconstituida, así como que tal declaración sea recibida por expertos; por otro lado, cuando el Ministerio Fiscal considere que entre la víctima menor de edad y sus representantes legales exista conflicto de intereses, ha de recabar del Juez la designación de un defensor judicial. Estas medidas se trasladan y son completadas por la LECR que permite la declaración de los menores evitando la confrontación visual, utilizando al efecto cualquier medio técnico que haga posible la práctica de esta prueba, incluyéndose la posibilidad de que los testigos puedan ser oídos sin estar presentes en la sala mediante la utilización de tecnologías de la comunicación (707 LECR). La protección va más allá del ámbito propio del proceso penal, cuando la actividad delictiva que afecta al menor tiene lugar en un entorno de violencia doméstica, ya que, en tales supuestos, se establece la obligación del Juez de Instrucción de pronunciarse en la orden de protección, incluso de oficio, con carácter inmediato aunque provisional, sobre determinadas medidas de carácter civil que pueden consistir en la atribución del uso y disfrute de la vivienda familiar, la determinación del régimen de guarda y custodia, visitas, comunicación y estancia con los menores, del régimen de prestación de alimentos, así como cualquier disposición que se considere oportuna a fin de apartarles de un peligro o de evitarles perjuicios visitas, comunicación y estancia con los menores, del régimen de prestación de alimentos, así como cualquier disposición que se considere oportuna a fin de apartarles de un peligro o de evitarles perjuicios.

La LO 1/2015 también incluye una modificación que entraña una medida de protección de menores y discapaces; así, en los delitos perseguibles a instancia de la persona agraviada, cuando ésta es un menor o persona con discapacidad necesitada de especial protección o desvalida, el Ministerio Fiscal puede suplir su inactividad, de manera que el proceso puede iniciarse a través de su denuncia (105 LECrim).

La LO 8/2021, de 4 de junio, de protección integral de la infancia y la adolescencia frente a la violencia responde a la necesidad de introducir compromisos internacionales asumidos, modificando la LECrim, la LOPJ y la LAJG.

Las principales medidas de protección vienen referidas al ejercicio de la acción penal y de la acción civil (109.bis y 110 LECrim), al perdón del ofendido (130.1.5º CP) y al cómputo del plazo de prescripción (132.1 CP), a la exclusión de la dispensa de la obligación de denunciar (261.2 LECrim), a la exclusión de la dispensa de declarar a testigos-parientes (416.1 LECrim) y a la declaración de menores en el proceso. De todas ellas medidas, es esta última la más relevante, pues supone una reforma completa de la manera en que han de declarar los menores en el proceso penal y de la eficacia de sus declaraciones, tanto en fase de investigación como en el juicio oral, siendo la finalidad prioritaria de la reforma evitar la victimización secundaria que causa la reiteración de las mismas; el objetivo es que el menor solo tenga que declarar una vez, en un entorno «amistoso» y ante profesionales con formación específica al efecto. Las medidas de protección que se establecen son de aplicación tanto al sumario ordinario, para el que se regulan detalladamente (arts. 499.ter, 703 bis y 707 LECR), como para el abreviado (arts. 777.3 y 778 LECR).

Bibliografía básica.

CAPPELLETTI, M., *Acces to Justice*, 4 vols. Milán, 1978-79.

GARCÍA-JUAN, L., BENEDÍ-LAHUERTA, S., ALONSO-CALDERÓN, X. "La futura Autoridad Independiente para la Igualdad de Trato y la No Discriminación: diseño institucional para una prestación de asistencia independiente y efectiva", *Revista Deusto de Derechos Humanos*, núm. 11/2023.

GIMENO SENDRA, V. *Derecho Procesal Civil. II. Los procesos especiales.* 4ª ed., Madrid, 2012.

GÓMEZ DE LIAÑO GONZÁLEZ, F. "La legitimación colectiva y el artículo 7 de la Ley Orgánica del Poder Judicial", *Justicia*, 1986, nº 3, pp. 549-576.

LOREDO COLUNGA, M. *Derecho Procesal I. Introducción al Derecho Procesal*, 2ª ed., Ediuno, Oviedo, 2021, p.

RAMOS MÉNDEZ, F. (editor) *Para un proceso civil eficaz*, Barcelona (Bellaterra), 1982.

RAMOS MÉNDEZ, F., "El umbral económico de la litigiosidad", *Justicia*, 1996, nº1, p. 5 y ss.

RAMOS MÉNDEZ, F., *El sistema procesal español,* 8ª ed. Barcelona 2010, pp. 403-404.

ROCA MARTÍNEZ, J. Mª, "La oferta vinculante confidencial", en *De los ADR (Alternative Dispute Resolution) a los CDR (Complementary Dispute Resolution) en la jurisdicción civil* (CALAZA LÓPEZ, S., ORDEÑANA GEZURAGA, I. y SIGÜENZA LÓPEZ, J. Directores), Tirant lo Blanch, 2023, pp.675-715, pp. 676 a 679.

SOLA BARLEYCORN, I. "La Autoridad Independiente para la Igualdad de Trato: su encaje en la legislación de la Unión Europea. riesgos y oportunidades de su puesta en marcha", *IgualdadES*, 9, 2023, pp. 279-314.

URIBE ARZATE y GONZÁLEZ CHÁVEZ, "La protección de las personas vulnerables", *Revista de Derecho*, julio, núm. 027, 2007. Universidad del Norte Barranquilla, Colombia.

Tema 9. Procedimiento especial de protección de los derechos fundamentales en la Ley de la Jurisdicción Contencioso-Administrativa
Javier García Luengo

9.1. Introducción

El procedimiento especial de protección de los derechos fundamentales reconocido en el capítulo I del Título V de la Ley de la Jurisdicción Contencioso-Administrativa de 1998 (en lo sucesivo LJCA) viene a desarrollar el mandato establecido en el artículo 53.2 de la Constitución que establece que: "Cualquier ciudadano podrá recabar la tutela de las libertades y derechos reconocidos en el artículo 14 y la Sección primera del Capítulo segundo ante los Tribunales ordinarios por un procedimiento basado en los principios de preferencia y sumariedad".

Hasta el momento de entrada en vigor de la actual LJCA este procedimiento estuvo regulado en una Ley preconstitucional (aunque casi coetánea con la norma constitucional), la Ley 62/1978, de 26 de diciembre, que establecía un proceso de protección de los derechos fundamentales en el ámbito contencioso administrativo, sustancialmente similar (aunque formalmente con mayores garantías), como veremos, al actualmente vigente.

En las páginas que siguen vamos a tratar de exponer las principales características de este procedimiento contencioso-administrativo especial que trata de otorgar una tutela más eficaz al individuo frente a la fuente fundamental de violaciones de sus derechos fundamentales que es la actuación de la Administración.

Para valorar la importancia de la protección del individuo frente a la actuación administrativa hay que tener en cuenta que la Administración es, de entre todos los poderes del Estado, el único diseñado para entrar constantemente en relaciones con los ciudadanos, para actuar en el tráfico jurídico y para hacerlo además con privilegios extraordinarios que le permiten, por ejemplo, declarar unilateralmente derechos y ejecutarlos sin auxilio judicial (a través de actos administrativos) o incluso alterar el ordenamiento jurídico (a través de las normas reglamentarias mucho más abundantes y por lo tanto potencialmente lesivas que cualquier producción normativa parlamentaria).

En su papel de intervención cotidiana en el tráfico jurídico para satisfacer el interés público la Administración es, con toda certeza, el primer agente a la hora de satisfacer las exigencias de protección de los colectivos más vulnerables de la sociedad, pero también la propia denegación de esa asistencia, la incorrecta aplicación de las facultades de regulación o policía administrativa o la no reacción adecuada frente a los abusos cometidos por los particulares hacen que la conducta de la Administración también sea motivo de vulneración de los derechos fundamentales de los colectivos más desfavorecidos en la sociedad. Los ejemplos que podrían traerse a colación son infinitos, desde la expulsión del territorio nacional de un extranjero que en determinados casos decreta la propia Administración, hasta la sanción por conductas que se consideran antisociales (una práctica creciente en los últimos años debido al muy dudoso renacer de la potestad de establecer sanciones mediante ordenanzas municipales), pasando por la imposición por la Administración de unos servicios mínimos abusivos en caso de ejercicio del derecho de huelga por los trabajadores.

En las siguientes líneas vamos a tratar de exponer los fundamentos del recurso especial para la protección de los derechos fundamentales y a valorar su utilidad como instrumento para poner fin a este tipo de actuaciones de las Administraciones Públicas.

9.2. Ámbito Objetivo

El objeto del procedimiento especial de protección de los derechos fundamentales, regulado en los artículos 114 a 122 de la LJCA, son las pretensiones que deduzcan las partes por lesión de uno de los derechos fundamentales recogidos en los artículos 14 a 29 de la Constitución, así como la objeción de conciencia recogida en el artículo 30 de la misma norma.

Esta afirmación es, no obstante, demasiado general y debe ser matizada en los siguientes extremos:

en primer lugar, en materia electoral, las decisiones de las Juntas electorales por más que puedan vulnerar el derecho a la representación política del artículo 23.2 de la Constitución no pueden ser objeto de recurso especial, en cuanto constituyan actos electorales, ya que la LJCA sólo es aplicable a la Administración electoral en los términos establecidos por la Ley Orgánica de Régimen Electoral General –LOREG- que limita las impugnaciones en este ámbito al contencioso frente a la proclamación de candidatos (artículo 49 LOREG) y frente a la proclamación de electos (artículo 109 y sigs. LOREG), recursos que tienen también un marcado carácter sumario y que se regulan con cierto detalle en la citada Ley Orgánica (PASCUA MATEO, 2011, 128). Sin embargo, sí que se tramitan por la vía del procedimiento especial previsto en la LJCA las impugnaciones contra decisiones de las oficinas del censo electoral en materia de reclamaciones del censo según establece expresamente el artículo 38.5 de la LOREG.

En el caso del artículo 24 tampoco parece que esta vía sea la adecuada ya que las vulneraciones de dicho precepto se realizarán por los Tribunales de Justicia y no por la Administración. No obstante, la jurisprudencia ha admitido algún supuesto de extensión de las garantías del citado artículo al ámbito administrativo, especialmente en materia sancionadora, en cuyo caso se ha admitido igualmente la utilización del procedimiento especial[96]. Este procedimiento también será de aplicación cuando simplemente la Administración impide o dificulta el acceso a la Jurisdicción (nuevamente, en tal sentido, la STS de 11 de junio de 2011).

En otros dos supuestos, la utilización de este procedimiento especial choca con la existencia de otros cauces más específicos. Es el caso de la defensa del derecho de reunión en el que habría que emplear el procedimiento que establece el artículo 122 de la propia LJCA (todavía más sumario para dotar de eficacia a la tutela en estos casos), y el caso del *habeas corpus* en el que el procedimiento adecuado sería el previsto en la Ley Orgánica 6/1984, de 24 de mayo, reguladora del Procedimiento de *Habeas Corpus*. Si bien, una demanda interpuesta por la vía del procedimiento especial de protección de los derechos fundamentales no debería ser considerada inadmisible en estos supuestos.

Así lo ha determinado expresamente el Tribunal Constitucional en lo que respecta al caso del Habeas Hábeas en su Sentencia 208/2000, de 24 de julio, fundamento jurídico 4º, que plantea además la plena compatibilidad de estas vías entre sí y con un proceso penal por detención ilegal. En cuanto al derecho de reunión la doctrina (EMBID IRUJO, 1983, 588 y GONZÁLEZ PÉREZ 2011, 1127) también afirma la posibilidad de utilizar el proceso

[96] Así en la Sentencia del Tribunal Supremo de 11 de junio de 2001 (en el recurso 11673/1998) se establece que: "*Constituye doctrina de la Sala, que las sociedades recurrentes conocen y aceptan, que el ámbito de aplicación del artículo 24 de la Constitución no puede trasladarse sin más a las actuaciones administrativas, ya que, en principio, sólo está referido a las actuaciones judiciales. La tutela que otorga el artículo 24 de la Norma Fundamental se refiere a las actuaciones judiciales, a las administrativas de carácter sancionador, respecto a las que rigen los principios básicos del Derecho Penal, y a las actuaciones administrativas que impidan el acceso a la Jurisdicción, en cuanto bloquean el ejercicio del derecho a la tutela judicial efectiva (cfr. sentencias de esta Sala de 6 de junio de 1991 y 21 de noviembre de 1997 y sentencia del Tribunal Constitucional 42/1989, de 16 de febrero).*

En consecuencia, si los actos impugnados por la vía del procedimiento especial de la Ley 62/1978 (propuestas de regularización y actas de inspección) se han dictado en un expediente administrativo sancionador, el cauce procesal elegido por las sociedades recurrentes será el adecuado, por lo que el motivo de casación deberá prosperar. Por el contrario, si dichos actos se han acordado en un procedimiento administrativo que no tiene naturaleza sancionadora no le será aplicable al mismo el artículo 24 de la Constitución, por lo que las cuestiones que respecto a dichos actos se susciten serán de legalidad ordinaria, y el Tribunal «a quo» habrá resuelto acertadamente que el procedimiento especial y sumario de la Ley 62/1978 no es el adecuado para la tramitación del recurso contencioso-administrativo."

especial incluso cuando el mismo se solapa con los supuestos contemplados en el artículo 122 de la LJCA.

Por otra parte, las pretensiones que se pueden elevar por la vía especial de recurso para la protección de los derechos fundamentales son las mismas que en el ámbito del procedimiento contencioso-administrativo ordinario y deben deducirse a través de la impugnación de un acto administrativo, de la inactividad de la Administración, frente a una actuación administrativa que haya incurrido en vía de hecho[97] o frente a una disposición general.

El principal problema a la hora de delimitar el ámbito objetivo de este recurso lo plantea la necesidad de que las pretensiones estén asociadas a la lesión de un derecho fundamental de los arriba reseñados. Esta necesidad viene impuesta por la propia excepcionalidad del recurso ya que en caso de que cualquier pretensión fuese admisible ya no podría hablarse de una vía sumaria y prioritaria pues acabaría englobando todo el contencioso ordinario. El problema es dónde situar el límite adecuado, dada la íntima conexión entre muchas lesiones a derechos fundamentales y la legalidad ordinaria.

Aunque las opiniones doctrinales y la propia jurisprudencia no siguen un criterio uniforme, tras la LJCA se puede apreciar una tendencia, con altibajos, a admitir las impugnaciones que basan la lesión del Derecho fundamental en la vulneración de la normativa de desarrollo del mismo en cuanto dicha lesión cuestiona la efectividad del Derecho (en este sentido la argumentación de la STS de 4 de junio de 2007, en el recurso 5476/2002[98]). En esta línea apunta claramente la propia exposición de motivos de la LJCA cuando señala que: "*De los recursos especiales se ha suprimido el de personal, aunque subsisten algunas especialidades relativas a esta materia a lo largo del articulado. Se trae al texto de la Ley Jurisdiccional la regulación del proceso especial en materia de derechos fundamentales, con el mismo carácter preferente y urgente que ya tiene y con importantes variaciones sobre la normativa vigente, cuyo carácter restrictivo ha conducido, en la práctica, a un importante deterioro de esta vía procesal. La más relevante novedad es el tratamiento del objeto del recurso -y, por tanto, de la sentencia de acuerdo con el fundamento común de los procesos contencioso-administrativos, esto es, contemplando la lesión de los derechos susceptibles de amparo desde la perspectiva de la conformidad de la actuación administrativa con el ordenamiento jurídico. La Ley pretende superar, por tanto, la rígida distinción entre legalidad ordinaria y derechos fundamentales, por entender que la protección del derecho fundamental o libertad pública no será factible, en muchos casos, si no se tiene en cuenta el desarrollo legal de los mismos*".

[97] Incurre en vía de hecho la Administración cuando actúa de plano sin el procedimiento debido para amparar una actuación de esa naturaleza o cuando a pesar de haber seguido un procedimiento, éste no es en absoluto el adecuado o la resolución que se pretende ejecutar ha incurrido en una infracción manifiesta y grave que determina su nulidad de pleno derecho.

[98] Esta Sentencia aclara con sencillez la relación entre la lesión al derecho fundamental y la aplicación de la normativa ordinaria al señala que: "*Procede recordar, por lo pronto, que la Exposición de Motivos de la Ley 29/1998, reguladora de la Jurisdicción Contencioso-Administrativa, manifiesta el propósito de superar la rígida distinción entre legalidad ordinaria y derechos fundamentales, y ello "...por entender que la protección del derecho fundamental o libertad pública no será factible, en muchos casos, si no se tiene en cuenta el desarrollo legal de los mismos". Y es que, en efecto, las cuestiones de legalidad ordinaria se encuentran en ocasiones de tal modo entrelazadas con las referidas propiamente a los derechos fundamentales que el examen de aquéllas resulta ineludible en el procedimiento especial tendente a la protección de éstos. En la línea de lo que alega el Ministerio Fiscal, es cierto que, como ya hemos señalado en sentencia de 12 de marzo de 2007 (casación 340/03), cuando no existe tal implicación de las cuestiones de legalidad ordinaria con el ámbito de afectación de los derechos fundamentales el examen de aquéllas en el proceso especial resulta no solo innecesario sino también improcedente. Pero cuando consideraciones de esta índole traen consigo la grave consecuencia de inadmitir el recurso Contencioso-Administrativo la decisión del órgano jurisdiccional debe estar sólidamente razonada y, desde luego, no puede sustentarse en la simple afirmación de que el acto administrativo impugnado se fundó en motivos de legalidad ordinaria. Sucede que ese dato es por sí solo insuficiente, pues no cabe ignorar que una decisión administrativa que se dice fundada en razones de legalidad ordinaria puede producir resultados que vulneren o menoscaben algún derecho fundamental.*"

Lo que no cabe es acumular en un mismo proceso especial motivos basados en la lesión de un derecho fundamental y motivos ordinarios independientes de la misma. La solución más razonable al dilema que se le plantea al recurrente es interponer dos recursos uno basado en los asuntos relativos a la lesión de derechos fundamentales y legislación de desarrollo de los mismos y otro reservado a los asuntos de pura legislación ordinaria (GARCÍA DE ENTERRÍA/T.R. FERNÁNDEZ, 2022, 709) ya que ambas vías procesales son compatibles[99], si bien el Tribunal Supremo ha señalado que en caso de emplearse en el procedimiento ordinario únicamente motivos basados en la vulneración de derechos fundamentales planteados igualmente en el proceso especial se daría la excepción de litispendencia (STS 2 de diciembre de 2005, rec. 7220/2001, en contra, SANTAMARÍA PASTOR 2010, 1178), y si ya hubiese recaído sentencia firme en el proceso especial de protección de derechos fundamentales, entonces lo procedente sería inadmitir el recurso por la excepción de cosa juzgada. En el caso de que el primer recurso –que debería ser el especial para la protección de los derechos fundamentales- se resuelva y se anule el acto o actuación impugnada, el segundo recurso simplemente se extinguiría por carencia de objeto.

No obstante, es conveniente destacar a la hora de determinar la estrategia procesal más adecuada que es posible combinar un recurso por el procedimiento especial de protección de los derechos fundamentales con un recurso por el procedimiento contencioso administrativo ordinario (STS de 11 de octubre de 2004, en el recurso 757/1999[100]), que se pueden interponer simultánea o sucesivamente, e, incluso por medio de un mismo escrito[101],

---

[99] En tal sentido, por ejemplo, la STS de 11 de mayo de 2004, en el recurso 518/2001: "*El hecho de que el Abogado del Estado, interese en primer lugar la inadmisibilidad del recurso Contencioso-Administrativo, por razón de que, dice, se ha producido una duplicidad de procedimientos, al impugnarse el mismo acuerdo del Consejo de Ministros de 13 de julio de 2001, por la vía del procedimiento establecido para la protección de los derechos fundamentales y por la vía ordinaria, es obligado iniciar este análisis por el relativo a tal causa de inadmisibilidad. Y a este respecto, como no hay una prohibición expresa en nuestro ordenamiento, en relación con la compatibilidad o incompatibilidad de ambas vías, la ordinaria y la especial de protección de derechos fundamentales, y como el artículo 114 de la Ley de la Jurisdicción, que es el que regula el procedimiento para la protección de los derechos fundamentales de la persona, permite la utilización de este procedimiento especial para el ejercicio de las pretensiones a que se refiere el artículo 31 de la Ley de la Jurisdicción, que son las que se pueden también articular en la vía ordinaria conforme al artículo 45 de la citada Ley de la Jurisdicción, es claro, que a pesar de que en los recursos Contencioso-Administrativos 518/2001 y 500/2001, se ha impugnado el mismo acuerdo del Consejo de Ministros de 13 de julio de 2001, el primero, por la vía ordinaria y el segundo, por la vía especial de protección de derechos fundamentales de la persona, no es posible acceder a la petición de inadmisibilidad que por ello se aduce, pues de acuerdo con las normas y procedimiento establecido no hay obstáculo para que esa duplicidad se pueda producir. Ahora bien y una vez sentado lo anterior, hay seguidamente que referir, que si bien la Ley de la Jurisdicción, permite, al menos, en principio, la compatibilidad ente ambas vías, ordinaria y especial, ello no impide que, si en una y otra se usan los mismos argumentos o motivos de impugnación, y éstos, ya han sido valorados y resueltos, en la vía especial de protección de derechos fundamentales de la persona, que es procedimiento prioritario, conforme a lo establecido en el artículo 114 apartado 3° de la Ley de la Jurisdicción, en la vía ordinaria se tenga que partir de las valoraciones efectuadas por la sentencia que resuelve el asunto en la vía especial, a no ser que concurra alguna circunstancia o dato que justifique un cambio de criterio o una distinta valoración, y ello de conformidad con el principio de seguridad jurídica y con el de igualdad que exige, según reiterada doctrina del Tribunal Constitucional, fallos iguales para supuestos también iguales.*"

[100] Que declara, siguiendo una jurisprudencia bien asentada, lo siguiente: "La coexistencia entre el proceso administrativo ordinario y el procedimiento especial para la protección de los derechos fundamentales ha sido reconocida tanto por la doctrina del Tribunal Constitucional como por la jurisprudencia del Tribunal Supremo, resultando las siguientes posibilidades para el recurrente: 1°) acogerse a las ventajas propias del proceso preferente y sumario de la Ley 62/1978, sin plantear cuestión de legalidad ordinaria en relación con el acto que se impugna; 2°) impugnar el acto a través del proceso ordinario acumulando el planteamiento de lesión de derechos fundamentales y de infracción de la legalidad ordinaria; y 3°) plantear simultáneamente los dos procesos, con los siguientes límites: la no suspensión de los plazos para la interposición del proceso ordinario y la imposibilidad de plantear de forma sucesiva la vulneración del derecho fundamental sobre la que se ha decidido en el proceso especial y preferente".

[101] En tal sentido, la Sentencia del Tribunal Constitucional 72/2002, de 8 de abril, que otorga el amparo a un recurrente que calificó su recurso por otrosí como interpuesto por la vía especial, cuando del conjunto del escrito se deducía que interponía ambos recursos el ordinario y el especial. Merece la pena reproducir la argumentación del Tribunal: "En el presente caso no cabe apreciar que la Sala, al considerar el recurso contencioso-

la clave para evitar problemas de litispendencia o cosa juzgada es diferenciar las motivos ordinarios de los iusfundamentales, aunque se trata de una distinción que en ocasiones puede resultar artificiosa[102].

9.3. Ámbito subjetivo

En principio el recurso especial para la protección de los derechos fundamentales no tiene especialidades significativas en cuanto al ámbito subjetivo ya que aunque el artículo 53 de la Constitución se refiere a que dicho recurso se pondrá a disposición de los ciudadanos, no cabe limitar el mismo a los españoles y debe entenderse que el ámbito de legitimación se extiende a todos los titulares de los derechos en cuestión, con independencia de que alguno de los derechos amparados efectivamente sólo se reconozcan, en principio, a los nacionales –o asimilados-, como es el caso de los reconocidos en el artículo 23 –derecho a acceder en condiciones de igualdad a los cargos y funciones públicas-, o que por su naturaleza el derecho a la libertad personal del artículo 16 no pueda ser reconocido a una persona jurídica.

Estarán legitimadas pasivamente no sólo las Administraciones Públicas sino también las corporaciones de Derecho Público y los órganos constitucionales y estatutarios mencionados en el artículo 1.3 de la LJCA. (Cámaras legislativas estatales o autonómicas, Consejo General del Poder Judicial, Tribunal de cuentas, Defensor del pueblo, órganos similares a estos últimos en las Comunidades Autónomas y Administración electoral en los términos, como ya vimos, de la LOREG).

---

administrativo como un recurso especial interpuesto por el cauce procesal establecido en la Ley 62/1978, haya incurrido en ningún error patente, pues el recurrente por otrosí solicita que el recurso contencioso-administrativo interpuesto se tramite al amparo de la Ley 62/1978 y en ningún momento manifiesta expresamente su intención de interponer, a través de un mismo escrito, dos recursos distintos. Tampoco cabe calificar esta decisión como arbitraria ni manifiestamente irrazonable, ya que se trata de una decisión debidamente motivada, pues el órgano judicial llega a la conclusión de que la intención de la parte era interponer únicamente el recurso especial que establecía la Ley 62/1978, no sólo porque así lo solicita por otrosí, sino porque además el apartado IX de los fundamentos de Derecho de su escrito de interposición menciona expresamente esta Ley. Sin embargo, tal interpretación es excesivamente formalista, pues aunque, ciertamente, en el escrito de interposición se solicita expresamente mediante otrosí que se tuviera por interpuesto recurso contencioso- administrativo al amparo del procedimiento previsto en la Ley 62/1978 y no se solicita que, simultáneamente, se tramite por el procedimiento ordinario que en aquel momento regulaba la Ley reguladora de la jurisdicción contencioso-administrativa de 1956, del escrito de interposición de recurso y de la documentación que con el mismo se acompaña, en concreto del escrito por el que se formula la comunicación previa que establecía el art. 110.3 de la Ley 30/1992, cabe entender que mediante dicho escrito se estaba interponiendo tanto el recurso especial como el recurso ordinario. En efecto, tal y como señala el Fiscal, el actor en el encabezamiento y en el primer suplico del escrito de interposición de recurso manifiesta su intención de interponer recurso contencioso-administrativo sin hacer mención al cauce especial de la Ley 62/1978. Por otra parte, en el referido escrito de interposición se invoca no sólo la vulneración de sus derechos fundamentales, sino también otras alegaciones de estricta legalidad. Junto a tales datos resulta especialmente relevante que el recurrente haya interpuesto la comunicación previa que establecía el art. 110.3 de la Ley 30/1992, y que además, en este escrito manifieste expresamente que, en cumplimiento de lo preceptuado en ese precepto, comunica su intención de interponer recurso contencioso-administrativo y al mismo tiempo, mediante un otrosí, anuncie también su intención de recurrir por la vía de la Ley 62/1978, señalando que lo efectúa a pesar de no ser preceptiva esta comunicación para recurrir al amparo de la referida vía, por lo que a través de dicho escrito está poniendo en conocimiento de la Administración tanto su intención de interponer recurso ordinario como la de interponer el especial de protección de derechos fundamentales",

[102] Lo recuerda con precisión la STS de 21 de septiembre de 2022 en el recurso 3340/2021: "...no podemos desconocer que no puede establecerse ni una delimitación exacta ni una diferenciación tajante entre la lesión de los derechos fundamentales invocados, en este caso la libertad sindical, y la infracción de la legalidad ordinaria. La imposibilidad de dicha delimitación se aprecia claramente en el supuesto examinado en el que el derecho fundamental a la libertad sindical puede verse comprometido, y vulnerado, por la interpretación de las normas legales y reglamentarias de aplicación al caso, de modo que la infracción de estas normas de aplicación tiene indudable trascendencia y repercusión sobre el derecho fundamental, se hayan seguido los trámites del procedimiento especial o no".

9.4. La intervención del Ministerio Fiscal.

Los artículos 117.2 y 119 de la LJCA, referidos respectivamente a la posibilidad de un trámite de inadmisión previa en el procedimiento especial para la protección de los derechos fundamentales y a la propia presentación de escritos de alegaciones en el proceso, establecen la necesidad de una intervención del Ministerio Fiscal en este proceso en defensa objetiva del Ordenamiento (algo que también ocurre en el proceso constitucional de amparo).

Frente a esta intervención se han alzado recientemente algunos autores con cierta dureza. Así para algunos autores (PASCUA MATEO, 2011, 160): "...*es aconsejable prescindir de la intervención del un Ministerio Fiscal que con toda frecuencia, y sin que puedan tampoco negarse algunas excepciones, no hace sino apoyar la posición procesal de la Administración, con claro perjuicio del recurrente, y que no ayuda precisamente a acelerar el discurso de la causa*".

Hay que aclarar no obstante que para evacuar los trámites en este procedimiento, el Ministerio Fiscal dispone de plazos comunes con las partes recurridas con lo que difícilmente puede suponer su presencia una dilación excesiva y la experiencia del propio proceso constitucional de amparo desmiente la crítica a la supuesta parcialidad del Ministerio Fiscal, cuyo papel puede ser, además, decisivo a la hora de suplir las frecuentes carencias en la defensa del recurrente, especialmente en los procesos que afectan a colectivos más vulnerables.

9.5. Régimen de medidas cautelares.

La anterior regulación del recurso especial en materia de protección de los derechos fundamentales contenida en el Ley 62/1978 establecía un régimen de tutela cautelar privilegiado que determinaba formalmente una suspensión casi automática del acto administrativo recurrido[103]. Esta previsión motivó un abuso de la figura del recurso especial buscando únicamente la suspensión del acto recurrido y una reacción jurisprudencial de recelo ante este tipo de impugnaciones que en la práctica supuso una creciente negativa a reconocer la suspensión por los Tribunales a pesar del favorable tenor de la Ley 62/1978.

Ello sirvió de excusa para que en la LJCA de 1998 se derogase el régimen especial de suspensión y se someta la adopción de una medida cautelar –de suspensión o de otro tipo- a las mismas reglas generales que rigen para cualquier proceso contencioso-administrativo. Esto es a la existencia de un *periculum in mora* (pérdida, de no adoptarse la medida cautelar solicitad, de la finalidad legítima del recurso) y el hecho de que frente a dicho peligro no deba prevalecer, previa ponderación de las circunstancias del caso, el interés general o el de un tercero que sufriría una perturbación grave (artículo 130 LJCA).

Ante este panorama no queda sino señalar que frente a la existencia de un derecho fundamental dicha ponderación debería decantarse del lado del reconocimiento de la medida cautelar, aunque el propio recurso a una "técnica" tan criticable como un *balancing test* y el hecho de que el derecho a la tutela cautelar es siempre una manifestación del derecho a la tutela judicial efectiva –y ello no ha propiciado un trato particularmente favorable de las solicitudes de tutela cautelar- nos hacen dudar de un trato especial en este punto, que tampoco se aprecia en la práctica.

[103] El artículo 7.4 de la citada Ley disponía que: "*Deducidos los dictámenes e informes a que se refiere el párrafo anterior o transcurrido el plazo concedido al efecto la Sala acordará la suspensión del cumplimiento del acto impugnado, salvo que se justifique la existencia o posibilidad de perjuicio grave para el interés general, suspensión que podrá concederse con o sin afianzamiento de los perjuicios de cualquiera otra naturaleza que pudieran derivarse.*"

9.6. Requisitos de admisibilidad.

En este aspecto hay dos elementos que merecen una especial atención en cuanto constituyen especialidades sobre la regulación general: el plazo para la interposición del recurso y la no necesidad de agotar la vía administrativa previa.

En cuanto al plazo debe destacarse que el mismo es sensiblemente más breve que en el procedimiento ordinario. Así frente a los dos meses que por regla general se establecen para el procedimiento contencioso-administrativo -siguiendo la tradición francesa- en el ámbito del contencioso para la protección de los derechos fundamentales nos encontramos con un plazo mucho más reducido de sólo diez días computables desde el día siguiente al de notificación del acto[104], publicación de la disposición impugnada, requerimiento para el cese de la vía de hecho, o transcurso del plazo fijado para la resolución.

Este plazo es absolutamente ridículo en su brevedad y sobre todo constituye una trampa mortal para los recurrentes de menores recursos y un nivel bajo de conocimientos jurídicos, ya que la tarea de buscar abogado, otorgar un poder para la representación –o concertar una cita para hacerla *apud acta*-, estudiar el caso y plantear un escrito de interposición ocupan normalmente un plazo superior (SANTAMARÍA, 2010, 1186), lo que nos avocaría a un contencioso ordinario, con pérdida del carácter sumario del recurso y, lo que es todavía más grave, con la necesidad de interponer el recurso de alzada ante la Administración (en el plazo de un mes) en caso de que el acto administrativo en cuestión no agote la vía administrativa previa.

Por otra parte, el momento de inicio del cómputo para los recursos contra la vía de hecho sólo tienen sentido si ha habido un previo requerimiento para que la Administración interrumpa la vía de hecho. Pero la LJCA permite la interposición de estos recursos sin dicho requerimiento previo, caso en el que no se fija a ciencia cierta a partir de qué momento se ha de computar el plazo de los diez días, ya que el ciudadano no estará en condiciones normalmente de fijar cuándo comenzó una vía de hecho, algo que por descontado la Administración no suele notificar al interesado. Por otra parte, según el tenor literal de la Ley el plazo de interposición del recurso se iniciaría al día siguiente al requerimiento para que cese la vía de hecho, haciendo dicho requerimiento perfectamente inútil, la interpretación que se ha propuesto es entender (SANTAMARÍA, 2010, 1189) que entre el requerimiento y el inicio del plazo de interposición debe transcurrir el plazo de diez días para que la Administración se pronuncie sobre el requerimiento al igual que sucede en la vía ordinaria pero esta interpretación doctrinal, en sí misma muy razonable, supone forzar el tenor literal de la Ley.

En el caso del recurso especial previsto en el artículo 122 de la propia LJCA para la defensa del derecho de reunión, el recurso se interpondrá dentro de las cuarenta y ocho horas siguientes a la notificación de la prohibición o modificación de la reunión por parte de la Administración.

Volviendo al procedimiento general de protección de los derechos fundamentales, es muy interesante la regla que contempla el párrafo segundo del artículo 115.1 de la LJCA en el sentido de que: "*Cuando la lesión del derecho fundamental tuviera su origen en la inactividad administrativa, o se hubiera interpuesto potestativamente un recurso administrativo, o, tratándose de una actuación en vía de hecho, no se hubiera formulado requerimiento, el plazo de diez días se iniciará transcurridos veinte días desde la reclamación, la presentación del recurso o el inicio de la actuación administrativa en vía de hecho, respectivamente*".

---

[104] La jurisprudencia reciente interpreta en ocasiones con generosidad este plazo. Así la STS de 23 de julio de 2012, en el recurso 5793/2010, ha interpretado que el plazo se puede contar a partir de una segunda notificación realizada al representante de la recurrente, cuando la primera notificación realizada fue rechazada por la interesada alegando que no sabía leer ni escribir.

Esta regla impone dos importantes modificaciones en el ámbito del procedimiento administrativo cuando está en juego un derecho fundamental de los alegables por la vía del recurso especial: de una parte, convierte la vía administrativa previa en potestativa (cuestión que a pesar de lo ambiguo de la redacción legal, frente a la claridad de la anterior Ley 62/1978, está hoy resuelta por la Jurisprudencia Contencioso-Administrativa - STS de 23 de mayo de 2008, en el recurso 3016/2006-); y en segundo lugar reduce el plazo para entender desestimado el recurso o no atendido el requerimiento a tan sólo veinte días.

Esta última regla plantea numerosos problemas prácticos al reducir en función de los motivos del recurso el plazo que la Administración tiene para resolverlo y notificar su resolución lo que lleva, a su vez, a que se abran importantes interrogantes: ¿se puede hablar de silencio administrativo positivo en estos casos ante un recurso de alzada frente a un silencio negativo?

Posiblemente por seguridad jurídica se debería entender que en este caso la Ley simplemente permite una apertura más ágil al recurso sin consecuencias sustantivas y por tanto no cabe hablar de silencio por el transcurso del plazo en cuestión.

En cuanto a la naturaleza de los días en estos plazos la jurisprudencia y la doctrina (Sentencia de la Audiencia Nacional de 7 de julio de 2010 y PASCUA MATEO, 2011) estiman que se deben computar tanto los veinte días previos si ha habido requerimiento o recurso como los diez días para recurrir como días procesales, es decir hábiles excluyendo sábados, domingos y festivos. Sin embargo, los días del mes de agosto son hábiles en lo que respecta al procedimiento especial de protección de los derechos fundamentales por lo dispuesto en el artículo 128.2 de la LJCA.

Por último, en lo que respecta al plazo en caso de silencio administrativo la Ley no establece un plazo especial para interponer el contencioso (recordemos que en el contencioso ordinario el plazo normal de dos meses se incrementa a seis en caso de recurso contra el silencio) con lo que podría concluirse (GONZÁLEZ PÉREZ, 2011, 1136) que el plazo es el de diez días. No obstante, hay que entender aplicable (SANTAMARÍA PASTOR, 2010, 1188) aquí el criterio del Tribunal Constitucional según el cual en caso de silencio el plazo para la interposición del contencioso no empezaría a computar puesto que en puridad no ha habido la correspondiente notificación[105].

En lo que atañe a la no necesidad de agotar los recursos administrativos previos, esta característica ya estaba claramente afirmada en el Ley 62/1978 y se heredó en la actual normativa, aunque, como acabamos de ver, con una formulación menos contundente[106]. En todo caso supone una gran ventaja en los supuestos en los que el acto administrativo no agota la vía administrativa y en los que normalmente habría que interponer un recurso de alzada antes de acudir a la vía judicial contencioso-administrativa, ya que se obtiene una tutela judicial directa sin impedir, además, que opcionalmente el particular busque el amparo en vía administrativa (lo que puede resultar razonable en algunos casos para evitar los costes derivados de un proceso judicial).

El uso del recurso en vía administrativa potestativamente plantea, no obstante, un problema de plazos ya que el artículo 115.1 de la LJCA establece claramente, como también hemos visto, que el plazo de diez días para interponer el recurso se contará desde que han transcurrido veinte días desde la interposición potestativa del recurso. En este contexto es necesario plantearse si cabría admitir una interposición extemporánea, más allá del plazo de diez días, en los casos en los que la Administración no ha contestado el recurso en el plazo

---

[105] De esta forma se evita que la Administración se beneficie de su propia torpeza. *Vid.*, por ejemplo, entre otras muchas, las SSTC 14/2006, de 16 de enero o 171/2008, de 15 de diciembre. O en el Tribunal Supremo, su Sentencia de 21 de marzo de 2006, en el recurso 152/2002 o, más recientemente, la STS de 11 de abril de 2013, en el recurso 598/2011.

[106] Aunque la jurisprudencia ha aclarado este extremo. Así, STS de 22 de diciembre de 2021, en el recurso 5992/2020 fija en este punto la siguiente doctrina: "según el artículo 115.1 de la Ley de la Jurisdicción, no es preciso agotar la vía administrativa para acudir al proceso especial de protección de los derechos fundamentales".

de veinte días. En nuestra opinión, una interpretación conforme con el derecho a la tutela judicial efectiva en su vertiente de Derecho al acceso a la jurisdicción obliga a una respuesta positiva ante este interrogante, de forma que el precepto ha de entenderse puramente como una regla que permite al interesado interponer el recurso antes de que transcurran los plazos ordinarios para que la Administración conteste y notifique la resolución del recurso administrativo, pero no como una norma que impida el uso del recurso especial, una vez que la respuesta de la Administración se demora por más de veinte días. Ello es coherente no sólo con la intención garantista de la medida contemplada, sino con la propia operatividad de los recursos administrativos en cuanto los mismos deberían ser configurados en un Estado de Derecho como medios para resolver controversias sin sobrecargar al Poder Judicial. De aceptarse esta interpretación el afectado por la lesión de sus derechos fundamentales podría interponer el recurso ante la posterior resolución administrativa expresa en el plazo de diez días marcado por el mismo artículo 115.1 de la LJCA.

9.7. Especialidades procedimentales.

La primera especialidad destacable del procedimiento para la protección de los derechos fundamentales es la existencia de un trámite específico de inadmisión que ha de entenderse reservado (PASCUA MATEO, 2011, 139) a aquellos supuestos en los que la Administración con el envío del expediente, el resto de demandados al comparecer o el propio órgano jurisdiccional cuestionen la admisibilidad del recurso por inadecuación de la demanda a la tramitación propia del recurso especial, pudiendo plantearse el resto de las causas de inadmisión por la vía ordinaria de los artículos 58 y 59 de la LJCA.

Un sector de la doctrina ha sostenido también que si el juzgador desestima esta inadmisión, que se resuelve en una vista prevista en el artículo 117.2 de la LJCA, no cabrá luego la inadmisión por esta causa en la sentencia, sin que las partes puedan alegar esta causa de inadmisión en otro momento posterior al envío del expediente o a la comparecencia, ello porque esta causa no está prevista en el artículo 69 de la LJCA y no sigue otro régimen que el específicamente establecido en los artículos 116.3 y 117 de la LJCA que no contemplan más que ese momento inicial para su alegación. No obstante, la STS de 17 de septiembre de 2008, en el recurso 7123/2005, ha inadmitido en sentencia un recurso especial por falta de fundamentación de la vulneración del derecho fundamental alegado y en el mismo sentido en la STS de 30 de diciembre de 2009, en el recurso de casación 2/2003 se admite, aunque *obiter dicta*, una sentencia de inadmisión por inadecuación del procedimiento especial, lo que ha llevado a un sector muy cualificado de la doctrina (SANTAMARÍA PASTOR Y OTROS, 2017, 1058) a admitir aquí incluso el replanteamiento de la causas de inadmisión a lo largo del proceso, en el trámite de alegaciones previas, que se podrían plantear también en este proceso, o con la contestación a la demanda (escrito de alegaciones del demandante, según la LJCS). Sin embargo, la tutela judicial podría resultar lesionada con una sentencia de inadmisión si una apreciación temprana de la causa que la motivó hubiese permitido al recurrente interponer un recurso ordinario.

Al efecto de poder valorar la admisibilidad del recurso el escrito de interposición tiene en este caso un contenido especial ya que el artículo 115.2 exige que en el mismo se exprese: "con precisión y claridad el derecho o derechos cuya tutela se pretende y, de manera concisa, los argumentos sustanciales que den fundamento al recurso". Ello hace que este escrito tenga una complejidad especial en el ámbito del recurso especial. Lo que, a su vez, hace todavía más irracional la limitación del plazo de interposición del recurso a tan sólo diez días.

Hay que destacar que el órgano jurisdiccional debe en este trámite inicial de inadmisibilidad valorar esencialmente si el recurso plantea una potencial lesión de los derechos fundamentales invocados que resulte plausible. Así lo ha destacado la STS de 22 de diciembre de 2021, en el recurso 5992/2020, que establece la siguiente doctrina al respecto:

"...en el trámite de admisión previsto en su artículo 117.2 se ha de comprobar si el escrito de interposición invoca uno de los derechos susceptibles de tutela por este cauce y relaciona, en términos que no sean absurdos, su lesión con una actuación, omisión, inactividad o vía de hecho imputable a la Administración. Todo ello sin perjuicio de que se puedan suscitar en el mismo trámite las causas de inadmisibilidad previstas en el artículo 51 de la Ley de la Jurisdicción".

No siendo, como señala el Tribunal Supremo en la fundamentación de dicha Sentencia, el trámite del artículo 117.2 de la Ley de la Jurisdicción el indicado para efectuar un juicio que exija apreciaciones de fondo.

Si no se plantea la inadmisibildad del recurso, o si planteada la misma se rechaza por el Juzgador, el siguiente trámite será la presentación de los escritos de alegaciones por las partes, teniendo el recurrente ocho días para formalizar demanda y otorgándose otro plazo de ocho días común al Ministerio Fiscal y a los demandados para formular sus alegaciones.

La jurisprudencia (STS de 18 de febrero de 2013, en el recurso 736/2011) entiende que este plazo de ocho días puede interrumpirse por el recurrente o los recurridos si solicitan la ampliación del expediente y le es de aplicación la regla de los artículos 128.1 y 52.2 de la LJCA, según la cual si se presenta el escrito el mismo día del auto por el que se declara la caducidad del trámite se admitirá.

Si las partes lo solicitan y existe disconformidad en los hechos siendo éstos de trascendencia, o el órgano jurisdiccional de oficio lo estima conveniente, se abrirá el procedimiento a prueba. El período probatorio no será en ningún caso superior a veinte días, la Ley que el artículo 120 de la LJCA califica como "comunes para su proposición y práctica", en lo que no es más que un desajuste con las reglas generales del procedimiento contencioso-administrativo común que hoy (desde la reforma realizada por la Ley 37/2011) exigen que la proposición de prueba se haga en la demanda. Entendemos, por lo tanto, que deben aplicarse aquí dichas reglas y que el plazo será sólo para la práctica de la prueba y no para su proposición que las partes deberán hacer en sus escritos de alegaciones o en el caso del recurrente también en su escrito de alegaciones complementarias (que según el artículo 116.5 de la LJCA se presentará en este caso en las 48 horas siguientes a la recepción tardía del expediente administrativo) y entendemos también que en los cinco días siguientes a la recepción del escrito de alegaciones de los demandados, por lo dispuesto en el artículo 60.2 de la LJCA ya que es preciso que el demandante se puede defender de los hechos nuevos y relevantes que traigan al proceso las partes demandadas (SANTAMARÍA Y OTROS, 2017, 1069).

Finalmente se declarará el pleito concluso para sentencia sin que se pueda abrir una fase de conclusiones al no disponer la Ley esta posibilidad, lo que puede generar una situación de desigualdad de armas en el proceso si la Administración aporta en la contestación documentos relevantes que el demandante no puede rebatir adecuadamente o simplemente trae a colación una argumentación jurídica novedosa que el particular no podrá ya discutir.

En cuanto a los efectos de la declaración de estos procedimientos como preferentes son más bien escasos en la práctica y se limitan a la operativa del artículo 66 de la LJCA que establece que: "Los recursos directos contra disposiciones generales gozarán de preferencia y, una vez conclusos, serán antepuestos para su votación y fallo a cualquier otro recurso contencioso-administrativo, sea cual fuere su instancia o grado, salvo el proceso especial de protección de derechos fundamentales". Por lo tanto, habrá que entender que en el caso de los recursos especiales en materia de protección de derechos fundamentales cabe la anteposición a cualquier otro recurso a los efectos de señalamiento para su votación y fallo.

El carácter sumario del procedimiento justificaría las reducciones de plazos que en el fondo más que mejorar la posición del recurrente la empeoran y la declaración del mes de agosto como hábil.

9.8. Contenido de la Sentencia y recursos.

La sentencia puede contener los pronunciamientos propios de las dictadas en los procedimientos contencioso-administrativos ordinarios incluida la posibilidad de fijar indemnizaciones derivadas de la lesión del derecho fundamental en cuestión.

Cabe también la terminación anormal del proceso, pero no puede admitir transacción sobre el derecho fundamental afectado, si bien sí podría transigirse sobre el alcance de una eventual indemnización derivada de su lesión.

Frente a la Sentencia dictada por los Juzgados de lo Contencioso-Administrativo cabe recurso de apelación a un solo efecto –es decir no tiene carácter suspensivo-. Sin embargo, la apelación de las Sentencias de los Juzgados Centrales lo serán a doble efecto ya que no juega aquí la excepción que a las reglas generales de la apelación de sentencias establece el artículo 121.3 de la LJCA. Este recurso se puede interponer con independencia de la cuantía del asunto, ya que siempre cabe contra las sentencias en este procedimiento, según determina el artículo 81.2.b) de la LJCA.

En cuanto al recurso de casación, la impugnación de las sentencias dictadas en este procedimiento está entre los supuestos en los que el Tribunal de casación podrá apreciar que existe interés casacional objetivo [artículo 88.2.i) LJCA]. Lo que tiene un recorrido limitado ya que, como ha señalado reiteradamente el Tribunal Supremo, "la parte no debe limitarse a poner de manifiesto el mero dato formal de que la resolución impugnada se ha dictado en un proceso especial de protección de derechos fundamentales, sino que, además, ha de dar el paso añadido de razonar el interés casacional, argumentando la conveniencia de un pronunciamiento del Tribunal Supremo desde el punto de vista de la formación de la jurisprudencia" (ATS de 9 de marzo de 2022, RQ 29/2022). A lo sumo se ha admitido por la Sala de lo Contencioso-Administrativo del alto tribunal que "se trata de un indicio dotado de una fuerza singular, por cuanto el juez de lo contencioso-administrativo es el juez ordinario de tutela de los derechos fundamentales" (ATS de 18 de marzo de 2019, RC 5035/2018), pero nunca un criterio que determine automáticamente la admisión del recurso.

9.9. Utilidad práctica del recurso especial.

A la hora de valorar el uso de este remedio especial el recurrente debe tomar en consideración varias cuestiones que pesan tanto a favor como en contra de esta vía procesal.

A favor del empleo de la misma está su carácter sumario (aunque en la práctica la virtualidad del mismo no siempre se aprecia), la no necesidad de agotar la vía administrativa previa, y las facilidades para la impugnación de la eventual sentencia (especialmente en apelación) lo que puede ser particularmente atractivo en múltiples situaciones.

En la parte negativa de la balanza a la hora de decidir una adecuada estrategia procesal está el corto plazo de interposición frente a la actividad expresa de la Administración, el riesgo de inadmisión y la rigidez del procedimiento en el que no hay un trámite de conclusiones que puede resultar esencial si la *litis* tiene un fuerte componente fáctico que requiere una valoración adecuada del trámite de prueba.

La decisión última dependerá de las circunstancias de cada caso, pero se impone una cierta prudencia en el uso de una vía cuyo diseño es demasiado rígido y cuyas aparentes ventajas no siempre se aprecian en la práctica.

9.10. Bibliografía básica.

EMBID IRUJO, A., "El derecho de reunión. Especial referencia a la protección jurídica", *RAP*, 1983, 100-101, págs. 575 a 609.

FERNÁNDEZ FARRERES, G., "El procedimiento especial para la protección de los derechos fundamentales de la persona en la nueva Ley Reguladora de la Jurisdicción Contencioso-Administrativa", *CDP*, nº 4, 1998, págs. 177 a 198.

GARCÍA DE ENTERRÍA, E. y FERNÁNDEZ, T. R., *Curso de Derecho Administrativo*, II, 17ª edic., Civitas, 2022, pág. 709.

GONZÁLEZ PÉREZ, J., *Comentarios a la Ley de la Jurisdicción Contencioso-administrativa*, 6ª edic., Civitas, Madrid, 2011.

MARTÍN-RETORTILLO, L., "Comentario a los artículos 114 a 116", *REDA*, 100 (núm. especial dedicado a Comentario a la Ley de la Jurisdicción Contencioso-Administrativa de 1998), 1998, págs. 803 a 811.

PASCUA MATEO, F., "El procedimiento para la protección de los derechos fundamentales. Evolución y disfunciones bajo la Ley 29/1998", *RAP*, 185, 2011, págs. 113 a 162.

SANTAMARÍA PASTOR, J. A., *La Ley Reguladora de la Jurisdicción Contencioso-Administrativa. Comentario*, Iustel, Madrid, 2010.

SANTAMARÍA PASTOR, J. A., LOZANO CUTANDA, B., QUINTANA CARRETERO, J. P., y CASTILLO BADAL, R., *1700 Preguntas sobre Contencioso-Administrativo*, Lefebvre; Madrid, 2017.